SOUVENIRS

DE LA

GUERRE DE CRIMÉE

1854-1856

PAR

Le Général FAY

ANCIEN AIDE DE CAMP DU MARÉCHAL BOSQUET

DEUXIÈME ÉDITION

BERGER-LEVRAULT ET Cie, LIBRAIRES-ÉDITEURS

PARIS | NANCY
5, RUE DES BEAUX-ARTS | MÊME MAISON

1889

Tous droits réservés

SOUVENIRS

DE LA

GUERRE DE CRIMÉE

1854-1856

OUVRAGES DU MÊME AUTEUR

Étude sur la guerre d'Allemagne de 1866, suivie d'un aperçu relatif à la réorganisation de l'armée française. Paris, 1867. Un volume in-8°.

Exposé sommaire de la campagne d'Allemagne en 1866. In-18.

De la Géographie de l'Allemagne. In-18. 2ᵉ édition, revue et corrigée.

De l'Organisation militaire de l'Allemagne. In-18. 2ᵉ édition, revue, corrigée et augmentée.

De quelques récents travaux sur la tactique. In-18.

(Conférences régimentaires 1868-1869)

Étude sur les opérations militaires en Bohême en 1866 (d'après les ouvrages des états-majors prussien et autrichien). Brochure in-8° extraite de la *Revue militaire*, février 1869.

A propos des idées de désarmement, projet de réorganisation. *Idem*, mars 1870.

De la Loi militaire. Brochure in-8°, parue en juin 1870, chez Tanera.

Projet de réorganisation de l'armée française. 2ᵉ édition, revue et augmentée. Tours, 1871, chez A. Mame et fils. Une brochure in-8°.

Projet d'organisation et de mobilisation de l'armée française, à propos d'un ordre *inédit* de mobilisation de l'armée prussienne. Brochure in-8° extraite du *Journal des sciences militaires*, décembre 1872.

Marches des armées allemandes, du 31 juillet au 1ᵉʳ septembre 1870. Un album-portefeuille in-4°, comprenant 40 pages de texte, 20 pages de tableaux et 3 cartes grand in-folio en couleurs.

Le Journal d'un officier de l'armée du Rhin. 5ᵉ édition (*sous presse*).

SOUVENIRS

DE LA

GUERRE DE CRIMÉE

1854-1856

PAR

Le Général FAY

ANCIEN AIDE DE CAMP DU MARÉCHAL BOSQUET

DEUXIÈME ÉDITION

BERGER-LEVRAULT ET Cie, LIBRAIRES-ÉDITEURS

PARIS | NANCY
5, RUE DES BEAUX-ARTS | MÊME MAISON

1889

Tous droits réservés

AVANT-PROPOS

DE LA DEUXIÈME ÉDITION

La première édition de ce livre étant épuisée, je me décide à en faire une nouvelle, pour répondre à la demande qui m'en a été faite, mais surtout pour ma propre satisfaction. Il me plaît, en effet, après avoir publié récemment, dans un but d'étude, les *Marches des armées allemandes du 31 juillet au 1er septembre 1870*, de relever fièrement la tête en reprenant le récit des faits glorieux, dont j'ai été le témoin au début de ma carrière militaire. Les imperfections de l'outillage et de la préparation à la guerre étaient grandes alors, et, le succès nous les ayant fait oublier, nous les retrouvions malheureusement telles au début de la guerre de 1870, ainsi qu'on peut s'en convaincre par la lecture de mon *Journal d'un officier de l'armée du Rhin*. Des revers inouïs nous ont enfin ouvert les yeux sur les nécessités de la guerre moderne. L'organisation nouvelle de notre armée, les règles certaines de sa mobilisation, que j'ai eu le grand honneur de déterminer et d'arrêter, pendant six ans, comme chef du 1ᵉʳ Bureau ou comme sous-chef de l'état-major général du Ministre, de 1874 à 1880, la réunion d'un matériel perfectionné et des approvisionnements nécessaires à l'entrée en campagne de masses considérables, la détermination bien précise des transports de troupes sur les lieux de concentration arrêtés d'avance, tout cela, grâce à Dieu, a mis notre armée en mesure de répondre avec promptitude au premier appel du pays.

Je n'ai point la pensée de raconter dans son ensemble la lutte gigantesque que nous eûmes à soutenir en Crimée. Je ne dirai de ces grands événements que ce que j'en ai vu ou appris sur le terrain, en complétant mon premier récit avec quelques extraits de la *Défense de Sébastopol*, par le général de Todleben[1], et des *Lettres du maréchal Bosquet à sa mère*. Attaché à la personne de cet officier général, je ne parlerai même le plus souvent que de la deuxième division d'infanterie, puis du deuxième corps de l'armée d'Orient, qu'il commanda successivement. Nul ne s'étonnera donc si je mets surtout en relief les corps ou les hommes, avec lesquels j'ai servi, et ne donne qu'un récit plus succinct de ce qu'ont fait les autres fractions ou les autres chefs de l'armée. Mais loin de moi la pensée de diminuer la juste et

---

1. *La Défense de Sébastopol*, ouvrage rédigé sous la direction du lieutenant général de Todleben, aide de camp de S. M. l'Empereur.

glorieuse part qui leur revient, afin de grossir la nôtre.

Je ne songe certes pas davantage à contester l'utilité d'une alliance, qui nous a donné le concours de la marine britannique et l'appui d'une armée inébranlable sous le feu de l'ennemi. Je tiens en très profonde estime l'imperturbable solidité du soldat anglais et le loyal caractère des officiers de cette nation, qu'il m'a été donné de connaître en Crimée ; mais ce sentiment ne doit pas m'empêcher, ce me semble, de constater, après les journaux eux-mêmes, l'état de démoralisation et d'affaiblissement de nos alliés dès le premier hiver, et aussi les embarras que nous donnèrent plus d'une fois la lenteur et l'exécution froide et méthodique de leurs mouvements. Il m'a paru qu'il était à propos de rappeler ces incidents, pour montrer quelles furent les difficultés d'une guerre si importante, et entreprise avec des éléments tellement divers, qu'une volonté unique aurait seule pu les conduire mieux et plus vite sans doute au but commun.

Dans ce récit, j'insisterai principalement sur la bataille d'Inkermann, parce que, de tous les épisodes de la campagne de Crimée, c'est celui qui a fait le plus d'impression, bien qu'il soit peut-être le moins exactement connu dans ses détails. Qui ne se souvient, en effet, de l'émotion produite en France, et surtout en Angleterre, à la nouvelle de cette lutte sanglante ; des éloges justement donnés chez nous à la ténacité des Anglais ; de la reconnaissance de nos alliés pour le secours prompt et décisif que nous leur avions apporté au moment où, malgré leur valeur, ils étaient obligés de céder devant l'ennemi ; enfin, de leur admiration pour celui qu'on appelait alors, le *héros d'Inkermann,* le général Bosquet ? « Nos hommes étaient harassés à force de combattre, dit l'auteur[1] d'un recueil de lettres publiées en Angleterre peu de temps après la guerre ; mais, enfin, le secours leur vint. A dix heures environ, un corps d'infanterie française apparut sur notre droite, vue bienfaisante et joyeuse pour nos régiments épuisés. Les zouaves arrivaient au pas de charge ; trois bataillons de chasseurs d'Orléans[2] avançaient avec eux, le feu du combat dans les yeux. Ils étaient accompagnés par un bataillon de tirailleurs algériens. Le son de leurs clairons dominait le tumulte de la bataille ; et, lorsque nous vîmes leur course impétueuse dirigée droit sur le flanc de l'ennemi, nous sûmes que la journée était gagnée. » Le major Calthorp dit de son côté : « Durant le trajet de ces belles troupes, les zouaves en tête, pour se rendre à la position qui leur était assignée, elles furent partout accueillies par les acclamations prolongées de nos soldats épuisés. » Ainsi parle un officier attaché à l'état-major de lord Raglan.

---

1. M. Russel.
2. Il n'y avait que quatre compagnies de chasseurs à pied.

Les Russes nous rendent les mêmes témoignages[1].
« Il était onze heures du matin, dit le rapport attribué au général Dannenberg. Alors retentirent tout à coup les sons de clairon les plus éclatants, qui dominaient même le fracas des canons et des feux de mousqueterie; alors commença la troisième phase, le revirement du combat; les Français arrivaient. Le son aigu des clairons des zouaves, des chasseurs de Vincennes et des Algériens traversa le cœur des Russes et les fit frémir; ils pressentirent, si près du but, que le fruit de cinq heures d'efforts inouïs allait leur être arraché. Les Anglais, au contraire, ranimés, poussaient des cris de joie : *Hurrah for the French!* entendit-on d'une extrémité à l'autre de la ligne. »

C'est avec ces divers documents, complétés par les correspondances officielles, avec les conseils des principaux survivants de ce grand drame, enfin, avec mes notes personnelles ou mes propres souvenirs, que j'entreprends de décrire plus spécialement *cette bataille de soldats*, comme on l'a justement appelée, d'en dire du moins les phases successives, dans l'ordre que je crois le vrai. Les Russes nous ont indiqué leur plan, qui, pour diverses raisons, fut assez

---

1. Mémoire publié à Berlin, en décembre 1854, que l'on attribua au général Dannenberg. Après la paix, le capitaine d'état-major russe Anitschkof a publié un ouvrage intitulé *la Campagne de Crimée*, et la partie de ce livre qui traite de la bataille d'Inkermann est presque une copie textuelle du Mémoire de Berlin.

mal exécuté ; quant à celui des alliés, il fut bien simple, et la force des choses le détermina : courir pendant toute l'action, avec des forces qui arrivaient successivement sur le terrain, là où le flot des Russes tentait de pénétrer ; fermer les trouées que les bataillons ennemis parvenaient à produire dans la ligne si importante des crêtes d'Inkermann, telle fut, à vrai dire, l'unique manœuvre qui décida de la journée. Ici, point de combinaisons savantes ; mais aussi quelle vigueur chez le soldat ! quel rapide et audacieux coup d'œil chez les chefs !

Ces qualités brillantes, qui ont ramené la victoire de notre côté, la voix publique en a surtout fait honneur au général qui commandait la seule division française engagée dans cette meurtrière rencontre. En rappelant quelles furent en cette circonstance la justesse de vue et l'indomptable énergie du général Bosquet, j'ai le désir tout naturel, non seulement de rétablir la vérité des faits, mais de rendre un hommage mérité à la mémoire d'un chef que la France a trop tôt perdu, et sous les ordres duquel je m'honorerai toujours d'avoir servi. Ai-je besoin d'ajouter que, dans un travail de cette nature, j'ai moins cherché l'éclat que la précision et l'émotion que la vérité ? Je laisse à de plus habiles ces tableaux saisissants, où l'imagination vient embellir la réalité, au risque de l'altérer parfois. Pour moi, j'ai voulu simplement rendre un compte aussi impartial que possible de cette lutte d'un caractère à part, que le général Bourbaki, un de ses plus glorieux acteurs, a qualifiée, d'une façon si juste et si pittoresque, *d'ouragan de combats.*

SOUVENIRS
DE
LA GUERRE DE CRIMÉE

GALLIPOLI. — ANDRINOPLE. — VARNA.

En 1852, la France avait obtenu de la Porte Ottomane le rétablissement de certains privilèges concédés aux Latins en Terre Sainte par le traité de 1740, et usurpés dans les dernières années par les Grecs. L'empereur de Russie avait réclamé impérieusement contre ces mesures, et avait envoyé le prince Menchikof en ambassade extraordinaire à Constantinople, pour régler la question des Lieux-Saints, et, par provision, deux corps d'armée russes entraient en Bessarabie. Peu à peu, cette question, qui semblait être seule en jeu, avait complètement disparu; et le czar Nicolas, croyant le moment favorable pour ouvrir à sa flotte de la mer Noire les portes du Bosphore, avait fait demander par le prince que les chrétiens du rite grec, sujets de la Porte, fussent placés sous la protection de la Russie. Sur le refus du gouvernement ottoman de céder à ces prétentions humiliantes pour sa souveraineté, l'ambassadeur quitta avec bruit la capitale, le

21 mai 1853, et, le 3 juillet suivant, les Russes franchirent le Pruth.

Une conférence des grandes puissances, réunie à Vienne, chercha vainement les moyens de conserver la paix européenne. La Russie, qui voulait la guerre, exigeait trop, et bientôt le désastre de Sinope ne permit plus de conserver l'espoir d'une solution pacifique; l'amiral Nakhimof venait de surprendre et de détruire la flotte turque à l'ancre dans la rade de cette ville. Au premier bruit de cet acte de violence, la France et l'Angleterre donnèrent l'ordre aux commandants de leurs flottes, mouillées dans la baie de Bésica, de franchir le Bosphore et d'entrer dans la mer Noire. Le 27 mars 1854, la guerre était déclarée à la Russie.

Un corps d'armée fut aussitôt réuni en France et embarqué pour l'Orient. Il ne comprenait que deux divisions d'infanterie (Canrobert, Bosquet), une brigade de cavalerie (d'Allonville), et quelques troupes de réserve, petit noyau de la grande armée qui, l'année suivante, à la prise de Sébastopol, se composait de plus de 120,000 hommes partagés en douze divisions et demie d'infanterie, dont une de la garde, deux divisions et demie de cavalerie, et des parcs et réserves en proportion de cet effectif. Le maréchal de Saint Arnaud en avait le commandement, et les troupes, appelées à l'honneur de porter de nouveau notre drapeau dans une guerre européenne, étaient prises en grande partie sur cette terre d'Afrique, qui avait formé tant de soldats aguerris et de chefs expérimentés.

Pendant les mois de mars et d'avril, l'Archipel fut sillonné en tous sens par les nombreux bâtiments de tous bords, chargés de transporter l'armée à Gallipoli. On avait choisi ce petit port, au sud de Constantinople, comme point de débarquement, dans la crainte que les Russes ne se portassent rapidement, comme en 1829, sur Varna et Andrinople, avant que les alliés fussent en état de s'opposer à leur marche. Après avoir relâché à Malte, cette forteresse anglaise placée au milieu de la Méditerranée, nous approchions de la Grèce. Avec quelle impatience nous attendions sur le pont l'apparition des pays dont on a si souvent entretenu notre jeunesse ! Les sommets du Taygète, les Cyclades, assises en rond autour du navire, Lesbos, Ténédos et l'emplacement fameux « où fut Troie », quels noms, quels souvenirs ! Notre imagination nous montrait l'Hellespont couvert des armées innombrables de Xerxès ou des glorieux bataillons d'Alexandre; au delà, sur la mer de Marmara, que sillonnaient autrefois les modestes vaisseaux des Argonautes, nous apparaissaient les mâts de nos flottes; mais soudain notre bâtiment s'arrêta : on venait de jeter l'ancre devant Gallipoli. La physionomie originale de cette petite ville turque, les nombreuses préoccupations du débarquement mirent un terme à tous ces retours poétiques vers d'autres âges. Il ne s'agissait plus de rêver; il fallait se préparer sérieusement à une lutte qui ne devait manquer ni de difficultés ni de grandeur.

Le débarquement des troupes, si loin de la mère-patrie, s'opéra avec une extrême lenteur. « Tout arrive par pièces et morceaux, dit le maréchal de Saint Arnaud dans sa correspondance, des canons sans leurs affûts et leurs chevaux, des chevaux sans leurs pièces et caissons. J'ai

42 pièces attelées au lieu de 100, 1,000 chevaux dépareillés et de tous corps, au lieu de trois régiments en formant 3,000. » Un bâtiment débarquait des tentes, dont les montants avaient été mis sur un autre navire encore en mer ; un bateau à vapeur avait à son bord les hommes d'une batterie, tandis que le matériel et les chevaux étaient placés sur des bâtiments à voiles, que des vents contraires retenaient dans l'Archipel pendant plusieurs semaines, et l'on était obligé de les envoyer chercher de Gallipoli avec les remorqueurs disponibles. Le transport des chevaux était surtout fort difficile : on n'avait pas assez de *cages* pour les enfermer, pas de sangles pour les soutenir contre le roulis, et les malheureux animaux arrivaient à Gallipoli dans un état déplorable. Pour les déposer à terre, on avait peu de chalands, et l'on fut obligé, parfois, de les mettre à la mer pour leur faire gagner le bord à la nage. Gallipoli n'était, en outre, qu'un petit port de pêcheurs, qui ne pouvait être agrandi, et l'on dut créer plusieurs autres points de débarquement le long de cette plage, d'un mouillage heureusement très sûr. « Nous y débarquons notre avant-garde, écrit le général Bosquet, le pays est très pauvre ; il y a peu de bois, point de rivière, aucune ressource en bestiaux et en moyens de transport. La ville est misérable, presque en ruines, sale, peuplée d'Orientaux en guenilles. Mais il est essentiel de tenir cette presqu'île pour garder les Dardanelles et empêcher qu'un ennemi téméraire vienne s'en emparer. »

Que de difficultés ensuite pour obtenir les moindres services de ces braves gens, que nous venions défendre ! Déjà, nous avions été étonnés de trouver les Grecs si différents de l'idée que notre imagination s'en était faite ;

nous fûmes bien plus surpris encore à la vue de ces farouches Osmanlis, jadis la terreur de l'Europe, maintenant si gauches sous notre pauvre costume de civilisés, si paisibles d'allure, occupés tout le jour à fumer leur chibouck, et jetés subitement dans le tourbillon dévorant de l'activité européenne !

En attendant la formation de sa division, le général Bosquet reçut l'ordre du général Canrobert, qui commandait provisoirement en chef, d'aller à Choumla pour y examiner la position de l'armée turque, et juger du concours que l'on en pouvait attendre. Le général s'embarqua avec ses deux aides de camp, et après avoir pris, à Constantinople, les instructions de l'ambassadeur de France, le général Baraguey d'Hilliers, il aborda à Varna le vendredi saint, 14 avril. Pendant trois jours il visita notre flotte, mouillée devant Baltchick [1], et étudia les abords de la position de Varna, destinée à devenir notre deuxième base d'opérations [2] ; puis, avec des chevaux de

---

1. « Notre flotte est presque paralysée par le manque de charbon, et n'a rien d'organisé en vue d'embarquement et de débarquement de troupes, chevaux, canons, voitures, etc. » (Lettre du général Bosquet du 21 avril.)

2. « On a beaucoup ajouté aux défenses de Varna depuis que cette ville a été prise par les Russes en 1828, écrivait, le 14 août, le général Bosquet ; toutes les anciennes murailles ont été relevées ou réparées à neuf ; et, à l'extérieur, plusieurs très bons ouvrages, partie en maçonnerie, partie en terre et palanques, rendent réellement très difficiles les approches. Tout cela est armé de pièces très irrégulières à la vérité, mais les affûts roulent bien, le sol des batteries est très solide, et les canonniers admirablement couverts par des gabions et des fascines parfaitement construits. Au total, j'étais loin de m'attendre à ce que j'ai vu. Tout le monde ici pensait voir arriver tout

poste il gagna en deux jours Choumla, après avoir passé par Pravadi, ville située dans le fond d'un entonnoir, et dominée de tous côtés par le petit Balkan, dont la chaîne commence en cet endroit. Il avait, pour l'accompagner, une faible escorte de lanciers qui lui avait été fournie par le pacha de Varna. Un commandant d'état-major turc, parlant convenablement le français, nous servait d'interprète et transmettait les ordres du séraskier, destinés à assurer notre route. Cette route était presque déserte; les Bulgares, placés entre la crainte des *bachi-bouzougs*, dont les bandes indisciplinées ravageaient le pays, et la terreur que leur inspiraient les Russes, qui s'approchaient de Silistrie, avaient enlevé à la hâte, sur des chariots, tout ce qu'ils possédaient et s'étaient réfugiés dans l'intérieur des terres avec leurs familles et leurs troupeaux. Chaque soir, en arrivant dans le village qui devait nous servir de gîte, nous étions logés, par ordre du pacha, dans une maison grecque. Nous nous installions dans une petite salle commune, accroupis sur des tapis ou des nattes; l'officier turc ôtait aussitôt ses grandes bottes, se mettait à terre sans dire mot et prenait sa longue pipe, que son domestique venait immédiatement allumer. « Ah! voilà monsieur Saffet-Effendi qui va faire son kif[1] », s'écriait gaiement le général. Mais le repos de notre doux interprète était bien souvent interrompu,

ou partie des troupes alliées, et je vous assure que c'est un magnifique point de débarquement, où l'eau en grande masse, des pelouses faites exprès pour y dresser les tentes d'une armée, du bois à portée, les pailles de la Bulgarie, les grains, les bestiaux, tout enfin se rencontre à souhait. »

1. Mot arabe qui signifie *bonheur, plaisir*.

car il lui fallait répondre sans cesse aux nombreuses et pressantes questions de notre chef, qui s'occupait de tout, se renseignait sur tout et causait avec tous les visiteurs.

Choumla est à deux journées de cheval de Varna, soit à 87 kilomètres environ, et sa position est excellente. La ville est assise au pied d'un plateau élevé et couvert d'un bois très épais, qui l'entoure de toutes parts, excepté à l'est. A l'ouest, ce plateau est couronné de quelques redoutes, qui en défendent les principaux accès, véritables défilés, dans lesquels une armée ne pourrait s'engager sans de grandes difficultés ; au nord, une ligne de fortification passagère abrite un camp entre les routes de Silistrie et de Routchouk ; enfin, du côté de la plaine, la ville est entourée d'une enceinte continue, et protégée par des ouvrages avancés, les uns en terre, les autres revêtus en maçonnerie. La position de Choumla est donc par elle-même un obstacle très solide.

Un corps de l'armée de Roumélie et de Bulgarie, fort de 45,000 hommes et commandé par Omer Pacha, défendait ce camp retranché et devait servir de réserve au reste de l'armée turque, réparti sur le Danube et dans les places en arrière. Toutes ces troupes paraissaient bonnes, quoique mal pourvues ; les ambulances surtout n'étaient point organisées. « Omer Pacha est bien le soldat que je m'étais représenté, écrivait le général Bosquet le 21 avril, très supérieur à tout ce qui l'entoure, pensant et travaillant beaucoup et voyant très clair, je crois. C'est un homme qui peut aider grandement la Turquie à se relever ; il continuera à jouer avec supériorité le rôle qui lui sera assigné dans cette guerre, quel qu'il soit. La partie qu'il a jouée à Kalafat était bien calculée par lui, comme nous le pensions, et il m'a semblé sensible aux choses élogieuses que je me suis permis de lui dire de tout cœur. » « J'ai vu, dans Omer Pacha, écrivait de son côté le maréchal de Saint Arnaud, un homme incomplet, mais remarquable pour son pays d'adoption. J'ai trouvé une armée où je ne comptais voir qu'une foule; troupe mal habillée, mal chaussée, médiocrement armée, mais qui manœuvre, obéit, se bat et se fait tuer. » De tout ce qu'il vit et entendit pendant son séjour à Choumla, le général Bosquet conclut que les Russes pourraient bien être arrêtés pendant quelque temps encore à Silistrie, à Choumla, et que les alliés auraient le temps nécessaire pour se former et se porter en avant. Après avoir conféré pendant plusieurs jours avec Omer Pacha, le général se remit en route pour traverser les Balkans et reconnaître la route d'Andrinople, que nous devions prendre, selon toute apparence, pour venir au secours des Turcs. C'était le 22 avril, jour où nos flottes bombardaient Odessa, pour venger l'insulte faite au *Furious*[1]. En neuf jours de marche, nous franchîmes les 400 kilomètres qui, par la route de poste, séparent Choumla de Gallipoli, en passant par Eski-Djoumaïa, Kazan, Slimié, Kariptcha, Souloudjak, Andrinople, Kadikeuy et Kadikeuy-Evrèche.

Jusqu'à Osman Bazar, où nous fîmes notre première grande halte, nous avions continué à marcher vers l'ouest; nous descendîmes ensuite vers le sud, traversant

---

[1]. Ce bâtiment, envoyé en parlementaire, avait reçu plusieurs boulets au moment où il s'éloignait du port.

Kazan, ville turque des plus pittoresques, et partout, sur notre route, nous faisions l'étonnement des Turcs et des Bulgares. Cette direction était fréquemment parcourue par les bachibouzougs, cavaliers irréguliers, volontairement venus de toutes les parties de l'empire, de la Turquie d'Asie principalement, pour défendre la cause du sultan. Ces auxiliaires étaient un vrai fléau pour les provinces qu'ils traversaient, et qu'ils traitaient en pays conquis; ne recevant aucune solde, ils étaient bien obligés de vivre aux dépens des habitants; mais ils n'employaient que trop souvent la violence, et commettaient toute espèce de déprédations aux dépens de la malheureuse population grecque. Nous nous souvenons encore de l'effroi causé par l'approche de ces bandes dans un joli hameau placé aux limites de la Bulgarie.

Vetcherna est assis au pied des Balkans, au bord du Déli Kamtchick, qui longe cette montagne de l'ouest à l'est. En sortant de ce riant village, on passe la rivière sur un pont, puis l'on s'élève tout à coup en corniche, le long de la muraille presque verticale formée par les premiers contreforts des Balkans. Nous avions fait la grande halte dans une des maisons grecques qui bordent le Kamtchick, et là, une députation était venue trouver le général, le conjurant de préserver les habitants des déprédations trop prévues d'une compagnie de bachibouzougs annoncée pour le soir. Nous pensions encore aux lamentations de ces honnêtes Bulgares, en gravissant le versant nord de la montagne, lorsque, parvenus sur la crête, au col qui sépare les eaux de Varna de celles d'Andrinople, nous entendîmes dans le lointain des chants étranges accompagnés d'un tambourin et d'une clochette[1]. « Ce sont les bachibouzougs », dit l'interprète. Au même moment, nous aperçûmes, gravissant un petit ravin au-devant de nous, et marchant un à un dans un étroit sentier, une troupe toute bariolée, composée d'une centaine de cavaliers. Le général va droit à eux ; placé en tête de ses dix hommes, l'interprète à côté de lui, il ordonne aux bachibouzougs de s'arrêter et de se grouper sur les côtés du chemin ; puis, d'un ton ferme et animé, il fait dire à ces Asiatiques, aussi stupéfaits que l'interprète : « Je sais vos violences accoutumées envers les populations ; je suis disposé à vous en punir ; avant peu de jours, je serai avec ma division au milieu des Balkans ; si vous avez osé rançonner, à Vetcherna, ceux que vous avez pour mission de protéger et de défendre, j'en tirerai, je vous le jure, une vengeance exemplaire. » L'officier turc osait à peine traduire, d'une voix faible, ces énergiques paroles. Peu habitués à un pareil langage, effrayés surtout par la mâle attitude du général, les bachibouzougs s'inclinèrent humblement et firent toute espèce de promesses. Furent-elles tenues ? Nous ne pûmes jamais le savoir. Les hasards de la guerre ne devaient plus nous conduire au milieu des pauvres habitants de Vetcherna ; mais cette scène est demeurée gravée dans notre esprit comme une nouvelle preuve de la fermeté de notre chef, et aussi de la décadence de ce malheureux pays. Que s'est-il donc passé depuis deux siècles, pour que, de nos jours, un général chrétien, presque sans suite, puisse parler en maître à une troupe de fanatiques musulmans, au cœur même de la Turquie, et s'en faire sinon obéir, du moins écouter !

1. Toute compagnie de bachibouzougs a une espèce de fou (le seuytare) habillé d'une façon grotesque et agitant une clochette.

Nous parlions encore entre nous du sort misérable fait aux populations chrétiennes dans ce pays, lorsque nous sortîmes des Balkans pour entrer dans Slimié, jolie petite ville, située au milieu d'une plaine couverte de jardins d'une végétation luxuriante, « où tous les arbres étaient en fleurs, écrit le général; le préfet turc, revêtu de sa chlamyde blanche brodée, vint à ma rencontre avec tout son conseil; la population était rangée dans toutes les rues et nous saluait; aux fenêtres, de jolies figures de jeunes femmes, aux yeux noirs les plus brillants du monde, parées, les unes de soie couleur de feu ou jaune d'Orient, les autres de velours, toutes avec des coiffures originales et coquettes. » Un peu plus bas, nous étions sur la Toundja, que nous suivions jusqu'à son confluent avec la Maritza, pour arriver devant Andrinople, ville de 100,000 âmes, la seconde de l'empire turc, dont la position pittoresque arrête et charme les regards. A droite de la route est la vaste caserne de Mahmoud, qui peut contenir 12,000 hommes; à gauche, la hauteur couronnée par le Kiosque d'Or, au pied de laquelle s'étend le bois du Sérail et coule la Toundja, au premier plan de ce frais paysage. Entre la hauteur et la caserne, la ville se développe avec tous ses minarets, « dominés majestueusement, dit le général, par ceux de la magnifique mosquée du sultan Sélim, dont les quatre minarets élevés ressemblent à quatre lances, qui la gardent. Chacun d'eux a trois escaliers intérieurs en pierre, qui s'enroulent autour de l'axe, également en pierre; et s'élèvent sans se rencontrer. Nous sommes montés jusqu'à la galerie du premier étage de l'un d'eux, d'où la vue est très belle. On nous a menés ensuite, contrairement aux usages, dans l'intérieur de la mosquée, et l'on m'a permis de boire à un jet d'eau glacée, où Sélim venait se rafraîchir. » Nous logions chez le pacha Rustein, personnage considérable, gouverneur de la Roumélie. « Il te semble, continue le général Bosquet à sa mère, voir un vieillard vert, à barbe blanche, avec un beau turban et de riches vêtements, des armes brillantes, des tapis, des serviteurs à longues moustaches, des chevaux fringants, etc. Quel triste revers de médaille, mon Dieu! Pas de turban, et seulement une mauvaise calotte de laine rouge toute petite; pas de barbe blanche, mais des moustaches et des favoris gris mal peignés; pas de belle figure, et au contraire des traits ronds et communs, tout bouffis; un très petit front fuyant, qui donne juste la mesure de l'intelligence du personnage; pas de tapis de Smyrne, de pauvres nattes à la place; point de chevaux, mais une mule maigre, qui ferait honte à un de nos paysans, et qu'un curé de village pauvre ne voudrait pas monter. Ce tableau est triste et ridicule; c'est cependant là la vérité. »

Après trois jours employés à reconnaître des emplacements de camps, à visiter la caserne, à interroger tout le monde sur les routes diverses conduisant aux Balkans, à tracer des itinéraires, enfin, à étudier les ressources du pays, le général se mit en route pour rejoindre sa division, qui venait de débarquer, et nous revenions à Gallipoli le 2 mai.

Le 7 mai, le maréchal de Saint Arnaud arrivait et prenait le commandement de l'armée, dont une partie fut envoyée, le 21, au camp de Boulaïr, et l'on travailla immédiatement à fermer la presqu'île de Gallipoli par une ligne de retranchements continus, très bien établie. Mais tout marchait avec une lenteur qui désespérait notre chef : « Je ne suis pas content des commencements, des préparatifs de cette campagne, écrivait-il ; nous ne sommes plus au temps où l'on voyait assez clair dans l'avenir pour prendre un parti promptement. Si ce parti était la guerre, on la faisait courte et bonne ; en 25 ou 30 jours, les premiers résultats étaient obtenus. C'est que le même homme menait à la fois la guerre et la diplomatie, et qu'il les menait de son bivouac. A la lenteur des arrivages, on peut calculer ce que va devenir la campagne ; c'est une longue occupation, au lieu d'une brillante guerre offensive, qu'on pouvait faire. » A la fin de mai, il n'y avait que 37,000 hommes de troupes françaises de toutes armes et 5,500 chevaux débarqués en Turquie. Le général Forey, après avoir imposé au gouvernement grec, favorable à la Russie, l'ultimatum des puissances alliées, avait laissé 3,000 hommes en garnison au Pirée, et avait rejoint l'armée avec le reste de sa division. A la suite d'une revue passée le 27 par le maréchal de Saint Arnaud, sur les bords de la mer de Marmara, en face de la côte d'Asie, les ordres nécessaires furent donnés aux différents corps pour se diriger vers le Nord.

Ces ordres étaient motivés par un mouvement important de l'armée russe, qui, le 11 mai, avait quitté la Dobrudja pour remonter le Danube et venir attaquer Silistrie. Elle s'était établie sur la rive droite du fleuve, et avait livré à cette place plusieurs assauts, qui jusque-là avaient été toujours repoussés. Cependant, pour suspendre les efforts de l'ennemi et donner de la confiance aux Turcs, il paraissait utile de rapprocher les troupes alliées du théâtre des opérations, bien qu'elles ne fussent pas encore prêtes à combattre. Le maréchal de Saint Arnaud et lord Raglan en avaient jugé ainsi, dans une conférence tenue à Varna, le 19 mai ; et, quelques jours plus tard, à Choumla, ils avaient décidé, sur les prières instantes d'Omer Pacha, que les têtes de colonne des deux armées seraient aussitôt portées au secours des Turcs. Mais, de retour à Gallipoli, le maréchal dut modifier ce plan, après avoir constaté avec chagrin que l'armée ne pouvait pas encore être portée en avant : « Je n'ai pas le droit, écrit-il, de hasarder ni de compromettre l'honneur du drapeau, en mettant en ligne une armée non constituée, non organisée, n'ayant ni son artillerie, ni sa cavalerie, ni son ambulance, ni son train, ni ses transports, ni ses approvisionnements. On ne se fait pas une idée juste de ce qu'est une expédition lointaine avec le morcellement des transports. »

Bientôt cependant, la division du prince Napoléon était dirigée par Rodosto sur Constantinople ; la division Bosquet et la cavalerie, par terre également, étaient envoyées à Andrinople, tandis que le reste de l'armée s'embarquait directement pour Varna. L'ordre donné au général Bosquet lui prescrivait « de partir le 3 juin pour Andrinople, et d'y installer son quartier général, pour y donner tous ses soins à la formation de cette deuxième base d'approvisionnements ». On supposait, en effet, que la lutte se prolongerait sur le Danube et qu'une partie de l'armée devrait s'y porter, par les Balkans et Choumla, à l'appui des Turcs de Silistrie, tandis que le reste de l'armée française et toute l'armée anglaise achèveraient de se former sur le flanc de l'ennemi à Varna. La deuxième division, partagée en petites colonnes, échelonnées à un jour de distance, mit sept jours à gagner Andrinople[1]. Elle était précédée par le général Bosquet, qui recueillait les renseignements sur les bivouacs, et les faisait transmettre de colonne en colonne, tandis que le 3e chasseurs à pied, formant avant-garde, réparait tous les mauvais passages sous la direction du génie. On peut dire que jamais route ne fut préparée avec plus de sollicitude pour les besoins du soldat. Aux portes d'Andrinople, le général trouva le pacha, toutes les autorités, et la population formée en haie serrée jusqu'au bivouac, situé à l'extrémité de la ville. On regardait avec une sorte de stupéfaction la démarche rapide de nos chasseurs à pied, parcourant fièrement aux sons des clairons cette cité paisible; mais l'étonnement redoubla à la vue des tirailleurs algériens et des zouaves, qu'à leur costume les Turcs pouvaient croire des leurs.

Notre division campait aux portes de la ville dans l'île, dite du Sérail, séparée par un pont du palais du sultan Amurat. Cette île, plantée d'arbres séculaires, est formée par la Toundja; le quartier général fut placé dans l'ancien harem du palais, qui avait été occupé par le général russe Diébitsch, en 1829. Le 11 juin, qui était un dimanche, le général Bosquet, à cheval, suivi de tous les officiers montés et d'un peloton de cavalerie française,

---

1. En passant par Sinirdéré, Beylikdéré, Kéchan, Kadikeuy, Ousoun-Keupri, Kassem-agha ou Kassem-Keupri et Andrinople. La troupe franchissait ainsi en sept jours la distance de Boulaïr à Andrinople (164 kil.), et faisait, en outre, un séjour à Kéchan.

parcourut avec apparat la ville d'Andrinople, et, passant près de la mosquée du sultan Sélim, il pénétra dans le quartier retiré des chrétiens. Là, dans une ruelle obscure, se trouvait une modeste chapelle desservie par un prêtre catholique ; le général mit pied à terre, ainsi que ses officiers, et quoique plusieurs d'entre eux fussent obligés de rester en dehors de l'enceinte trop étroite, tous assistèrent respectueusement au service divin. « Les catholiques du pays, écrit le général, se cachaient presque pour suivre leur culte. Nous sommes allés à la chapelle, la tête haute, à travers toute une population, qui saluait et qui se disait : Voilà le chef français, qui va faire ses prières. Elle n'avait plus pour le chrétien qu'un sentiment de respect. » Le dimanche suivant, au pied d'un des plus vieux arbres de l'île du Sérail, un autel fut dressé, et les troupes françaises l'entourèrent, rangées en colonnes profondes. Tous les catholiques, précédés du consul de France, descendirent à leur tour de la ville dans nos camps, et là, au bruit des salves d'artillerie, la messe militaire fut célébrée par l'aumônier de la deuxième division. Émouvant spectacle que celui d'une armée chrétienne, rendant le solennel témoignage de sa foi sur une terre musulmane [1] !

Pendant son séjour à Andrinople, le général Bosquet ne restait pas inactif : il réunit sur ce point toutes les

---

1. La veille, le sultan Abdul-Medjid passa en revue à Constantinople la division du prince Napoléon, « faisant, dit le maréchal de Saint Arnaud, deux choses qui feront époque en Turquie : Sa Hautesse a galopé deux fois et est venue saluer la maréchale, qui assistait en voiture à la revue. Le sultan, parlant en public à une femme chrétienne, c'est une révolution. »

ressources nécessaires pour l'armée, et recueillit sur l'état des routes, qui conduisaient vers le nord les renseignements que lui fournissait une commission turque convoquée à cet effet. Il se conformait ainsi aux ordres du maréchal qui écrivait le 9 juin : « L'armée russe est bien définitivement retenue sur le Danube par les difficultés très sérieuses qu'elle rencontre dans le siège de Silistrie. Prévenez le général Bosquet qu'il devra hâter l'organisation de la base d'Andrinople, et se tenir prêt à en partir au premier ordre. Il importe au plus haut degré que la reconnaissance des divers passages des Balkans entre les méridiens de Choumla et de Varna soit faite. » L'ordre de départ annoncé dans cette dépêche ne se fit pas longtemps attendre, car, deux jours après, le maréchal mandait de Constantinople : « Le quartier général sera transporté dans un bref délai à Varna ; faites partir d'Andrinople la division Bosquet, après qu'elle y aura séjourné deux ou trois jours, et dirigez-la sur Varna. » En effet, le 20 juin, les troupes campées à Andrinople se portèrent sur Aïdos, précédées à trois jours de marche par notre général, qui s'assurait par lui-même des approvisionnements nécessaires à sa division et à la cavalerie [1].

---

1. Et ce n'était pas sans de grandes difficultés : aussi le général Bosquet, écrivait-il, de Vahessal, le 20 juin, au général qui commandait à Andrinople : « Faire un itinéraire de 50 à 60 lieues en quelques jours et l'approvisionner, quand le pays est inconnu, à peine ouvert par de mauvaises routes et administré par ces buffles de Turcs, n'est point chose facile, je vous assure ; nous en viendrons cependant à bout à notre satisfaction, je l'espère. »
Le général s'inquiétait également, avec une sollicitude incessante, des ordinaires de la troupe, et il écrivait à ce propos au sous-intendant militaire à Bourgas : « Vous ne me parlez pas des ressources de

D'Oumour Fakih au camp des Six-Fontaines, en face de Varna[1], dans un parcours de quarante lieues, la route traverse un bois épais, un vrai parc anglais, qui ne s'interrompt que sur quelques points. Nous nous hâtions, quand, à Aïdos, nous apprîmes une nouvelle qui rendait notre mouvement moins urgent ; on disait que les Russes avaient levé le siège de Silistrie, le 18 juin, et qu'ils s'étaient décidés à repasser le Danube.

Une dépêche du quartier général ne tarda pas à confirmer ces bruits : « L'armée russe, qui s'était établie sur le Danube, dans des conditions de solidité qui ne pouvaient laisser aucun doute sur ses intentions de nous attendre dans ses positions, et notamment dans le camp retranché qu'elle avait en aval de Silistrie, s'est tout à coup retirée sur la rive gauche, et a commencé un mouvement de retraite, dont les termes ne me sont pas encore connus. C'est un événement qui affaiblira considérablement l'au-

---

Bourgas pour les ordinaires de la troupe ; j'espère que des négociants auront apporté des approvisionnements à Lidja ; tâchez de les y déterminer, et faites-leur comprendre qu'il y a à la fois avantage et pour eux et pour nous. » Pour se rendre compte, d'ailleurs, de la prévoyance infinie avec laquelle cette route fut préparée, il faut lire la lettre (n° 15) que le général Bosquet adressait d'Oumour Fakih, le 22 juin, au colonel de Cissey, son chef d'état-major, resté à Andrinople. C'est un chef-d'œuvre d'ordonnance pour la marche des colonnes.

1. La troupe mit 12 jours à franchir les 264 kilomètres qui séparent Andrinople de Iénikeuy, situé au delà de Varna. Elle bivouaqua à Seraï-Kavakleu, Karabounar-Tchiflik, Oumour-Fakih, Karabounar-Keuy, Roussou-Kessé, Aïdos (séjour), Kopéran, Ahivadjick, Kamtchick (rivière sur laquelle nos pontonniers jetèrent un pont), camp des Six-Fontaines, et Iénikeuy, en traversant Varna.

torité morale des Russes dans les combats ; mais il motivera probablement une situation politique incertaine et embarrassée, si la retraite de l'ennemi ne s'arrête qu'au Pruth. Au point de vue de l'action des armées alliées, c'est un événement regrettable. » Le maréchal ajoutait dans une lettre particulière du 8 juillet : « Omer Pacha m'a raconté d'intéressants épisodes de la défense de Silistrie. C'est un héroïsme si simple, que cela fait venir les larmes aux yeux. Le bataillon égyptien, après avoir passé dix jours dans Arab Tabia, a été relevé : il avait perdu 250 hommes sur 500. Ces braves gens ne voulaient pas s'en aller; et regardaient comme une punition d'être arrachés à une mort certaine et qu'ils avaient acceptée. La même batterie a voulu faire le service dans Arab Tabia; il reste le capitaine et 8 artilleurs ; tous les autres ont été tués. »

Arrivés à Varna, en avant des troupes, nous fîmes dresser nos tentes en dehors de l'enceinte, en face de la porte d'Ibrahim. A côté de nous, le long de la mer, étaient campés des voisins peu commodes, les bachibouzougs ; on avait eu l'idée de les enrégimenter sous le nom de *Spahis d'Orient*, et, afin de convertir ces bandes indisciplinées au moins en cavalerie irrégulière, on avait chargé le général Yusuf de les former et de les diriger. Cependant, à mesure que les troupes arrivaient, elles traversaient Varna et se portaient au nord, à 10 kilomètres environ de la ville, sur les hauteurs de Iénikeuy, où la deuxième division était installée dès le 5 juillet. L'armée comptait ainsi sur ces hauteurs les quatre premières divisions d'infanterie, disposées en ordre inverse, face à l'ennemi, la quatrième division appuyée à la mer près de Djefferlick, la deuxième à Iénikeuy, la première à Franka. La brigade de la Motte Rouge, de la cinquième division, était au pied des hauteurs; le nombre des divisions d'infanterie venait d'être porté à six, et celui des divisions de cavalerie à deux.

EXPÉDITION DE LA DOBRUDJA.

Nous étions installés depuis deux semaines sur les hauteurs de Franka, lorsqu'arriva du quartier général une dépêche ainsi conçue : « D'après mes ordres, les spahis d'Orient vont se porter dans la Dobrudja pour y faire une reconnaissance, et j'ai décidé que le mouvement serait appuyé par les trois premières divisions de l'armée. Au moment de la mise en route, vos troupes seront pourvues de quatre jours de vivres et deux jours d'orge; en outre, vous serez suivi d'un convoi de 370 arabas[1] portant six jours de vivres et quatre jours d'orge. » En conséquence de ces ordres, la première division partit le 21 juillet pour Mangalia, en suivant la côte; la deuxième, le 22, pour Bazardjick[2], et la troisième, le 23, pour Koslidja.

Qu'allait-on faire dans la Dobrudja? C'était la question que chacun s'adressait. Il résultait de renseignements recueillis dans ce pays que les Russes y avaient encore 10,000 hommes et 35 pièces de canon. Pour rejeter l'ennemi de l'autre côté du Danube, le maréchal voulut utiliser les spahis d'Orient, ou s'en débarrasser peut-être; en tout cas, ils furent licenciés après cette malheureuse entreprise, objet de tant de récriminations. Les instructions données au général Yusuf lui indiquaient expressé-

1. Voitures du pays, avec essieux en bois.
2. 52 kilomètres, en deux étapes ; Sarriguleu et Bazardjick.

ment qu'il ne s'agissait que d'un coup de main : « Faites-le rapidement et vigoureusement ; nous n'avons pas de temps à perdre dans la Dobrudja, et de plus grandes choses nous attendent autre part. Vous examinerez tout, et s'il y a quelque chose à faire, je suis certain que vous le ferez. »

D'un autre côté, le choléra sévissait à Gallipoli, où il avait fait de cruels ravages, car on comptait au nombre des victimes les généraux Carbuccia et Ney, duc d'Elchingen ; quelques cas commençaient même à se déclarer à Varna. Le maréchal vit dans cette expédition le double avantage d'éloigner les troupes du foyer de l'épidémie, et de les tirer de l'inaction qui commençait à les lasser. Malheureusement, le pays qu'elles avaient à parcourir, bas, marécageux, sans bois aussi bien que sans eau courante, était lui-même un foyer naturel de fièvres pestilentielles, et nos troupes, celles surtout de la première division, que l'on y mena en quelques jours de marches forcées par des chaleurs accablantes, y furent cruellement éprouvées.

Dès son arrivée à Bazardjick, le général Bosquet fit reconnaître toutes les routes qui descendaient au Danube, et éparpilla sa division par fractions de deux bataillons, sur 40 kilomètres environ, dans diverses directions. Elles étaient à peine arrivées aux postes assignés, qu'un ordre nous prescrivait de nous diriger vers Mangalia[1], pour relever la première division forcée d'appuyer le général Yusuf, engagé, disait-on, avec les Russes ; la troisième division devait nous remplacer à Bazardjick. On se mit en route, le 25 juillet, à travers ces plaines désolées, qui

---

1. Il y a 73 kilomètres de Bazardjick à Mangalia ; on bivouaqua à Guerzalilar, Husseïntchékeuy et Mangalia.

sont couvertes de hautes herbes, et où l'eau est si rare, qu'à Guerzalilar on fut obligé de la prendre dans un puits à manège de 150 à 180 pieds de profondeur.

Le 27, nous arrivions à Mangalia ; trois jours après, le général Yusuf nous avisait qu'ayant trois régiments russes devant lui, il croyait devoir s'avancer dans l'intérieur de la Dobrudja, suivi de 1,200 zouaves et soutenu en arrière par le général Espinasse, avec sept bataillons, *sans sacs*. La première brigade de notre division, pour appuyer ce mouvement, se porta à Tchatmalar, à 20 kilomètres de Mangalia, dans la direction de Kustendjé. Les spahis d'Orient rencontrèrent quelques Cosaques à Kagarlick ; mais, après les avoir mis en fuite, ils durent reculer à leur tour devant un ennemi autrement redoutable, le choléra. Ce fléau, dont le germe était déjà dans l'armée au départ de Varna, avait fait de grands progrès pendant cette marche rapide de la première division au milieu de contrées malsaines; dans l'espace d'une nuit, celle du 30 juillet, il s'abattit comme la foudre sur la colonne la plus avancée, dont 500 hommes furent frappés, parmi lesquels 150 succombèrent en quelques heures.

La retraite fut ordonnée[1]. Rien de plus lugubre que le retour au milieu de ce désert, que nous traversions lentement en nous dirigeant vers le sud ; de temps en temps, un homme tombait dans les convulsions, et l'on creusait sa fosse là où il avait été foudroyé. Notre division était toutefois bien moins éprouvée que celle du général Can-

1. Il y a 100 kilomètres de Mangalia à Iénikeuy ; nous les fîmes à petites journées par Sattelmich-Gueul, Kavarna, Tchatal-Tchezmé, Tekkékeuy et Iénikeuy.

robert, dans laquelle le nombre des malades était devenu tellement considérable que les cacolets, les litières et les arabas ne pouvaient plus suffire à les transporter; on dut y employer les chevaux de main et les mulets des officiers.

« Les troupes d'arrière-garde confectionnaient des brancards avec leurs sacs de campement, portaient ainsi pendant des heures leurs camarades frappés, sans même abandonner les armes et les sacs de ceux qui avaient succombé dans le jour précédent[1]. » Tous, nous avons ressenti l'impression douloureuse qui gagne les cœurs lorsque cette terrible épidémie frappe nos villes; mais en guerre, l'impression est plus cruelle encore; là, les hommes se touchent de plus près; en voyant leurs camarades tomber sous les coups invisibles du fléau, les plus vaillants ne peuvent se défendre du découragement; ils tremblent de mourir ainsi, obscurément, loin du champ de bataille, où la mort frappe en face, et où ses victimes ne tombent pas du moins sans gloire.

Le général Canrobert s'était embarqué sur le *Caradoc* avec une commission d'officiers, afin de reconnaître une partie du littoral de Crimée; mais, au premier bruit des épreuves et des pertes de sa division, il revint précipitamment. Avec quelle douleur il revit décimées et démoralisées des troupes si belles avant leur départ pour la Dobrudja! Il se hâta de faire transporter par des bâtiments à vapeur les malades, que les difficultés de la marche ne permettaient pas de garder dans les rangs.

Le 6 août, le commandant Duplessis, du 3ᵉ chasseurs à pied, qui était allé à Baltchick, à bord du vaisseau-

---

1. Ordre de la 1ʳᵉ division du 31 juillet.

amiral, nous rapportait la nouvelle inattendue que l'expédition de Crimée était résolue; elle allait, disait-il, être annoncée à l'armée par un ordre général, et l'embarquement se ferait sous vingt jours. Un officier de l'état-major de la flotte avait lui-même donné ces détails et affirmé que la marine faisait tous les préparatifs nécessaires pour le transport. Dans les circonstances où nous nous trouvions, l'exécution d'un si vaste projet ne nous semblait guère possible. Les trois divisions françaises, disait-on, n'étaient pas encore sorties de la Dobrudja; la première, surtout, s'acheminait péniblement, à petites marches, sur Varna, depuis Kustendjé; et le choléra sévissant dans les deux armées, était-il sage d'agglomérer une masse considérable d'hommes sur les bâtiments que déjà le fléau avait également attaqués? « Dieu sait, écrivait le maréchal de Saint Arnaud, le 4 août, si, avec un tel état de santé, il me sera possible d'embarquer des troupes! Irai-je empoisonner ma flotte? Du reste, le choléra est déjà à bord aussi. » On ajoutait que la saison était peu favorable, qu'elle était trop avancée, que l'approche de l'équinoxe effrayait tout le monde, et que la marine elle-même n'était nullement rassurante à ce sujet. En effet, le 19 août, les amiraux s'étant réunis à Baltchick, les deux chefs des flottes, les amiraux Hamelin et Dundas, se prononçaient contre l'expédition, dans les circonstances où l'on se trouvait. Le 30 août encore, la marine était loin de promettre, disait-elle, que les bâtiments, réunis en si grand nombre, « ne s'entrechoqueraient pas en route, » et que le débarquement pourrait s'opérer.

Puis, nous ne savions que trop, par expérience, tout ce qu'il fallait réunir de moyens pour transporter quelques troupes. Aussi le maréchal qui, dès le 3 juin, songeait à Sébastopol, disait-il avec raison dans une lettre à la date de ce jour : « Les débarquements me font frémir. Je viens de voir par mes yeux ce qu'il faut de temps, de ressources et de moyens de transport pour embarquer une simple brigade d'infanterie de 6,000 hommes, une batterie d'artillerie et 600 chevaux. » On se demandait, en outre, quel pouvait être le succès d'une opération de vive force sur les côtes de Crimée ; les Russes n'avaient-ils pas réuni toutes les ressources de la défense le long des côtes ? n'auraient-ils pas rendu la ville de Sébastopol aussi redoutable par terre qu'elle l'était par mer ? Or, que pouvait-on opposer à leur armée, qui devait être considérable ? Quatre divisions françaises et l'armée anglaise, presque également épuisées par la maladie. Puis, s'il fallait entreprendre un siège régulier, où était le parc de siège suffisant ? Il n'arriva, en effet, que lorsque déjà l'armée était prête à s'éloigner des côtes de Turquie. Enfin, nous examinions les questions d'intérêt national : était-ce bien le rôle de la France de détruire Sébastopol et la marine russe, et ne faisions-nous pas ainsi les affaires de la marine anglaise ? « Je suis entre deux projets, disait le maréchal, avant le retour de la commission envoyée sur les côtes de Crimée, l'un, c'est Sébastopol et la Crimée, qu'il faudra toujours finir par prendre, et dont la possession sourit plus encore à l'Angleterre qu'à la France. » « Les Anglais, disait de son côté le général Bosquet, poursuivent une pensée toute naturelle chez eux, celle de détruire la marine russe ; mais ce n'est pas une raison peut-être pour que notre pensée soit la même, bien au contraire. Malgré cette divergence d'intérêts cependant, nous nous laissons bâter et brider par eux, et nous les aiderons à détruire les vaisseaux russes, afin que l'Angleterre devienne plus complètement, plus sûrement, maîtresse de la mer, et que le jour où elle se brouillera avec nous, elle trouve la France seule sur mer, sans alliés possibles et plus facile à vaincre. » Malgré ces objections, l'expédition avait été résolue, dès le 18 juillet, dans un conseil de guerre des généraux, et le 7 août, le maréchal écrivait au général Bosquet : « Je continue ici, avec une activité que tant de malheurs n'ont pas pu déconcerter, mes préparatifs pour une grande entreprise dont je vous entretiendrai très prochainement avec détail. »

Le 8, par un chemin fort difficile, tracé au milieu d'un bois très épais, nous descendîmes dans le vallon de Tekkékeuy ; les arabas, chargés de malades, suivaient, avec leur grincement plaintif, cette route presque impraticable ; aussi n'arrivèrent-ils au bivouac que vers minuit. Là, nous campâmes à côté des tombes encore fraîches des morts dans la colonne qui nous précédait : les piquets de ma tente touchaient six de ces fosses, creusées la nuit précédente. Enfin, nous gagnâmes le camp de Iénikeuy le 9 août. Le général Bosquet, admirablement secondé d'ailleurs par tous ceux qui l'entouraient, fit établir l'ambulance dans d'excellentes conditions, sur les hauteurs, et garda ainsi tous ses malades. Les autres divisions les dirigèrent sur Varna, où des sœurs de charité avaient été appelées de Constantinople ; elles étaient accourues en toute hâte, avec leur zèle à la fois si sublime et si simple, apporter aux malades leurs soins infatigables et les consolations que donne déjà leur seule présence. Le maréchal, de son côté, ne tarda pas à venir visiter les cholériques : « C'est navrant, mandait-il ensuite ; la fatigue, la maladie sont écrites sur tous les traits de ces braves gens. Ils sont résignés, mais profondément tristes. J'ai vu là 1,100 malades et 2,000 malingres qui ne me sortent pas de la pensée. »

Pourtant, l'armée n'était pas au bout de ses épreuves. Le lendemain même de notre arrivée à Iénikeuy, pendant la nuit du 10 août, la générale battue à Varna était aussitôt répétée sur tout le plateau. A l'armée, on n'entend la générale que rarement, dans des circonstances graves, et elle y produit l'impression lugubre du tocsin dans nos villes. Il s'agissait d'un incendie. En effet, vers sept heures du soir, le feu s'était déclaré dans le quartier de nos approvisionnements, et les constructions en bois, qui contenaient la majeure partie des ressources des deux armées, avaient été en un instant dévorées par les flammes, auxquelles elles offraient un trop facile aliment. Les hommes valides furent aussitôt sur pied dans chaque camp ; ils descendirent rapidement la montagne de Iénikeuy pour se porter sur le lieu du sinistre, et, après avoir traversé la ville éclairée par une immense et sinistre lueur, les troupes de la deuxième division, arrivées près du pont, furent échelonnées le long de la rue Ibrahim. Les maisons et le mur situés à notre droite, gagnés par le feu, s'écroulaient déjà ; à notre gauche, s'élevaient des édifices qu'il fallait préserver à tout prix, l'un était la poudrière française, l'autre contenait les munitions des Turcs ; enfin, un peu plus loin, du côté du port, se trouvait la poudrière anglaise. Tous les efforts des hommes, placés dans cette rue étroite, tendaient à empêcher le feu de passer par-dessus leur tête et d'aller faire sauter ces munitions amassées pour une longue guerre. On avait étendu des couvertures mouillées sur les toits des poudrières, et de hardis soldats placés sur le faîte de ces constructions, la lance des pompes à la main, surveillaient avec vigilance les moindres étincelles et les éteignaient aussitôt. Que de fois, pendant cette longue nuit, nous avons suivi avec anxiété les flammèches que le vent portait d'un côté à l'autre de la rue, nous disant que tout allait être fini ! « Pendant cinq heures, dit le maréchal, nous avons lutté contre une perte certaine. Le feu tourbillonnait autour des trois poudrières, anglaise, française, turque. Dix fois j'ai désespéré et j'ai été sur le point de faire sonner la retraite, signal du sauve-qui-peut. La ville tout entière pouvait sauter ! J'ai résisté, j'ai lutté, et j'ai attendu le saut ! » Enfin, tant d'efforts, tant de courage reçurent la récompense qu'ils méritaient, car, dès le matin, on était maître de l'incendie, et la deuxième division, au point du jour, put regagner son camp pour y prendre un repos dont tous avaient si grand besoin. Toutefois, on fut obligé de veiller longtemps encore sur les ruines fumantes. Les magasins de l'armée avaient été presque entièrement détruits; il ne restait guère que les poudres et les liquides ; les officiers qui avaient fait partie de l'expédition de la Dobrudja, et qui avaient laissé dans les petits magasins des corps le gros de leurs bagages, n'en retrouvèrent rien, car, revenus seulement la veille aux environs de Varna, ils n'avaient pu encore les retirer.

Après un pareil désastre, on répétait de nouveau dans

nos camps que l'expédition de Crimée serait nécessairement ajournée, lorsque l'ordre d'embarquement arriva le 25 août. Dès lors, les discussions cessèrent, et chacun se plut, au contraire, à énumérer les chances de succès d'une aussi grande entreprise, suivant en cela l'exemple du maréchal, qui écrivait le 23 août à la maréchale : « Toute indécision a cessé, tout le monde est content. Je t'ai exposé le pour et le contre à l'endroit de Sébastopol. Aujourd'hui je ne vois plus que le *pour*. » Déjà, dès le 1er juillet, le commandant en chef avait reçu de Paris une dépêche chiffrée, qui lui laissait entrevoir les projets des deux gouvernements : « En admettant que le siège de Silistrie soit levé, y était-il dit, restez dans le voisinage de Varna et ne descendez pas au Danube ; on veut que l'armée soit toujours prête à être emportée par la flotte. » Lord Raglan, de son côté, recevait de son gouvernement des instructions plus précises encore : « Se bien garder d'entrer dans la Dobrudja et de poursuivre les Russes au delà du Danube ; réserver toutes les troupes, tous les moyens, pour tenter une expédition en Crimée et faire le siège de Sébastopol. » Le 18 juillet, le maréchal réunit les généraux et les amiraux, et mit aux voix le projet d'expédition. Il fut adopté en principe, et l'on résolut qu'une commission spéciale serait envoyée sur les côtes de Crimée pour reconnaître les points de débarquement favorables. Dix jours après, au retour de cette commission, une nouvelle conférence décida à l'unanimité que l'expédition aurait lieu, et qu'on en presserait les préparatifs avec toute l'activité possible. Les amiraux Hamelin et Dundas, entraînés par les autres membres de la conférence, donnèrent eux-mêmes leur assentiment.

Le choléra avait à peu près disparu, lorsque le maréchal convoquant tous les généraux français, « Messieurs, leur dit-il, il a été résolu en conseil qu'une expédition serait entreprise en Crimée; les troupes s'embarqueront à la fin de ce mois. Je sais que, parmi vous, les opinions sont partagées au sujet de cette campagne. Aussi je ne vous ai point réunis pour vous demander des avis, mais pour vous faire connaître le but de l'opération, le plan qui a été adopté et les résultats que j'en espère. Je ne puis faire mieux, pour vous mettre au courant de toute cette affaire, que de vous donner lecture de la dépêche que je viens d'écrire à ce sujet. » Et lecture en fut aussitôt faite par le premier aide de camp du maréchal, le colonel Trochu.

EXPÉDITION DE CRIMÉE. — OLDFORT.

Les instructions portaient que la deuxième division se mettrait en marche le 29 août, suivie par les troisième et quatrième, qui partiraient le 30 pour Baltchick, où toutes les trois avaient l'ordre de s'embarquer. La première division, fatiguée par ses courses et ses pertes dans la Dobrudja, devait, ainsi que les Anglais, partir de Varna. Enfin, une division turque de 7,000 hommes, sous le commandement de Suleïman-Pacha, était transportée par huit bâtiments de guerre ottomans. Chacun des bataillons de notre division ne se composait que de 600 hommes valides; le nombre des chevaux de selle et des moyens de transports alloués à chacun fut réduit; ainsi on ne prit à bord que deux chevaux et deux mulets par général de division, un cheval et un mulet par général de brigade, un cheval par officier d'état-major, officier supérieur, adjudant-major, médecin; un mulet par division d'infanterie, et le mulet d'ambulance. Le reste de nos montures dut attendre à Varna que l'on vînt y chercher des renforts après le débarquement en Crimée.

L'armée française conduite devant Sébastopol comptait 28,000 hommes avec 12 batteries d'artillerie, 4 compagnies du génie, 1 escadron de chasseurs d'Afrique et 1 de spahis; ils étaient répartis sur 55 navires de guerre et

117 de commerce. L'armée anglaise s'élevait à 21,000 hommes, dont 2,000 cavaliers. C'était donc, avec les 7,000 Turcs, un effectif de 56,000 soldats dirigés sur la Crimée avec 122 pièces de campagne et 90 de siège.

La deuxième division, arrivée au jour dit à l'aiguade de Baltchick, devait s'embarquer le 31 au matin ; mais le temps, assez beau jusque-là, parut vouloir changer, et alors recommencèrent dans l'armée les impressions défavorables et les objections, que la marine surtout ne ménageait pas. Le vent soufflait du large ; la mer était houleuse ; il fallut retarder l'opération de quelques heures. Cependant, à trois heures de l'après-midi, trois coups de canon annoncèrent que l'on allait essayer de réparer le temps perdu ; le vent, encore assez violent, tomba une demi-heure après le signal donné, et la mer se calma aussitôt. L'embarquement, réglé dans tous ses détails par un ordre du jour, se fit avec la plus grande précision, moitié à Baltchick, moitié à l'aiguade. Chaque fraction de troupe avait un emplacement désigné à l'avance, où elle trouvait à sa disposition des embarcations et des chalands construits à Constantinople. Ces chalands pour 140 hommes étaient amarrés à terre ; on les abordait à l'aide de petits ponts, et ils étaient remorqués par trois embarcations, contenant chacune, outre les rameurs, 5 à 6 officiers. A minuit, la deuxième division était tout entière[1] montée sur les cinq vaisseaux qui devaient la transporter en Crimée. Chaque homme avait reçu au départ quatre jours de vivres, qui ne devaient être entamés que le jour où l'on reprendrait terre. Le général Bosquet était sur le

---

1. Cette division comprenait 11 bataillons, en tout 6,870 hommes.

Friedland, magnifique vaisseau à trois ponts, qui portait le pavillon de l'amiral Guérin et contenait 1,200 matelots, 1,700 soldats et 100 officiers, c'est-à-dire 3 bataillons.

Le 1ᵉʳ septembre, la troisième division, et le 2, la quatrième s'embarquèrent ; dans la soirée du 2, on signala la flotte turque, dont les huit bâtiments, le *Mahmoudié*, vaisseau amiral, en tête, vinrent jeter l'ancre près de nous. Chacun de nos vaisseaux portait dix chevaux pour les généraux et les états-majors ; le reste des montures et les bêtes de somme, conduites par des ordonnances, étaient sur de petits navires de commerce que l'intendance avait frétés, mais qui étaient d'un bien faible tonnage.

Le maréchal était arrivé le 2 à bord du vaisseau amiral *la Ville-de-Paris*, avec les généraux Thiry et Bizot, commandant l'artillerie et le génie, le général de Martimprey, chef d'état-major général, les officiers sous ses ordres, et le général Canrobert, dont la division venait de mouiller également dans la rade de Baltchick. Le beau temps se soutenait, et la flotte française de transport était prête à obéir au signal du départ. Quant aux Anglais, ils étaient en retard, et demandaient encore trois jours pour compléter leurs préparatifs ; l'amiral Hamelin, ne pouvant les attendre, convint avec l'amiral Dundas d'un point de ralliement à 40 milles à l'ouest du cap Tarkan[1] ; en cas de tempête ou de dispersion, on devait revenir à Baltchick.

Le 5 au matin, l'escadre française à voiles, composée de seize vaisseaux et frégates en deux colonnes (ayant à

---

1. A la hauteur de l'île des Serpents.

la droite une troisième colonne formée par les vaisseaux turcs), appareille et se dirige vers le nord-est. Le temps est toujours magnifique et la mer calme. Pendant les journées du 5 au 8, on ralentit ou suspend plusieurs fois la marche pour attendre les Anglais, qui, le matin du 8, sont enfin signalés à l'horizon. Les flottes française et turque mettent immédiatement en panne, et, par une journée splendide, commence le défilé majestueux de cette innombrable quantité de navires, qui, s'avançant dans notre direction, passent à l'arrière de notre colonne : l'escadre anglaise, remorquée par des bâtiments à vapeur, le *Britannia* en tête, portant le pavillon de l'amiral Dundas ; la flottille de transport de nos alliés, chaque bâtiment à vapeur remorquant trois ou quatre navires de commerce ; enfin, le convoi français[1], ayant en tête le *Napoléon*, vaisseau à deux ponts, de 2,000 chevaux, qui entraîne derrière lui la frégate la *Pandore* et quatre navires de commerce. Cette marche imposante dure toute la journée, et, tandis que la tête du convoi se perd à l'horizon vers l'est, on aperçoit à peine la queue de cette immense flotte au point opposé[2]. Le défilé terminé, nous nous remîmes en marche, lentement et hors de vue des Anglais ; suivis de la flottille de transport, ils étaient allés se montrer du côté d'Odessa, afin d'y retenir les renforts que l'ennemi aurait pu diriger sur Sébastopol. Des

---

1. L'ouvrage du maréchal Niel indique (p. 7 et suiv.) le matériel et les approvisionnements embarqués pour cette expédition. Voir aussi l'*Historique de l'artillerie* (vol. I, p. 42 et suiv.).

2. Là se trouvaient réunis, en effet, 34 vaisseaux (15 français, 10 anglais, 9 turcs), 55 bâtiments de guerre, et plus de 300 transports à vapeur et à voiles.

avisos à vapeur couraient de l'une à l'autre escadre pour prendre et transmettre les ordres.

Quels étaient-ils? Où allions-nous débarquer? On était encore fort indécis : le maréchal penchait toujours pour la Katcha, où l'on aurait de l'eau et moins de trajet à faire ; plusieurs inclinaient, dans les conseils des alliés, pour une descente à l'est de la Crimée. Les Anglais insistaient pour qu'on choisît la plage d'Old Fort, situé par le 45ᵉ degré de latitude, à quatre lieues au sud d'Eupatorie, et à quatorze de Sébastopol[1].

Après une reconnaissance faite sur les côtes de la presqu'île de Chersonèse, l'avis de nos alliés prévalut. Aussitôt la décision prise, des bâtiments à vapeur vinrent remorquer nos vaisseaux ; mais un coup de vent, dans la soirée du 12, obligea de jeter l'ancre pour la nuit, en vue du cap Tarkan. Le lendemain, le vent tomba, les navires que la tempête avait éloignés de la flotte la rallièrent, et elle vint mouiller devant Eupatorie. Sommée de se rendre, cette petite ville, qui n'avait pas de garnison, ne fit aucune résistance ; mais on n'obtint du major de la place que des nouvelles insignifiantes sur la force et les mouvements de l'armée russe. La journée fut employée à compléter les quatre jours de vivres que devaient avoir les hommes, et qu'il est toujours bien difficile de leur faire conserver intacts. Le soir, les chefs se réunirent à bord de la *Ville-de-Paris* et les dispositions furent prises pour le débarquement.

---

1. Le maréchal écrivait encore le 10, à bord de la *Ville-de-Paris*, que « peut-être il serait obligé à une campagne en règle, débutant par Kaffa et Kertch ».

Le jeudi 14, anniversaire de l'entrée de Napoléon Ier à Moscou, les vaisseaux levèrent de nouveau l'ancre avant le jour et s'enfoncèrent dans la baie profonde formée par les caps Baba et Ouloucoul; l'escadre française au sud de l'escadre anglaise, les vaisseaux sur trois lignes parallèles au rivage et distantes de 400 mètres l'une de l'autre; la première ligne comprenait les vaisseaux de combat, portait la première division et se trouvait à 1,400 mètres de la côte. Pour protéger le débarquement, de grandes chaloupes munies de leur artillerie et de fusées à la congrève, des frégates légères et des avisos à vapeur se postèrent sur les ailes, prêts à balayer la plage de leurs projectiles, dans le cas où l'ennemi paraîtrait. Au même moment, chaque vaisseau avait mis à la mer les deux chalands qu'il tenait attachés à ses flancs depuis Varna, ainsi que ses canots, grands et petits, et tous ces moyens de transport vinrent accoster les vaisseaux de la première ligne. Les troupes et l'artillerie de la première division y descendirent, et, à un signal donné, se dirigèrent vers la côte. Toutes ces opérations se faisaient avec ordre, par un temps splendide, aux acclamations des deux flottes, et, ce qui ajoutait à notre impatiente attente, c'est que nous étions persuadés que l'ennemi allait venir à notre rencontre sur le rivage.

A midi, toute la première division était à terre avec son artillerie; la deuxième fut débarquée avec moins d'ensemble; mais enfin, le soir, trois divisions complètes étaient campées avec leurs bagages, leurs chevaux, les compagnies du génie, 59 bouches à feu attelées, 52 caissons de munitions tant d'infanterie que de cavalerie, enfin, avec les chevaux des spahis, de l'escadron de chasseurs d'Afrique et de l'état-major. Les Anglais, de leur côté, avaient établi au bivouac deux divisions d'infanterie placées à une lieue de la côte, à la gauche de notre armée, entre la troisième division française et le lac de Kamichli. Les Français abordaient une langue de sable de 50 mètres de largeur sur 1,000 mètres de longueur, embouchure d'une petite vallée sans eau venant du village de Tagaïlu, et se terminant, vers la mer, par un lac salé de peu d'étendue. Les Anglais descendaient à 4 kilomètres au nord, sur une plage plus vaste, bordée par le grand lac Kamichli. Si l'ennemi se fût retranché sur la falaise entre les deux lacs, il eût bien gêné notre opération déjà fort difficile en elle-même ; des hommes déterminés eussent aisément rejeté à l'eau nos têtes de colonne et coulé quelques canots. Assurément, les bâtiments des flottes auraient eu raison des batteries de campagne que les Russes auraient pu amener sur la côte ; mais l'on eût perdu beaucoup d'hommes par la confusion et le feu, et notre effectif, on l'a vu, n'était pas fort élevé. L'absence de l'ennemi nous assurait le succès pour la première bataille, et personne n'en douta plus dès le 14 au soir. Pendant la traversée, nous avions appris par une proclamation de l'Empereur la nouvelle de la prise de Bomarsund, que le général Baraguey d'Hilliers, commandant de l'expédition de la Baltique, avait enlevé en faisant 2,000 prisonniers, et cette première victoire nous avait paru d'un bon augure pour nos armes.

« Notre situation est bonne, écrivait le maréchal au ministre de la guerre. La traversée, le débarquement étaient assurément deux des éventualités les plus redoutables qu'offrait une entreprise presque sans précédents, eu égard aux distances, à la saison, aux incertitudes sans nombre qui l'entouraient. Je juge que l'ennemi, qui laisse s'accumuler à quelques lieues de lui un pareil orage, sans rien faire pour le dissiper à son origine, se met dans une situation fâcheuse, dont le moindre inconvénient est de paraître frappé d'impuissance vis-à-vis des populations. »

Le soir du 14, et la nuit du 14 au 15, le vent et la pluie ne discontinuèrent pas ; la mer devint grosse ; un chaland fut violemment jeté à la côte, des chevaux furent noyés, et l'on dut suspendre le débarquement. C'est alors surtout que nous eûmes à nous féliciter de l'avoir commencé à temps, sans rencontrer d'adversaires devant nous.

La quatrième division avait été envoyée à l'embouchure de la Katcha, pour simuler un débarquement, afin de détourner l'attention des Russes, établis sur les hauteurs de l'Alma. Cette diversion opérée[1], elle rallia l'armée, et prit terre à Old Fort, dans la journée du 15, avec la division turque. L'armée française, qui se trouvait ainsi réunie, s'établit face au sud, en avant du petit lac salé, la première division occupant la droite, près de la mer, et la gauche de la troisième division rejoignant, à quatre kilomètres du rivage, l'armée anglaise qui faisait face à l'est, avec sa cavalerie à son extrême gauche. La quatrième division française, la division turque et l'escadron

---

1. « Elle avait simulé un débarquement à l'embouchure même de l'Alma, sous la protection des feux de deux navires. Des embarcations, remplies de soldats, avaient été mises à la mer et s'étaient approchées à 100 mètres du rivage. » (Journal de la quatrième division.) Elles s'y étaient maintenues quelque temps, sans que les Russes s'y opposassent, et cette division avait fait ensuite la même démonstration à la Katcha.

de chasseurs étaient placés en arrière de nos lignes, entre les deux lacs et près du quartier général.

Au camp d'Old Fort commença, pour l'armée anglaise, une suite de fatigues et de privations qui furent épargnées à nos troupes, et qui contribuèrent beaucoup à l'affaiblissement que nous constaterons bientôt dans les rangs de nos alliés. En Crimée, il n'y a pas de gros villages pour abriter les hommes après les marches ; les soldats anglais durent donc coucher sur la terre et sans abri, pendant quinze jours, c'est-à-dire jusqu'à ce que leurs grandes tentes fussent arrivées à Balaclava. Nos hommes, au contraire, munis chacun de sa petite tente-abri, dressaient en quelques instants leur maison de toile, et se trouvaient ainsi garantis contre le froid des nuits claires de septembre. Pour sa nourriture, le soldat anglais avait une livre et demie de viande par jour ; le nôtre n'en avait qu'une demi-livre ; mais il vivait en escouade, et, grâce à l'association, la nourriture de tous était excellente, tandis que nos alliés, faisant leur cuisine individuellement, se nourrissaient fort mal. Lord Raglan s'en étonnait un jour, à Varna, devant le général Bosquet, qui lui répondit en riant : « Milord, faisons, si vous le voulez bien, un arrangement qui profitera aux deux nations ; donnez-moi pour un Anglais et un Français votre livre et demie de viande, nous ferons l'économie de la ration donnée à nos hommes ; ceux-ci feront la soupe, et Anglais et Français s'en trouveront bien, je vous en réponds ! » « Ah ! reprit lord Raglan, je le voudrais bien ! » Aussi que de fois avons-nous vu, pendant le siège, de pauvres soldats anglais revenir de la tranchée, après une garde de vingt-quatre heures, transis de froid et mourant de faim! Ils ne prenaient pas le temps de quitter leur fourniment; ils jetaient leur fusil à terre, auprès de leur tente, et, malgré leur fatigue, il leur fallait encore chercher eux-mêmes leur bois, allumer leur feu pour se réchauffer et faire griller leur ration de viande! On conçoit qu'un tel régime était trop peu régulier pour être réparateur. Sans doute, la tranchée était également pénible pour nos hommes; mais ils avaient laissé leur cuisinier au bivouac, et ils trouvaient la soupe prête à leur descente de garde, ce qui n'est pas indifférent pour des gens qui ont bien gagné leur repas et leur repos. De même, en route, nos soldats se partagent les diverses fonctions; à tour de rôle, ils portent, sur leur sac, la marmite, la gamelle et le bidon de campement. Ils ont soin de se munir d'un fagot, quand ils ne sont pas assurés d'en trouver au bivouac, et, dès qu'on arrive, le cuisinier creuse la terre pour son foyer; tandis qu'il allume le feu, un premier camarade court avec le bidon chercher de l'eau; un second va prendre la viande à la distribution, et, pendant ce temps-là, d'autres ont dressé les tentes, et l'on se repose enfin autour de la flamme gaie et pétillante, en mangeant la soupe en famille. Le café, cette boisson si précieuse pour le soldat en campagne, un café assez clair, mais abondant, vient compléter le festin et entretenir la santé et la bonne humeur de tous ces braves gens[1].

[1]. L'habitude de s'installer promptement, comme aussi de s'entr'aider avec activité, est chose particulière à nos soldats, et à peu près inconnue aux Anglais. Au milieu de l'hiver, ils s'aperçurent des avantages de la vie en commun pour les troupes; mais, passant aussitôt à un excès contraire, au lieu de nos petites marmites si portatives, ils en firent venir d'énormes, comme celles que nous avons en station, si bien qu'une marche à l'extérieur devait les obliger à lais-

Les journées du 15 au 18 se passèrent à Old Fort dans une inaction d'autant plus pénible, que l'eau et le bois, ces deux éléments essentiels d'un bon bivouac, étaient rares; il fallait aller chercher la première en corvée, à de grandes distances; quant au bois, on n'en pouvait trouver qu'en démolissant les maisons du village voisin, et l'on défendit bientôt de s'en procurer ainsi, afin de ménager les Tatares, qui, par leurs intérêts et par leur religion surtout, semblaient devoir nous être favorables. Cette même pensée de bienveillance envers les indigènes fit que l'on ne voulut pas les contraindre à nous vendre leurs bœufs, et pourtant la troupe eût volontiers reçu des dis-

ser ce gros matériel en place, et même leur rendre tout déplacement de camp fort difficile. Lorsqu'ils nous eurent abandonné, au commencement de 1855, la défense d'Inkermann, le général Bosquet demanda, pendant plus de quinze jours, qu'ils nous cédassent en même temps pour nos troupes le terrain qu'ils occupaient à droite de la vieille route de poste, à hauteur du moulin ; ne pouvant l'obtenir, il dut placer provisoirement la division Dulac le long des lignes de contrevallation, et il écrivait à ce sujet, au général en chef, le 7 février : « Cet emplacement est un peu loin des attaques ; mais il n'y en a point d'autre de possible, tant que les Anglais s'obstineront à loger sur un terrain en avant duquel ils n'opèrent plus. » Et sait-on pourquoi cette obstination ? « Le colonel Oler, dit encore le général Bosquet, a causé avec le colonel anglais Herbett, lequel comprend très bien que nos alliés doivent nous céder rationnellement au moins la droite de la route, pour camper nos quatre bataillons ; mais il ajoute que si, dans ce moment (à cause du mauvais temps), les troupes anglaises sont condamnées à changer de bivouac, elles mourront de faim à côté de leur viande, parce qu'elles seront très longtemps avant d'avoir établi leurs cuisines. Nous serons donc forcés peut-être d'accepter en arrière d'eux les mauvais terrains disponibles, qui sont loin d'être propres, les Anglais les ayant destinés à recevoir toute espèce d'ordures, non compris les charognes de chevaux et autres. »

tributions de viande fraîche, au lieu de porter sur le dos, avec du lard salé, les sept jours de vivres dont on la chargea au départ d'Old Fort. En Crimée, nous avions retrouvé le choléra ; les nuits étaient froides, et l'épidémie avait d'ailleurs laissé parmi nous quelques germes que les salaisons, le biscuit et la mauvaise eau étaient peu propres à faire disparaître. Pourtant, comme jusqu'à la Katcha nous voyageâmes de conserve avec la flotte, il eût été possible, grâce à ce voisinage, de faire au moins chaque jour une distribution d'eau-de-vie aux soldats, et de vin aux officiers, qui souffrirent bientôt plus que leurs hommes. En effet, pendant la marche, les officiers vivent moins bien que la troupe ; aussi plus d'un prend-il le parti de verser une certaine somme à l'ordinaire, et de se faire apporter d'une escouade son repas de chaque jour ; ajoutez qu'ils sont, en général, plus âgés que les soldats, plus fatigués, habitués par leur condition même à une nourriture meilleure. Heureusement, la grande quantité de légumes et de fruits que l'on trouva à partir de l'Alma, vint remédier en partie à ces inconvénients, presque inévitables d'ailleurs en toute guerre.

Cependant les Anglais n'avançaient que fort lentement dans leur opération de débarquement ; pour les aider, le maréchal, impatient de marcher à l'ennemi, leur avait prêté nos chalands dès le 17 au matin. Enfin le 18, il dut écrire à lord Raglan, qu'il ne « pouvait attendre plus longtemps, et qu'il lançait son ordre de départ pour le lendemain à neuf heures », et « rien ne m'arrêtera plus », ajoutait-il. En effet, le 19, à sept heures du matin, l'armée se mit allégrement en route. La première division, en quatre colonnes, formait l'avant-garde avec ses deux batteries ; elle était suivie de l'artillerie de réserve, du train, du génie et des équipages de la division et des états-majors ; en arrière, les Turcs, puis la quatrième division fermaient la marche. A droite de la réserve d'artillerie, vers la mer, et à gauche, vers l'intérieur, s'avançaient les deuxième et troisième divisions, en deux colonnes par brigade, leur artillerie par demi-batterie entre les brigades ; l'ambulance et les bagages de chacune de ces divisions les suivaient. Des tirailleurs enveloppaient le front et les flancs de l'armée. A gauche, les Anglais, qui s'étaient enfin mis en mesure ; à droite, les vaisseaux des deux nations s'avançaient à la même hauteur, et l'on avait ainsi le spectacle inouï de deux armées et de deux flottes allant au combat sur un même front. Le temps était très beau, chaud même, et le terrain presque uni, sans arbres, se prêtait à cette majestueuse marche en bataille.

A trois heures du soir, nous arrivions près de la Boulganag, dont le lit, encaissé et sablonneux, était presque à sec ; on y trouvait pourtant quelques trous qui gardaient l'eau ; on pouvait, d'ailleurs, s'en procurer aisément dans toute la vallée, en creusant de petits puits à une faible profondeur. Les armées abordèrent de front ce ravin qui va de l'est à l'ouest et se jette dans la mer, comme l'Alma, la Katcha, la Belbek et la Tchernaya, que nous devions successivement rencontrer. Nous allions camper sur la route, à proximité de nos puits, lorsque les tirailleurs signalèrent l'armée russe sur les hauteurs de l'Alma, et quelques mouvements de troupes sur la rive droite de cette rivière. Les alliés s'avancèrent aussitôt sur la hauteur, et s'établirent sur deux lignes, à deux petites lieues en face de l'ennemi, la première ligne formée de bataillons déployés, la deuxième de bataillons en colonne, derrière les intervalles de la première. Quelques coups de canon furent alors échangés aux avant-postes; mais la cavalerie russe, répandue dans la plaine, ayant battu en retraite et repassé l'Alma devant quelques obus et une démonstration de la cavalerie anglaise, nous nous installâmes au bivouac, nous préparant à la bataille, probable pour le lendemain, et depuis si longtemps désirée.

Il est intéressant d'indiquer ici, d'après le général de Todleben, les dispositions prises par les Russes, à l'annonce de notre apparition en vue des côtes de Crimée.

« Le prince Menchikof, dit-il, qui avait le commandement en chef, pouvait disposer de 38,597 hommes; et il se trouvait, en outre, à Théodosie et à Kertch, 12,000 hommes, sous les ordres du général Khomoutof, ce qui portait à 51,000 hommes environ les troupes russes de Crimée, sans compter les 18,500 marins de Sébastopol.

« Les premiers vaisseaux alliés avaient été aperçus à l'horizon, le 13 septembre, vers dix heures du matin, lorsque, dans la soirée du même jour, un cosaque, accourant en ville, y apportait la nouvelle que le nombre de ces vaisseaux était si considérable qu'il était impossible de les compter. A huit heures et demie, le télégraphe signalait que la flotte ennemie jetait l'ancre.

« La côte occidentale de la Crimée, ajoute Todleben, étant accessible sur presque tous ses points, toute tentative d'opposition au débarquement d'un ennemi supérieur en nombre sur un terrain uni et découvert, battu de la flotte, par le feu croisé des pièces de gros calibre de l'artillerie de marine, ne devait produire aucun résultat. Une attaque de nos troupes, qui ne possédaient que leur artillerie de campagne, n'aurait donc retardé que de bien peu le débarquement, mais elle aurait pu, par contre, les désorganiser et les démoraliser. Quant à la marine russe, qui comptait 14 vaisseaux et 11 frégates, elle ne pouvait opposer une résistance efficace au débarquement, à cause de la supériorité énorme des marines alliées, et aussi parce que tous ses bâtiments étaient à voiles, tandis que la plupart des navires ennemis étaient à hélice.

« Si le prince Menchikof, à la première nouvelle de l'apparition de la flotte des alliés à Eupatorie, avait dirigé ses troupes sur cette ville, l'ennemi aurait pu s'y borner à une simple démonstration, effectuer son débarquement dans la baie de Kamiesh, et, avant l'arrivée du prince, s'emparer de Sébastopol, dont les fortifications du côté du sud étaient alors insignifiantes et la garnison très faible. Ne pouvant s'opposer au débarquement, le prince remit la défense de Sébastopol aux bataillons de réserve de la treizième division d'infanterie, aux équipages de la flotte, à d'autres détachements de la marine, demanda à Kertch des renforts, et s'occupa de masser ses troupes sur l'Alma, afin de barrer aux alliés la route de Sébastopol. Avec le peu de monde dont il disposait, il ne pouvait qu'accepter là une bataille défensive, dans le but de donner aux renforts demandés le temps d'arriver.

« La nuit du 19 au 20 fut froide et sombre ; au milieu de l'obscurité, on voyait étinceler les feux de bivouac, pendant que les parties de la mer les plus rapprochées des côtes étaient couvertes de navires resplendissant de brillantés clartés. Les armées ennemies reposaient en vue l'une de l'autre ; mais les feux de bivouac s'éteignirent peu à peu, et ce ne fut plus que rarement qu'on en pouvait apercevoir quelque lueur.

« Avant l'aube, un coup de canon retentit à bord du vaisseau amiral français. Bientôt, on entendit battre la diane dans l'armée française, puis dans l'armée anglaise, et enfin dans la nôtre, où elle fut accompagnée de l'hymne : « *Qu'il est glorieux.* » Nos troupes firent leur prière, et les prêtres parcoururent les bataillons avec la croix et l'eau bénite. Leur nombre s'élevait à environ 33,600 hommes, comprenant 42 bataillons et demi, 16 escadrons, 11 sotnias et 96 bouches à feu. »

Le terrain qui séparait les deux armées s'incline doucement vers la rivière de l'Alma en une grande plaine, coupée au milieu par un ravin peu profond et sans eau ; l'artillerie peut la parcourir en tout sens, et les troupes s'y développer, même sur un front très large. A l'extrémité de cette plaine, l'Alma, bordée d'arbres élevés, les premiers que nous eussions rencontrés depuis le débarquement, est dominée sur la rive gauche par des hauteurs escarpées d'un difficile accès : guéable dans la partie supérieure de son cours, elle ne peut être passée, depuis son embouchure jusqu'au pont de Bourliouk, que sur cinq points : 1° au gué de la barre, sans chemin au delà pour les voitures ; 2° au gué du village d'Almatamak, avec une route débouchant sur la hauteur, large, carrossable, mais, en plusieurs endroits, à pic sur le ravin qu'elle borde[1] ;

---

1. Il était très facile de rendre cette voie impraticable à l'artillerie ;

3° au gué de la Maison-Blanche, situé entre Almatamak et Bourliouk, d'où l'on pouvait se diriger vers le plateau, à droite du Télégraphe, par un sentier praticable à l'artillerie ; 4° à un quatrième gué, à droite du village de Bourliouk ; 5° enfin, en amont de ce village, où la route de Sébastopol passait l'Alma sur un pont très solide et atteignait la hauteur entre deux mamelons qui, bien que peu élevés, formaient cependant un vrai défilé, exposé au feu d'une batterie russe placée sur la gauche.

les Russes n'en firent rien, se tenant loin de la côte pour se mettre à l'abri du canon des flottes, et jugeant en outre que jamais troupes ne pourraient escalader des collines aussi abruptes. Dans tous les cas, s'ils ne pouvaient détruire le gué, dont les roches sont trop dures, ils auraient dû en rendre du moins le passage dangereux pour les hommes et pour les chevaux ; ils auraient pu surtout couper la route, et garnir la crête de tirailleurs pour repousser nos têtes de colonnes.

BATAILLE DE L'ALMA.

Le 19 au soir, le général Bosquet avait reçu de l'état-major général un calque du plan de bataille, qui fut exécuté comme sur un champ de manœuvre, en ce qui concerne notre deuxième division. Ayant en réserve la division turque, nous avions l'ordre de partir à cinq heures et demie du matin, de nous diriger sur Almatamak, et de passer, moitié sur ce point, moitié à la barre. L'escadron de chasseurs d'Afrique était adjoint à notre colonne. A l'extrême gauche, les Anglais devaient se porter en avant, à la même heure, pour faire effort sur la droite ennemie et marcher dans l'ordre suivant, couverts par des riflemen et une batterie : les divisions de sir de Lacy Evans (deuxième) et de sir G. Brown (cinquième) à la gauche du prince Napoléon, ayant derrière elles, en deuxième ligne, la division England (troisième) et celle du duc de Cambridge (première). La division Cathcart (quatrième) et la cavalerie étaient à l'extrême gauche et en arrière, pour faire face à l'ennemi, s'il tentait de nous tourner de ce côté. Vers sept heures, c'est-à-dire au moment probable où ces deux mouvements combinés auraient réussi à attirer une partie des forces russes sur les ailes, notre centre devait s'ébranler, franchir l'Alma entre les deux villages de Bourliouk et d'Almatamak et attaquer le milieu de la position ennemie. Ce centre était formé des première et troisième divisions, couvertes par des tirailleurs, et marchant sur deux lignes, par bataillons en masse, l'artillerie entre les lignes. Les réserves d'artillerie et du génie suivaient la division Canrobert; la quatrième division, présentant une ligne de bataille de régiments en colonne par peloton, à distance de section, s'avançait avec son artillerie derrière la division du prince Napoléon. Le convoi, escorté par deux bataillons turcs, était en arrière de la division turque.

Le maréchal avait réuni les généraux la veille de la bataille, pour leur donner ses dernières instructions : « Je compte sur vous, Bosquet, avait-il dit à son vigoureux lieutenant. » « Oui, monsieur le maréchal, avait répondu celui-ci, je vous ai très bien compris; je dois attirer à moi une partie du centre ennemi; mais n'oubliez pas que je ne puis me faire écraser plus de deux heures. »

Vers six heures, la soupe mangée, l'aile droite se mit en route, et le reste de l'armée française, sous les armes, se préparait à quitter son bivouac, lorsque le maréchal fut averti que les Anglais n'étaient pas partis à l'heure convenue la veille, et n'étaient pas encore en mesure de le faire. Il envoya aussitôt l'ordre au général Bosquet de suspendre sa marche; il était huit heures, et nous étions déjà parvenus à moitié de la distance qui nous séparait de l'Alma. Le général, arrêté dans son élan, ne fut pas sans éprouver et sans témoigner quelque humeur contre la lenteur de nos braves alliés, qui nous faisaient perdre ainsi les heures les plus précieuses du jour; toutefois, il commanda la halte et se porta de sa personne en avant, pour reconnaître les abords de la rivière. Vers dix heures, la halte se prolongeant, les soldats coururent du côté de la mer, où quelques-uns d'entre eux avaient découvert de l'eau douce, et ils firent le café.

Le général avait rejoint la colonne et mis pied à terre lorsque arrivait un lieutenant de vaisseau qui avait été sonder la barre avec un canot du *Roland;* il avait reconnu qu'elle était praticable pour nos hommes; sans doute, le renseignement était bon, mais notre attention était distraite : nous regardions en riant les deux marins qui l'accompagnaient, appuyés sur de longues gaffes et tenant chacun à la main un pain frais que l'amiral Bruat envoyait au général, présent inestimable et presque royal dans ces circonstances, car nous n'avions mangé que du biscuit depuis le débarquement. Aussi, le rapport fini, nous nous empressâmes de nous emparer du précieux envoi; les deux pains furent immédiatement distribués en fort menus morceaux aux nombreuses personnes qui se trouvaient là, et ce petit incident fit un moment diversion au dépit que nous causait notre inaction forcée.

Vers onze heures et demie, les hommes remirent joyeusement sac au dos; tambours, clairons et musiques se firent entendre sur toute la ligne, et nous marchâmes enfin à l'ennemi. La deuxième division, débordant le corps de bataille de 1,500 mètres environ, s'avança en deux colonnes, se dirigeant : la brigade Bouat vers la barre, la brigade d'Autemarre vers Almatamak. Chacune de ces colonnes était pourvue de sa batterie; mais le premier gué s'étant trouvé impraticable aux voitures, la batterie qui suivait la première brigade vint également passer au village, ce qui l'amena plus promptement et bien à propos sur la crête.

Les Russes, placés sur les hauteurs de la rive gauche de l'Alma comme sur les gradins d'un amphithéâtre, avaient pu distinguer, depuis la diane, tous nos mouvements. « En voyant la division Bosquet s'arrêter dans sa marche, nous disait un officier russe prisonnier, nous en avions conclu qu'elle ne devait faire qu'une diversion, soit pour nous attirer dans la plaine, soit pour nous obliger à dégarnir notre centre; mais nous supposions toujours qu'elle viendrait ensuite passer l'Alma avec le gros de l'armée, près de Bourliouk. » Aussi, dans cette pensée, le prince Menchikof n'avait-il pas cru devoir envoyer de renforts à son aile gauche, qu'il ne regardait pas comme sérieusement menacée; il s'était borné à disposer sur toute la rive de l'Alma, depuis Almatamak jusqu'à Tarchanlar, des tirailleurs échelonnés dans les vignes, et appuyés en arrière par des postes placés à mi-côte; des abatis avaient été faits au delà du pont de Bourliouk, à l'issue de la vallée que traverse la route de Sébastopol; mais, au-dessus de ce pont, le long de la rivière, la droite russe était solidement établie, le prince nous supposant le projet de le tourner de ce côté, pour le rejeter sur les flottes; enfin, des réserves se tenaient autour et en arrière du Télégraphe, qui devait être le point important du champ de bataille.

La division Bosquet ayant atteint l'Alma vers midi et demi, le 1er bataillon du 3e zouaves passa aussitôt le gué; avec un entrain dont le souvenir est demeuré populaire, il gravit à pic la pente opposée, atteignit la crête, et par son feu éloigna quelques cavaliers accourus de ce côté, aussi bien qu'un faible détachement d'infanterie russe envoyé sur la gauche. Notre général suivait ce bataillon, tandis que le reste de la brigade montant au pas de course profitait de l'hésitation de l'ennemi pour s'établir sur la hauteur, perpendiculairement à la crête ; les deux bataillons du 50e étaient derrière un tumulus, ayant à leur droite, moitié déployés et moitié en colonne, prêts à former le carré, les tirailleurs algériens et le bataillon du 3e zouaves, qui le premier avait escaladé les hauteurs. L'autre bataillon de ce dernier régiment, abrité derrière un pli de terrain, couvrait la brigade par ses tirailleurs. Sur ces entrefaites, une de nos batteries avait rejoint l'infanterie, non sans beaucoup de peine, et avait eu l'honneur de tirer le premier coup de canon, signal de la bataille ; enfin, la brigade Bouat, formant échelon à plus de deux kilomètres en arrière, et suivie de la division turque, s'avançait avec rapidité vers la droite de la brigade d'Autemarre[1]. Par cette manœuvre hardie, et pourtant très simple, nous menacions le flanc gauche et presque les derrières de l'ennemi ; quels résultats n'eût-elle pas produits, s'il eût été possible de la compléter avec de la cavalerie !

Le prince Menchikof, à cheval près du Télégraphe, observait avec attention le mouvement du gros de l'armée française, pensant toujours que nous voulions faire effort sur sa droite pour le rejeter vers la côte, lorsqu'un officier russe, accourant au galop, lui annonça tout à coup que la division Bosquet avait gagné les hauteurs, non seulement avec ses troupes, mais avec son artillerie.

1. Ces troupes avaient une grande distance à parcourir, et elles furent, en outre, retardées par les difficultés que présentait le gué de la barre.

On dit qu'à cette nouvelle, à laquelle il ne voulait pas croire, le prince s'emporta contre cet officier; mais obligé, en entendant notre canon, de se rendre à l'évidence, il fit tourner à gauche quatre bataillons de la dix-septième division et deux batteries de 12, placées près de lui au Télégraphe; puis il prit sur sa réserve, pour les appuyer, trois batteries légères, avec quatre bataillons et huit escadrons de hussards. Ces quarante pièces ainsi réunies se placèrent en face de nos troupes, qui, devant ce feu terrible, hésitèrent un instant; les Algériens, en particulier, qui supportaient pour la première fois les décharges de l'artillerie, voyaient avec stupéfaction des files entières enlevées par les projectiles de l'ennemi, et, suivant l'expression des vieux soldats, ils ne pouvaient s'empêcher de *saluer* les boulets. Le général Bosquet, qui les avait commandés pendant longtemps, et qui savait leur langue, court à eux : « Eh quoi ! leur dit-il énergiquement, tout en riant, la balle frappe-t-elle moins que le boulet? » « Bessah[1] », reprirent-ils en relevant fièrement la tête, et la première émotion s'effaça bien vite de leurs visages bronzés. Cependant l'ennemi paraissant vouloir se borner à une canonnade, le général Bosquet, afin de ne pas exposer inutilement ses hommes, laissa seulement en avant deux bataillons pour protéger nos batteries, et fit rétrograder le reste de la brigade, en l'abritant derrière la crête, à la naissance des ravins; en même temps il donnait l'ordre à la brigade Bouat de hâter sa marche.

Pendant plus d'une heure et demie, nos douze pièces

---

1. « *C'est vrai !* »

d'artillerie, du calibre de 12 (canon-obusier de l'Empereur), conduites par le commandant Barral, répondirent avec succès aux quarante bouches à feu qui leur étaient opposées, mais qui étaient d'un calibre inférieur. L'infanterie des Russes restait immobile; leur cavalerie essayait de nous tourner par le ravin d'Ouloucoul; quelques obus lancés à propos par la *Mégère*, le *Cacique* et le *Canada*, mouillés en face d'Ouloucoul, et quelques balles heureuses, tirées à mille mètres par nos chasseurs à pied, l'obligèrent à tourner bride et à dégager notre flanc droit. Toutefois, il était temps que le gros de l'armée prononçât son mouvement; nous avions réussi, il est vrai, par notre démonstration, à dégarnir le centre russe en attirant sur nous quelques troupes et surtout le feu des cinq batteries que les première et troisième divisions eussent trouvées devant elles dans leur marche de front; mais le général Bosquet dut faire avertir le maréchal que notre artillerie allait manquer de munitions, que nombre de ses chevaux avaient été tués, et qu'elle ne pouvait envoyer chercher l'approvisionnement de réserve engagé encore dans la rivière. Le maréchal prescrivit alors à la brigade de Lourmel, de la division Forey, d'appuyer à droite, vers Almatamak, pour se porter en ligne près du général Bosquet, et, bien que les Anglais fussent encore en arrière, il donna le signal de l'attaque générale.

Ainsi que toute l'armée, le maréchal avait suivi avec intérêt l'ascension des zouaves; puis, lorsqu'ils avaient disparu derrière la crête, il avait écouté avec anxiété la fusillade de nos tirailleurs; enfin, le canon s'étant fait entendre, on discutait autour de lui, pour savoir si c'était le nôtre ou celui de l'ennemi, et si nos pièces avaient pu gagner le plateau. « Je vous dis, s'écria joyeusement le maréchal, que c'est le canon de Bosquet ; il est établi sur la hauteur, je vois les pantalons rouges : ah ! je reconnais bien là mon vieux Bosquet d'Afrique ! »

Cependant notre général galopait d'une batterie à l'autre sur le terrain découvert, avec son petit groupe d'officiers et de cavaliers, encourageant tout le monde avec son entrain ordinaire, mais n'en attendant pas moins avec impatience l'entrée en ligne du reste de l'armée. Tout à coup, en face de nous, les tirailleurs français apparurent sur la crête devant le Télégraphe : ceux de la première division à la Maison-Blanche, ceux de la troisième à droite du village de Bourliouk, avaient abordé résolument les avant-postes ennemis ; une batterie de la division de cavalerie, les deux de la division du prince Napoléon et deux de la réserve, postées sur la rive droite, avaient efficacement protégé ce mouvement. Nos troupes, après avoir débusqué des vignes les tirailleurs russes, les avaient suivis sur la berge gauche, et les zouaves, ayant mis leurs sacs à terre, s'étaient précipités à l'assaut, suivis par la première ligne de bataille. A cette vue, le général porte en avant la brigade d'Autemarre, pour nous relier, à angle droit, avec le reste de l'armée ; à la droite de cette brigade, arrivait en ligne le général Bouat, suivi de la division turque ; enfin, la brigade de Lourmel, qui avait passé par la barre, débouchait à son tour sur le plateau. De leur côté, les bataillons de la première division se formaient sur la crête, et, trois des batteries qui nous étaient opposées, puis bientôt les deux autres ayant fait volte-face, nous continuâmes sans obstacle notre manœuvre tournante.

A ce moment, tout l'intérêt de la lutte se concentrait autour du Télégraphe, point principal de la résistance des Russes; nous regardions avec attention cette petite hauteur, couverte d'ennemis résolus et prêts à recevoir l'assaut de nos soldats. En même temps et du même côté, une grosse masse d'infanterie russe paraissait vouloir fondre sur la division Canrobert qui, arrivant à peine, n'était pas encore formée, et n'avait pas encore son artillerie. Sur la demande du général commandant la première division, une de nos batteries courut sur ce point et ouvrit un feu à mitraille si violent et à si courte distance que le désordre se mit bientôt dans les rangs de la colonne ennemie, malgré la vigueur de ses officiers. Un d'eux se tenait au plus fort du danger, courant de rang en rang, rappelant ses hommes, et les replaçant avec la main. « Le brave officier ! disait notre général, qui aimait à rappeler cet épisode, s'il était près de moi, je l'embrasserais ! »

Tout à coup, nos camarades des première et troisième divisions s'élancent comme d'un bond sur le Télégraphe, se heurtent contre les Russes, qui hésitent un instant et finissent par reculer; le 1er chasseurs à pied, le 1er zouaves et le 39e se précipitent à la fois, et bientôt le drapeau de ce dernier régiment flotte sur le Télégraphe. Le sous-lieutenant Podevin, qui avait l'honneur de le porter, tombe glorieusement frappé à mort; tandis que le général Canrobert était blessé d'un éclat d'obus à l'épaule. Les Russes battant alors précipitamment en retraite, nous

nous portons en avant vers la route de Sébastopol, que l'ennemi cherche à couvrir avec ses batteries.

A notre gauche, commençaient enfin à apparaître les Anglais, qui, s'étant ébranlés moins vite que nous, n'étaient arrivés que vers une heure et demie sous le feu des tirailleurs et des batteries de position russes. Au débouché du pont, ils avaient rencontré de sérieux obstacles, qu'ils avaient abordés avec leur calme et leur résolution ordinaires, mais ils n'avaient pu tourner la droite des Russes, trop solidement établie. Toutefois, après l'enlèvement du Télégraphe, les batteries anglaises, jointes à celles de notre réserve, avaient fini par déterminer à la retraite cette partie de l'armée ennemie, qui avait paru se retirer sur Batché Séraï. Quant à la cavalerie anglaise, qui s'embourba, dit-on, au passage de l'Alma, elle arriva trop tard pour charger, et nous eûmes le regret de n'en avoir point, de notre côté, sur notre droite pour changer la retraite de l'ennemi en déroute et recueillir les fruits de la victoire en poussant peut-être jusqu'à Sébastopol et prenant dans tous les cas de l'artillerie et des bagages. Ne pouvant poursuivre l'ennemi, nous dûmes, vers quatre heures, bivouaquer sur le champ de bataille, n'ayant infligé aux Russes, dans cette première rencontre, qu'un échec moral, puisque leur armée se retirait presque intacte, et en assez bon ordre.

L'ennemi, d'après Todleben, avait perdu 5,511 hommes ; les pertes des alliés s'élevaient à 3,305, dont 140 morts et 1,200 blessés pour les Français, 343 morts et 1,622 blessés pour les Anglais.

Pouvait-on poursuivre l'ennemi? Sans doute il était

tard, puisque, par la faute de nos alliés, nous avions perdu toute la matinée, mais ce n'était pas une raison suffisante pour ne rien faire après la bataille. Les pertes de la deuxième division n'étaient pas considérables, et celles de la brigade de Lourmel, aussi bien que de la division turque étaient nulles. Le général Bosquet, dont le mouvement tournant avait décidé du succès de la journée, était prêt à marcher de nouveau, car il avait laissé les sacs à ses hommes; mais il n'en avait pas été de même dans les autres divisions; on s'y était laissé entraîner aux habitudes de la guerre d'Afrique; là, du moins, outre que les difficultés de terrain sont plus grandes, il n'y a pas de poursuite possible contre un adversaire qui s'éparpille dès qu'il est battu; mais en toute autre circonstance, il faut laisser au soldat son sac, qui est pour lui l'objet à la fois le plus utile et le plus précieux. Malgré tout, il eût été possible de laisser à l'Alma les régiments qui avaient été le plus engagés, pour enterrer les morts et relever les blessés, tandis que les troupes fraîches, se portant rapidement sur la Katcha, auraient pu tirer grand avantage de la première stupeur de l'ennemi. Il est vrai que nos hommes n'avaient rien pu manger depuis le matin, mais ils avaient chacun six jours de vivres; et, dans l'excitation d'une première victoire, ils auraient mené sans peine l'armée vaincue jusqu'à Sébastopol, qui n'est qu'à huit lieues du champ de bataille. On n'en fit rien, et l'on dut même passer sur le terrain les journées des 21 et 22. « Les Anglais ne sont pas encore prêts, écrit le maréchal de Saint Arnaud, le 22 septembre, et je suis retenu ici comme à Baltchick, comme à Old Fort. Il est vrai de dire qu'ils ont plus de blessés que moi et qu'ils sont plus loin de la mer. » Et, sur son journal, il ajoute : « Quelle lenteur dans nos mouvements ! On ne peut pas bien faire la guerre ainsi. Le temps est admirable, et je n'en profite pas ! J'enrage. » La guerre est bien difficile, en effet, avec deux armées qui ne sont pas réunies dans la même main et dont les qualités, également appréciables, sont si différentes. Le maréchal, quoique malade, avait, on le voit par ce qui précède, le désir de se porter en avant, au moins dès le lendemain de la bataille ; on eût dit qu'il sentait le prix du temps qui allait lui manquer, car, sept jours après avoir écrit ces lignes, il était mort.

MARCHE SUR SÉBASTOPOL.

Enfin, le 23, on se remit en marche. L'armée s'avançait sur deux lignes : la première, de bataillons déployés avec les pelotons des ailes en colonne ; la seconde, de bataillons en colonne derrière les intervalles de la première. La première division formait la réserve, les Anglais tenant toujours la gauche de notre ligne. Rien ne s'opposa à notre mouvement, et des navires, envoyés en reconnaissance, ayant annoncé que l'ennemi ne paraissait pas s'être arrêté sur la Katcha, les troisième et quatrième divisions franchirent ce cours d'eau au-dessous du village de Mamashaï, et les Anglais passèrent en amont. La deuxième division s'arrêta au bord de la rivière, et fit le café sur la rive droite, tandis que les sapeurs du génie établissaient des rampes le long des rives escarpées de la Katcha ; quant à la barre, elle n'était pas accessible aux chevaux. A quatre heures du soir, l'armée avait passé sur la rive gauche, et les avant-postes apercevaient pour la première fois Sébastopol et le phare de Chersonèse[1]. La flotte russe était presque toute détruite. « Sur l'ordre du prince Menchikof, lit-on dans la *Défense de Sébastopol*, l'amiral Kornilof avait prescrit d'immerger

---

1. En route, les hommes avaient ramassé un fruit nouveau pour eux, des pastèques, que l'on rencontre en abondance aux environs de Sébastopol.

dans le chenal, à l'entrée de la rade, un certain nombre de vaisseaux, ce qui fut fait dans la nuit du 22 au 23 septembre. Les marins, le visage contristé, le cœur plein d'angoisses poignantes, regardaient, silencieux, s'accomplir l'œuvre inexorable des vagues, qui engloutissaient ces nobles bâtiments, auxquels étaient liés tant de glorieux souvenirs pour la flotte de la mer Noire. Mais l'émotion fut à son comble quand il fut ordonné au vapeur le Gromonossetz, de lancer quelques boulets dans la muraille du Tri-Sviatitélia pour en activer l'immersion. Des larmes, contenues jusqu'alors, coulèrent sur les figures bronzées de nos braves marins. »

Dans la matinée du 24, on embarqua quelques cholériques sur la flotte, qui marchait toujours à notre hauteur pendant le jour, et mouillait en face de notre camp pendant la nuit. La terrible maladie avait, en effet, reparu parmi nous sur le champ de bataille même de l'Alma, occupé par les Russes, qui en étaient infectés, et le colonel du 3e de zouaves, Tarbouriech, épargné par le feu de l'ennemi, avait été, le lendemain, une des premières victimes du fléau.

Un bateau à vapeur avait été envoyé à l'embouchure de la Belbek, et l'on affirmait que l'ennemi ne défendrait pas le passage de cette rivière, mais qu'il avait construit de nombreuses levées de terre sur la rive gauche, aux approches du fort du Nord. Ces défenses paraissant trop formidables pour que nous pussions les aborder de front, les alliés se décidèrent à les tourner par une manœuvre de flanc, et à se porter au sud de la ville, pour s'appuyer au port de Balaclava.

Cependant, le 24 au matin, avant le retour du bateau à vapeur, ce n'était pas encore un point arrêté dans l'esprit du maréchal, car il écrivait : « Les Russes ont commis un acte de désespoir qui prouve combien ils sont frappés et terrifiés. Ils ont fermé l'entrée de Sébastopol en y coulant trois de leurs gros vaisseaux et deux de leurs frégates ; c'est un commencement de Moscou. Cela me gêne beaucoup, parce que cela me forcera peut-être à changer mes plans d'attaque et à me porter vers le sud, du côté de Balaclava. » Le soir, il ajoutait : « Nous marchons sur Balaclava ; je coucherai près de la Tchernaya. »

Il était urgent, en effet, de chercher un port de refuge à notre flotte, dès qu'on pouvait craindre d'être retenu trop longtemps devant les défenses du nord. La saison était avancée ; la mer Noire est ordinairement mauvaise ; il n'y a pas d'abri le long de la côte occidentale jusqu'aux baies situées au sud de la ville, et une tempête, semblable à celle qui éclata le 14 novembre, pouvait nous faire essuyer un vrai désastre. L'attaque immédiate et de vive force ne pouvant réussir, il nous fallait avant tout une bonne base d'opérations, et nous ne pouvions la chercher et la trouver qu'au sud. Pour la dernière fois, on prit sur la flotte des vivres qui devaient mener nos hommes jusqu'au 27 inclus, et l'on se mit en route le 24.

Arrivées sur les bords de la Belbek, les troupes franchirent le seul pont jeté sur cette rivière et sur le canal profond qui est au delà ; la marche s'effectua lentement par l'aile gauche ; les Anglais commençaient le mouvement, et nous les suivions, notre deuxième division et la division turque restant en position sur la rive droite pour protéger au besoin le passage. La nuit venue, nuit sombre comme celles des nouvelles lunes, notre infanterie découvrit un gué qu'elle traversa, tandis que l'artillerie passa le pont dès qu'elle le put. Les première, troisième et quatrième divisions s'installèrent, tant bien que mal, au milieu du bois qui couvre le plateau, entre la Belbek et la Tchernaya; la deuxième, arrivée au plus fort de l'obscurité, prit péniblement son bivouac, entre dix heures et onze heures du soir, sur un mamelon situé en arrière de la première ligne, dont elle était séparée par un ravin profond. L'armée anglaise occupait une gorge plus en arrière, à la tête du mouvement tournant; enfin la division turque vint barrer la vallée, en se reliant à la première division. Pendant deux heures, le général Bosquet fit sonner par les clairons le refrain[1] de la deuxième division, afin de rallier les hommes. La soupe se mangea fort tard, pour ceux qui purent la faire; heureusement encore, on avait trouvé des légumes en abondance dans la vallée, où les soldats s'étaient répandus de tous côtés pour en chercher. C'est dans une de ces excursions que quelques-uns d'entre eux rencontrèrent une habitation élégante, et pénétrèrent dans un petit boudoir que l'on avait dû quitter depuis bien peu de temps, car des fleurs fraîchement coupées étaient encore, dit-on, dans les vases de la cheminée, et, sur un guéridon, se trouvait une lettre inachevée qu'une jeune fille écrivait à son fiancé, combattant à l'Alma. Cette lettre parlait de victoire et de

---

1. Chaque division, chaque régiment a un refrain qui doit précéder toutes les sonneries, et faire ainsi reconnaître aux soldats si le signal les concerne. La deuxième division avait pour refrain les premières mesures du *Ranz des vaches*.

prochain retour! Un piano était ouvert, et celui qui racontait cette scène avait vu un tirailleur algérien nègre, assis sur le tabouret, et frappant à coups redoublés sur le clavier, tandis qu'un zouave singeait avec force grimaces les chanteurs de romances! Grotesques contrastes, au milieu d'événements si graves!

Vers deux heures du matin, nos soldats commençaient à peine à prendre quelque repos lorsqu'une vive fusillade éclata aux avant-postes; la voix du canon s'y joignit aussitôt, et l'on courut aux armes; mais qui avait-on devant soi, derrière soi, ou sur ses flancs? Aucun de nous ne le savait, ce qui prouve une fois de plus le danger d'une position prise de nuit, en présence de l'ennemi. On reconnut bientôt que c'était une fausse alerte; une heure plus tard, elle fut suivie d'une seconde prise d'armes également inutile; puis, le calme se remit un peu dans nos camps fatigués.

A huit heures du matin, ordre fut donné de se remettre en route. Tandis que l'artillerie et les bagages suivaient la seule chaussée qui conduise à la maison de poste et aux ponts d'Inkermann, les troisième, deuxième et première divisions, (celle-ci formant l'arrière-garde), se dirigeaient en colonne vers la ville, sur le flanc droit du chemin, avec des tirailleurs pour les soutenir; la quatrième division et la division turque occupaient la gauche. Les Anglais formaient l'avant-garde; mais, cette fois encore, ils ne quittèrent qu'assez tard leur bivouac; ils étaient d'ailleurs encombrés de bagages et d'arabas chargés outre mesure, que traînaient des bœufs et des buffles. « Ils doivent partir les premiers et ne démarrent qu'à neuf heures, dit le journal du maréchal du 25 septembre ; il n'y a qu'une route, je ne partirai qu'à midi, et arriverai fort tard sur la Tchernaya. » En effet, nous ne partîmes qu'à midi, après avoir attendu, l'arme au pied, que les Anglais eussent défilé devant nous. Notre marche fut en outre interrompue par des haltes fréquentes, car le bois devenait de plus en plus épais, et nous n'atteignîmes la maison de poste qu'à une heure et demie. Là, au lieu de descendre vers les ponts, ce qui nous eût trop exposés au canon des navires russes de la rade, nous prîmes à gauche, pour gagner la ferme Mackenzie et la route de Balaclava ; mais, de ce côté, le défilé étant plus étroit encore, nous fûmes obligés de faire un arrêt de deux heures, pendant lequel nous eûmes sous les yeux un magnifique spectacle : la ville de Sébastopol était devant nous, et nous apercevions à la fois le cap Chersonèse, le fort Constantin, le plateau entre le fort du Nord et la maison de poste, l'estacade des vaisseaux coulés par les Russes à l'entrée de la rade, enfin notre flotte canonnant les forts avant de gagner Balaclava.

Il était temps cependant de songer au bivouac ; on fit donc masser le convoi, couvert par la première division, et le reste des troupes passa en avant sur la chaussée, avec quelque désordre, mais heureusement sans être inquiété par l'ennemi. De son côté, le prince Menchikof quittait Sébastopol, n'y laissant que peu de monde, avec les marins, et, par une marche de flanc, il gagnait Mackenzie et se dirigeait sur Batché Séraï, pour regagner sa base d'opérations, comme nous cherchions à établir la nôtre, ce qui permit à chacun des adversaires de s'attribuer le mérite d'une manœuvre habile. Les Anglais coupèrent la queue du convoi russe et firent quelques prisonniers ; ils auraient pu certainement s'attaquer au gros de l'ennemi, s'ils étaient partis de meilleure heure de la Belbek.

La nuit était venue : un brouillard épais s'étendait sur la forêt, et le froid commençait à nous saisir sur nos chevaux, lorsque nous arrivâmes à onze heures au bivouac. Comme à la Belbek, nous nous installâmes à tâtons dans une clairière, au delà de la ferme Mackenzie. Les officiers d'état-major indiquaient, comme ils le pouvaient, aux différents corps qui débouchaient du défilé, l'emplacement qu'ils devaient occuper ; déjà deux bataillons étaient placés, lorsque nous heurtâmes dans l'obscurité un régiment anglais couché à terre, et n'ayant pas d'autre bivouac. Force nous fut de changer de direction pour le tracé de notre camp ; les hommes s'établirent à peu près au hasard, sans soupe, sans eau, et le soldat, de mauvaise humeur, flétrit ce bivouac du nom de *Camp de la soif*. Après quelques heures de repos, les Anglais, désireux d'approcher de Balaclava et de s'en emparer, se relevèrent de nuit pour descendre vers la Tchernaya ; quant à nos derniers hommes, ils n'arrivèrent à Mackenzie que le matin, avec le convoi, et il n'y avait que 12 kilomètres de la Belbek à ce point ! Que serait-il arrivé si quelque alerte sérieuse eût compliqué le désordre de notre campement? Pendant ce temps-là, le prince Menchikof se reposait à Otarkoï, se félicitant de nous avoir empêchés de couper ses communications avec le reste de l'empire, puis il regagnait Batché Seraï, et rédigeait un bulletin pour se louer de l'habileté et de la hardiesse de son mouvement. C'est ainsi que tout le monde peut être content à la fois.

Au matin du 26, nos soldats descendirent gaiement vers la riante vallée de la Tchernaya. La rampe suivie était obstruée de débris de voitures et de marchandises laissées par les Russes et les Anglais. La deuxième division ouvrait la marche ; elle était suivie des première et troisième, du gros des bagages, des réserves, et enfin de l'arrière-garde formée par la quatrième division et les Turcs. Chaque division emmenait avec elle ses bagages propres et son artillerie. A la descente, nous aperçûmes devant nous les eaux brillantes de la Tchernaya coulant au milieu des prairies, agréable vue pour des gens privés d'eau pendant vingt-quatre heures, après une longue marche, et qui n'ont à leur disposition que du lard salé et du biscuit ; aussi ne put-on empêcher une partie des hommes de courir en avant jusqu'à la rivière pour s'y désaltérer. A deux heures, la tête de l'armée s'établissait sur les monts Fédioukine ; les Anglais, ayant marché vite cette fois, étaient déjà parvenus à Balaclava, qui s'était rendu après une résistance de pure forme, et ils commençaient à débarquer leurs vivres et leurs tentes, tandis que nos troupes se dédommageaient amplement de leurs privations antérieures, trouvant à la fois, dans cette vallée, du bois, de l'eau, des fruits et des légumes en abondance.

Cependant le choléra ne nous avait pas quittés depuis l'Alma, et le maréchal commandant en chef devait être une de ses dernières victimes. Déjà, depuis quelque temps, les crises de la maladie qui le minait se répétaient de plus en plus et le faisaient cruellement souffrir : « L'état aigu tourne au permanent, écrivait-il le 30 août ; j'ai l'espoir que le retentissement des coups de canon longtemps répétés agira sur mes nerfs et sur ma poitrine ; c'est une chance à laquelle je me rattache, comme l'homme qui se noie à la branche de saule. La branche cassera peut-être... Tout cela est entre les mains de Dieu. » Ses souffrances devinrent si vives en peu de jours, qu'il n'avait plus qu'une pensée, celle de prendre Sébastopol, puis de « se sauver dans le repos ». Il avait eu à bord, comme première complication, un accès de fièvre pernicieuse ; toutefois, à force d'énergie, il s'était soutenu jusqu'à la Belbek ; c'est de ce bivouac qu'il écrivait, le 24 septembre, sa dernière lettre à sa famille : « *Demain*, je me dirige par la route de Balaclava ; j'irai coucher sur la Tchernaya, et, le 26, je serai au sud de Sébastopol, maître de Balaclava, et ayant tourné toutes les fortes batteries et redoutes de l'ennemi au nord. C'est une belle manœuvre ! Nous voyons Sébastopol, et, de la ville, on peut apercevoir les feux de nos bivouacs, qui tiennent près de trois lieues. Adieu, je t'écris à la hâte. Ma santé, ma santé ! elle est toujours la même [1]. »

Dans la nuit du 25 au 26, une attaque de choléra vint briser ce qui restait de vie dans ce corps à la fois si résistant et si frêle. Ne pouvant monter à cheval, il se fit transporter dans la voiture du prince Menchikof, qui avait été prise à l'Alma ; le 26, il manda le général Canrobert, qui avait en mains des lettres de service pour le remplacer au besoin, et lui remit le commandement. Il en donna connaissance à l'armée par le touchant ordre du jour que voici : « Soldats, la Providence refuse à votre chef la satisfaction de continuer à vous conduire dans la voie

---

1. Lettre à Mme la maréchale de Saint Arnaud.

glorieuse qui s'ouvre devant vous. Vaincu par une cruelle maladie avec laquelle il a lutté vainement, il envisage avec une profonde douleur, mais il saura remplir l'impérieux devoir que les circonstances lui imposent, celui de résigner le commandement, dont une santé à jamais détruite ne lui permet plus de supporter le poids. Soldats, vous me plaindrez, car le malheur qui me frappe est immense, irréparable et, peut-être, sans exemple. Je remets le commandement au général de division Canrobert. »

Le 28, il faisait encore écrire de Balaclava qu'il était sauvé et que « l'on pouvait, à coup sûr, apprendre dans quinze jours que le drapeau de la France flotte sur Sébastopol ». Les crises du choléra paraissaient conjurées en effet, mais le malade était à bout de forces après tant de luttes contre la mort; il expira en mer le 29, à quatre heures du soir, à bord du *Berthollet*.

Je ne puis taire mon admiration pour cette fin héroïque et simple du commandant en chef de l'armée d'Orient; elle toucha profondément l'armée, qu'il avait conduite à sa première victoire; et, depuis lors, nul n'a lu sans une émotion profonde, dans les lettres publiées après sa mort, les pages dans lesquelles le maréchal dit lui-même toutes les souffrances auxquelles il est résigné d'ailleurs, demandant seulement à Dieu de ne le frapper qu'après le triomphe de nos armes. Ses lettres en font foi, il terminait par une mort chrétienne une vie qui avait été fort agitée sans doute, mais qui, depuis les deux dernières années, n'était plus qu'un martyre noblement accepté et vaillamment souffert. Le *Berthollet* ramena en France sa dépouille mortelle; elle fut saluée, tout le long du

Bosphore, par les salves des batteries turques, et le Sultan, apparaissant sur son balcon au moment où le funèbre cortège quittait Constantinople, étendit la main en signe d'adieu au général qui avait si puissamment contribué à sauver la Turquie.

Le 27, la quatrième division fut appelée à Balaclava, où des transports français, chargés de vivres, venaient de mouiller, tandis que les première et deuxième divisions, sous les ordres du général Bosquet, montaient sur le plateau de la Chersonèse pour faire une première reconnaissance de la place : la deuxième par la route Voronzof, aboutissant à un télégraphe, placé près de cette route ; la première, plus à gauche, par la ligne des mamelons sur lesquels furent construites depuis les redoutes turques devant Balaclava. Elles s'avancèrent entre la tête du *Ravin du Sud*[1] et la route Voronzof, précédées de leurs tirailleurs, et le génie mesura, en avant d'une maison de poste, une base à plus de 3,000 mètres du saillant du Grand-Redan, sans que l'ennemi nous inquiétât. En même temps, les Anglais, franchissant le col de Balaclava, s'étaient avancés vers la rive gauche du ravin du sud.

Nous avions là sous les yeux cette ville qui devait nous arrêter pendant onze mois, recevoir des assauts formidables, et soutenir trois grandes batailles sous ses murs. Nous apercevions distinctement la citadelle du nord et les batteries que nous venions de tourner. Le fort de la Quarantaine, sentinelle avancée, protégeait l'entrée de

---

1. Ce ravin, qui aboutissait à la queue du Port du Sud, fut encore appelé *Ravin des Anglais* ou ravin de la *Queue du Port*.

la rade; en arrière, une triple ligne d'ouvrages jumelés en complétaient la défense : c'étaient les forts Alexandre et Constantin, vers la mer, avec une ligne de vaisseaux coulés, pour fermer la passe ; Nicolas et Michel, au milieu; enfin, Paul et Catherine, au troisième rang. La ville elle-même était préservée contre un débarquement ou une attaque de vive force, du côté de la mer, par une muraille crénelée unissant entre eux les forts de l'Artillerie, les bastions de la Quarantaine[1] et le bastion Central[2]. Sur la rive gauche du port du sud, une nuée de travailleurs était occupée à fortifier le bastion du Mât, qui devait être redoutable quelques mois plus tard, et à le relier au bastion Central, aussi bien qu'à la queue du port, qui divisait Sébastopol en deux parties : la ville proprement dite à l'ouest, et le faubourg de Karabelnaya à l'est. Sur la rive droite, on apercevait distinctement les soldats russes jetant de la terre sur les bastions 1, 2 et 3, pour les renforcer. On les voyait aussi en grand nombre devant une tour maximilienne blanche, qui attirait particulièrement nos regards, et l'on se demandait : Qu'est-ce donc que cette tour ? C'était la tour Malakof, le cœur de la for-

---

1. Les Russes numérotaient leurs bastions en partant de la baie du Carénage : (n° 1) bastion de *la Pointe* ; (n° 2) *Petit-Redan* ; *Malakof* sans numéro ; (n° 3) *Grand-Redan* ; (n° 4) *Mât* ; (n° 5) *Central* ; (n° 6) la *Quarantaine* ; (n° 7) fort de l'*Artillerie*.

2. Dans les travaux de défense de Sébastopol, on n'avait eu pour but, ainsi que le fait remarquer l'ouvrage russe, que de mettre la flotte de la mer Noire à l'abri des attaques des Turcs, et l'on n'avait pas songé dès lors à élever de défenses du côté de la terre, parce qu'une attaque de cet ennemi, à la suite d'un débarquement, ne paraissait guère probable. « Et qui, en effet, ajoute l'auteur, aurait pu jamais penser à une attaque combinée des armées et des flottes de France et d'Angleterre sur les côtes de Crimée ? »

midable redoute, alors en construction, et dont la prise seule devait, un an plus tard, décider de la fin du siège. Bâtie sur un mamelon élevé qui dominait le faubourg de Karabelnaya et prenait à revers toutes les défenses, elle constituait véritablement la clef de la position. On ne s'en aperçut que trop tard [1].

Sur toute l'enceinte, les Russes travaillaient avec une très grande activité depuis le 25, jour de notre marche sur la Tchernaya. Après l'Alma, ils ne s'étaient occupés que des défenses du nord de la baie, « étant persuadés, dit Todleben, que l'ennemi allait immédiatement attaquer la place de ce côté. Ils ne furent détrompés qu'en voyant l'armée alliée quitter inopinément sa position sur les hauteurs de la rive gauche de la Belbek, et se porter, vers l'est, dans la direction de la ferme Mackenzie. La garnison, manquant de cavalerie, ne pouvait reconnaître la marche ultérieure de l'ennemi; mais il était aisé de penser, à la vue de leur mouvement, que les alliés avaient résolu de se transporter dans la presqu'île de Chersonèse, avec l'intention, après avoir changé leur base d'opérations, d'attaquer Sébastopol par le côté sud. Or, les ouvrages de fortification de cette partie de la ville, disséminés sur une étendue de plus de sept verstes, étaient encore presque aussi faibles qu'au jour du débarquement, tous nos efforts, après la descente des alliés, s'étant exclusivement concentrés sur le côté nord, qu'on voulait mettre, autant que possible, à l'abri des entreprises de l'ennemi. La garnison du côté sud était, en outre, très faible, car elle ne

---

1. Pour bien comprendre la valeur de toutes les défenses de la place, il faut en lire la description dans l'ouvrage du maréchal Niel (p. 34 et suiv.) et voir les belles planches à l'appui.

se composait que de six bataillons de réserve de la 3ᵉ division d'infanterie et du 44ᵉ bataillon de la flotte, au total 5,000 hommes au plus sur les 30,000, qui constituaient l'effectif de toute la défense de la place, après le départ du prince Menchikof. »

Le 28 au matin, la deuxième division quitta la dernière le bivouac de la Tchernaya et campa en avant de Balaclava, où elle alla chercher, à onze heures, ses vivres de la journée. Puis, dans la soirée, à la suite d'une fausse alerte, les commandants en chef, accompagnés de la plupart des généraux et officiers d'état-major des deux armées, montèrent sur le mamelon appelé depuis Canrobert, et, après avoir reconnu les abords de la position, prescrivirent différentes mesures pour le cas d'une attaque de l'ennemi contre le port de Balaclava. Mais ce port, où les Anglais s'étaient établis, étant fort petit, il nous fallut chercher un autre abri pour notre flotte, et une autre base d'approvisionnements pour notre armée; par bonheur, on venait de reconnaître que Kamiesh pouvait remplir ce double but, et il fut décidé que, par suite, l'armée française, pour couvrir cette baie, se chargerait du siège de la place depuis le ravin du port du sud jusqu'à la mer, tandis que les Anglais, au lieu de rester à notre gauche, comme cela avait eu lieu depuis le débarquement, s'établiraient à notre droite, de l'autre côté de ce ravin; afin d'être plus près de Balaclava, qui leur demeurerait exclusivement affecté.

COMMENCEMENT DU SIÈGE.

En conséquence, le 29 septembre, l'armée anglaise, alors d'un effectif à peu près égal au nôtre, vint se placer en face du Grand Redan, laissant sa cavalerie et deux régiments d'infanterie dans la plaine, devant Balaclava. Cinq redoutes, dites Redoutes turques, parce qu'elles furent confiées à la garde des Turcs, furent établies comme postes avancés sur la ligne de hauteurs qui sépare le bassin de la Tchernaya de celui de Balaclava, en face des monts Fédioukine. De notre côté, les troisième et quatrième divisions françaises se dirigèrent vers le point où fut depuis le quartier général de notre armée, et le lendemain, vers Kamiesh, pour faire l'investissement de la ville de ce côté; huit bataillons turcs les rejoignirent bientôt, portant à 14,000 hommes le total des troupes appelées à faire partie du *corps de siège* jusqu'à l'arrivée des renforts de Varna. Le général Forey en avait le commandement.

Le 30, les première et deuxième divisions, destinées à former le *corps d'observation* français sous les ordres du général Bosquet, vinrent se placer sur deux lignes, en face d'Inkermann, et parallèlement à la route Voronzof, la droite au Télégraphe.

Ainsi que nous le verrons, à propos de la bataille d'Inkermann, le point vulnérable de la position occupée par les alliés sur le plateau était la partie située entre le Moulin et les ponts qui conduisaient à cette maison de poste, près de laquelle nous avions fait une longue halte dans notre marche sur Mackenzie. « Le 2 octobre, dit le journal de la deuxième division, la reconnaissance du matin (nous étions provisoirement chargés d'Inkermann, les Anglais ne s'étant pas encore établis au Moulin) signale sur la rive droite de la Tchernaya, près de la maison de poste, le bivouac d'un petit corps russe de 6,000 hommes, paraissant escorter un convoi. Le commandant Dubos, avec des zouaves et des chasseurs à pied, observe leurs mouvements et envoie prévenir dans la journée que l'ennemi paraît vouloir se diriger vers les ponts. Le général Bosquet envoie aussitôt vers Inkermann un bataillon du 3ᵉ zouaves, le 9ᵉ bataillon de chasseurs à pied, une batterie d'artillerie, et, après examen, revient convaincu que l'ennemi ne veut pas attaquer, mais bien faire entrer un convoi. Il croit d'ailleurs devoir laisser aux Anglais le soin de défendre cette partie de la position, située devant leur nouvelle ligne de bataille. » La nouvelle ligne dont il s'agit, occupée précisément ce 2 octobre, était la conséquence de la répartition définitive des attaques entre les deux armées, répartition qui donnait la défense d'Inkermann aux Anglais.

Le général Canrobert assistait à cette reconnaissance, sur laquelle les navires russes, embossés en tête de la rade, envoyèrent des obus, qui se croisaient près de la vieille route de poste avec quelques rares bombes lancées à une distance de plus de 3,500 mètres, par « les batteries de la Tour Blanche »; car c'est ainsi que le général Bosquet et nous tous appelions encore la tour Malakof.

On vit ce jour-là qu'il n'était guère possible de bien enfermer la ville de ce côté avec nos effectifs peu élevés, et l'on dut se borner à établir quelques postes et sentinelles sur le terrain de la reconnaissance. Les Anglais furent chargés de surveiller cette partie des lignes d'observation, depuis le Télégraphe jusqu'à leurs travaux de siège, et, dans cette journée du 2, ils vinrent s'établir au camp du Moulin, tandis que le corps d'observation français, par suite de ce mouvement, se rapprocha du col de Balaclava, et alla camper, toujours sur deux lignes, la droite, vers le quartier général anglais, la gauche, près du Télégraphe.

Depuis le débarquement, le temps s'était maintenu au beau, ce qui aida beaucoup à notre installation. Les Anglais, qui avait bivouaqué depuis le 14 septembre, commençaient à recevoir leurs grandes tentes ; nos hommes n'en avaient point encore, et bientôt ils eurent beaucoup à souffrir de leur installation sous la simple tente-abri au fort de l'hiver. Le plateau est sain ; on y trouvait de l'eau en quantité suffisante, grâce aux travaux entrepris par le génie, et du bois pour l'hiver, avec les souches que l'on déracina plus tard, lorsque les taillis d'Inkermann et le bois du monastère de Saint-Georges furent consommés ; mais nos troupes n'avaient encore ni vin, ni viande fraîche.

Le 5 octobre, les Russes firent leur première sortie pour brûler une maison du côté de notre siège ; la première division prit les armes, pour appuyer les troupes de notre gauche, et une de ses brigades fut laissée, dès ce jour, au général Forey ; elle fut rejointe le 10 par l'autre brigade, et les Turcs vinrent remplacer cette division au corps d'observation. Ce même jour, une patrouille de cosaques, ayant été signalée vers les ponts d'Inkermann, le général Bosquet commença, dans sa correspondance journalière, à s'inquiéter des facilités que l'ennemi trouverait à nous attaquer de ce côté-là. « J'estime, écrit-il, que, dans la position présente, il serait extrêmement utile d'occuper très sérieusement cette position d'Inkermann, en faisant sauter réellement le premier pont au sud. Il en résultera, pour les Russes, l'impossibilité de communiquer avec la ville que nous attaquons, autrement qu'en traversant en bateau toute la largeur du port. » Les événements ne devaient que trop tôt donner raison à son prévoyant coup d'œil.

Il avait été convenu entre les généraux en chef que les Français construiraient une grande batterie devant la gauche de la place, en face du bastion central. « Nous concentrons tous nos efforts, écrit le général Canrobert au ministre de la guerre, sur la construction d'une sorte de grand front bastionné, qui doit servir d'appui à notre gauche, et où, pour profiter des avantages marqués de la position, nous accumulons 56 pièces réparties en 5 batteries. » De leur côté, les Anglais devaient établir un ouvrage semblable devant le Grand Redan ; on espérait ainsi ruiner les défenses de Sébastopol, et rendre possible une attaque de vive force, bien que ces travaux, séparés par le grand ravin du sud, ne fussent pas reliés entre eux.

Nous n'avions dans notre parc que 36 canons ou obusiers de 24, et 16 de 22 ; on décida que, pour répondre aux gros calibres de la place qui atteignaient nos hommes jusque dans les camps, on demanderait à la marine trente pièces de 30 et des obusiers, avec mille marins pour les manœuvrer. La marine impériale, depuis le départ de France, nous avait rendu de tels services que l'armée et le pays ne sauraient les oublier. Conduits par des officiers distingués, les marins débarqués allaient, en outre, jusque dans les tranchées, rivaliser de zèle et de bravoure avec nos troupes de terre, et contribuer puissamment à la prise de l'arsenal maritime de la mer Noire, sous l'habile direction de l'amiral Rigault de Genouilly, alors capitaine de vaisseau. Enfin, pour compléter nos travaux, à la fois défensifs et offensifs, le corps d'observation employa, à partir du 4 octobre, un millier d'hommes à la construction d'une ligne de circonvallation dont il sera parlé ci-après, et l'arma, le 16 octobre, de pièces de siège turques.

Dès le 5, le général Bizot, commandant du génie, ayant reconnu la position, sous la protection de trois bataillons de la brigade d'Aurelle, l'ouverture de la tranchée fut résolue pour le 9 octobre; elle fut commencée à neuf heures du soir, par 1,600 travailleurs, divisés en deux reprises, se relevant de trois-heures en trois heures, et soutenus par huit bataillons de garde de tranchée. Un ordre général avait réglé tous les détails de cette opération. Le vent qui soufflait avec violence du nord-est, favorisait le travail en empêchant le bruit des pioches d'être entendu de la place, mais il jetait aux yeux des hommes une poussière gênante; le ciel était d'ailleurs sans nuages, et la lune donnait un peu de clarté. Les troupes de soutien, placées à vingt pas en arrière du tracé du génie, avaient détaché en avant plusieurs petits postes et des sentinelles pour défendre les travailleurs, et telle fut la rapidité du travail, qu'au point du jour, on était couvert sur une longueur de plus de 900 mètres.

Le génie et l'artillerie poursuivirent leur rude tâche les jours suivants, et, malgré la difficulté que présentait un sol rocailleux, ils parvinrent à terminer à moins de 800 mètres de l'enceinte le fameux bastion des cinq batteries (n°ˢ 1 à 5), sur une éminence que, de notre côté, l'on pouvait aborder à couvert, tandis que le terrain descendait en avant, vers la place. En même temps, la marine qui servait déjà les batteries 1 et 2, construisit la batterie n° 6 près du fort Génois.

Le 17 octobre, à six heures et demie du matin, au signal donné par trois bombes, la canonnade commença avec 126 bouches à feu, dont 53 françaises; toutes les troupes, sur pied et sous les armes, en attendaient le résultat. Les flottes alliées devaient joindre leur action à celle des armées de terre, et s'embosser contre les forts pour les bombarder; mais, retardées par un vent contraire, elles ne purent ouvrir que vers une heure un feu, qui produisit d'ailleurs peu d'effet sur les batteries ennemies, revêtues en maçonnerie; celles-ci, au contraire, firent du mal à notre flotte; la *Ville-de-Paris*, entre autres, reçut cinquante boulets dans sa muraille, et sa dunette fut en partie enlevée par un obus.

C'est avec la même vigueur que, sur terre, l'ennemi ripostait à nos batteries; il avait à nous opposer environ 250 pièces, dont l'action se concentrait sur l'espace restreint occupé par notre front bastionné. Vers dix heures, deux de nos magasins à poudre sautèrent; l'explosion bouleversa en même temps la batterie n° 4, le coin de la batterie n° 3, et les trois autres furent impuissantes à répondre au déluge de projectiles dirigé contre elles. On ordonna de cesser le feu de notre côté, mais les Anglais purent continuer le leur avec vivacité.

Cette résistance inattendue étonna notre armée, car, en voyant les Russes travailler à la hâte à fermer par des ouvrages passagers cette ville ouverte du côté de la terre, on avait espéré la surprendre par une attaque de vive force. C'est dans cette pensée que les alliés avaient construit des batteries destinées à faire sommation plutôt qu'à faire brèche, et à intimider l'ennemi plutôt qu'à tracer régulièrement les entrées de la ville pour les troupes assaillantes. Ces batteries étaient, en outre, à une grande distance de la place, et toutes réunies; nous perdions ainsi l'avantage ordinaire de l'assiégeant, qui est de pouvoir disposer ses pièces sur divers points pour éviter la convergence des feux ennemis et pour concentrer au contraire les siens sur les parties de l'enceinte qui paraissent le plus vulnérables et que l'on veut écraser.

La tranchée était ouverte depuis le 9, le feu depuis le 17, et cependant tout le monde se plaignait de la lenteur des opérations. Que n'a-t-on pas dit, en effet, sur la possibilité d'enlever la ville par un coup de main? C'était assurément la pensée du maréchal de Saint Arnaud, qui écrivait le 25 août : « Je mènerai les choses si vigoureusement en Crimée, que ce sera bientôt fini. Je ne veux pas que cela dure plus d'un mois. » Et, le 11 septembre, à bord de la *Ville-de-Paris:* « Le 17 ou le 18, j'ai une belle bataille à l'Alma, et peut-être une seconde à la Katcha, et je compte être sous Sébastopol le 25 septembre. Tout sera fini le 25 octobre avec la protection de Dieu. » Peut-être, en effet, après la victoire de l'Alma, le maréchal aurait-il pu décider à cette attaque hasardeuse le général anglais, qui, de lui-même, avec son caractère méthodique, ne l'eût pas entreprise; mais la mort de notre premier chef ne permettait pas à son successeur de prendre une pareille responsabilité aux premiers jours de son commandement.

D'ailleurs, pour beaucoup de bons esprits, même fort résolus, c'était un véritable coup de dés. J'en donnerai pour preuve l'opinion de trois juges, assurément très compétents : le général Bosquet, le général Bizot et le maréchal Niel.

« C'est une très grosse entreprise, écrivait, le 4, le général Bosquet, et il est difficile de savoir d'avance si la résistance de Sébastopol sera longue et sérieuse, ou si la place cédera après huit jours de canonnade et d'assaut. » Et il ajoutait, le 20, après l'insuccès de l'ouverture du feu : « Nous frappons aux portes de Sébastopol; mais les Russes se défendent vigoureusement, et il y aura de la gloire à entrer. Nous n'allons pas si vite que ces terribles guerriers en robe de chambre, qui ont si bien trompé l'Empereur, en lui annonçant la prise de la ville. Vraiment nous avons bien gagné une très sérieuse bataille; mais Sébastopol a près de 300 pièces en batterie et 20,000 matelots finlandais pour les servir. Il y a de quoi réfléchir, et nous faisons un siège en règle. » Il terminait enfin ainsi, le 2 novembre : « Notre affaire est très grave, très difficile, et elle paraîtra un jour un fait presque impossible. Je ne puis comprendre comment on a si facilement inventé en France que c'était chose toute simple d'enlever à une nation guerrière, comme par un coup de main, la capitale de sa puissance dans le sud, un vaste port, un arsenal de canons. C'est énorme, et les mieux trempés seront certainement éreintés à la fin de la campagne. Que Dieu nous donne des forces ! »

« Il me serait difficile, écrivait le général Bizot le 7 octobre, d'estimer d'avance le temps qu'il faudra consacrer au siège ; nous nous trouvons devant une place de nouvelle création, sur laquelle il n'existe aucun document, aucun plan ; nous allons expérimenter un matériel d'un calibre et d'une portée inusités ; enfin cette place ne peut pas être investie complètement. Tout me donne à espérer cependant que nous ne ferons pas attendre le bulletin complémentaire de celui de la bataille de l'Alma, et que nous toucherons au terme et au but de cette grande expédition quand cette lettre sera mise sous vos yeux. »

Enfin le maréchal Niel dit dans son ouvrage : « Tenter d'enlever de vive force une ville déjà en partie fortifiée, dont les rues peuvent être barricadées, et dans laquelle les défenseurs sont soutenus par le feu des vaisseaux, c'était, en cas d'échec, risquer le salut de l'armée alliée. D'un autre côté, puisque les Russes venaient de couler une partie de leurs vaisseaux, pour mettre une barrière infranchissable entre leur flotte et celle des alliés, c'est qu'ils allaient tout sacrifier à la défense du côté de terre. Quatorze ou quinze mille matelots, excellents canonniers, allaient quitter leurs vaisseaux pour passer à la défense de la ville. Les communications étant désormais libres vers le nord, l'armée russe tout entière devenait la garnison de Sébastopol. Il fallait donc attaquer cette armée sous l'appui qu'elle allait tirer des fortifications d'une grande place admirablement située, et d'une immense artillerie pouvant réparer immédiatement ses pertes dans les approvisionnements d'un vaste arsenal maritime. Ajoutez que, du côté des Russes, il n'y avait qu'un chef, et qu'il y en avait trois du côté des alliés. »

Après l'épreuve de la journée du 17, on se décida à cheminer plus régulièrement, par conséquent avec plus de lenteur, mais l'on n'en comptait pas moins sur la prise de la ville avant le cœur de l'hiver. Les hommes, que nous avions laissés à Varna, arrivaient avec nos chevaux, avec le reste de nos bagages, et la cinquième division, qui venait de débarquer, portait nos forces disponibles en Crimée à 43,000 hommes, dont 23,000 étaient employés au corps de siège.

Le 18, 5,750 travailleurs, fournis tant pour le génie que pour l'artillerie, furent employés à réparer les dégâts causés par l'ennemi, et à s'étendre par une parallèle vers les baraques en ruines qui avoisinaient le port du sud, afin de cheminer plus sûrement sur le bastion du Mât. On construisit aussi les nouvelles batteries 7 et 8; mais, en beaucoup d'endroits, on rencontrait de grandes difficultés d'exécution; le roc affleurait et l'on devait former le parapet extérieur de fascines, de sacs à terre, et souvent d'un double rang de gabions superposés.

Le même jour, le général Brown nous demandait du secours, vers Inkermann, et à midi, le général Bosquet lui envoyait deux bataillons. En effet, nos alliés avaient vu des troupes russes se masser, et ils pouvaient croire à une attaque; mais ce mouvement de l'ennemi n'avait pour but que de couvrir un convoi de ravitaillement destiné à la place, et les Anglais, pas plus que nous, ne pouvaient s'y opposer, car les travaux de défense vers Inkermann n'étaient pas assez avancés.

Le 19, notre feu fut ouvert de nouveau ; les Anglais et les Russes avaient jusque-là continué le leur, mais de jour seulement. Nos illusions n'étaient pas encore tout à fait dissipées, et nous attendions avec confiance les résultats que devaient produire nos nouvelles batteries ; mais le soir, contre nos prévisions, la place tenait encore. Il fallait donc le reconnaître et s'y résigner : Sébastopol allait défendre avec honneur la réputation des armes russes ; il fallait renoncer à l'espoir d'enlever d'un coup ces remparts de terre, dans lesquels il était si difficile de faire brèche, et se résoudre à faire un siège en règle. Sans se décourager, et avec cette activité et cette intelligence dont il a si souvent fait preuve pendant tout le cours de cette campagne pour lui si laborieuse, le génie se dirigea vers le bastion du Mât pour se rapprocher des Anglais, tandis que l'artillerie continuait à tirer de jour à de rares intervalles, et à réparer de nuit les dégâts produits par les projectiles ennemis.

« Le 23, sur la droite, dit le journal de la deuxième division, l'armée anglaise réclama de nouveau le concours du corps d'observation pour s'opposer à l'entrée dans la place d'un convoi de munitions par la vallée d'Inkermann. Le général Bosquet monta à cheval, après avoir envoyé les renforts demandés. Il saisit cette occasion pour examiner, avec le duc de Cambridge, les abords de la position de la deuxième division d'observation anglaise (Sir de Lacy Evans), et offrit, vu la faiblesse d'effectif de cette division, le concours de bras de la deuxième division française, pour l'exécution de travaux reconnus indispensables à la droite du camp anglais [1]. Ces travaux devaient consister en une redoute (Canrobert) et un redan. » Le 24, le général retourna sur l'emplacement qu'il avait déjà visité la veille; ce point l'intéressait particulièrement, parce qu'il était rapproché de nos lignes; il arrêta le tracé des ouvrages à entreprendre, les fit jalonner, et envoya pour commencer les travaux deux bataillons, que fournissait notre corps d'observation.

1. C'est-à-dire au-dessus de l'aqueduc, à l'est de nos positions; mais, du côté des ponts d'Inkermann, sur le champ de bataille du 5 novembre, l'on ne fit rien de plus que les ouvrages insuffisants dont il sera fait mention plus loin.

BATAILLE DE BALACLAVA.

L'armée russe de secours était restée jusqu'alors cachée dans les plis de la Belbek et le bois du plateau du nord; mais elle s'augmentait de jour en jour, s'enhardissait de notre inaction forcée, et attendait le moment favorable pour nous envelopper et nous assiéger nous-mêmes de toutes parts. Déjà on avait aperçu des vedettes sur les monts Fédioukine; on avait signalé des feux plus nombreux du côté de Tchorgoun, et des mouvements de troupes dans ce village; enfin des coups de fusil avaient été fréquemment échangés aux avant-postes, lorsque, le 25 au matin, le canon se fit entendre du côté de Balaclava. En un instant, le corps d'observation prit les armes et se porta sur la crête du plateau, fortifiée depuis le milieu du mois.

La division russe Liprandi (douzième du quatrième corps), comprenant les régiments Azof, Ukraine, Odessa et Dniéper, avait, en effet, débouché de Tchorgoun et chassé les Turcs des redoutes voisines de Kamara, ouvrages incomplets, d'un relief insuffisant contre une attaque sérieuse, et trop éloignés de tout secours. Le général ennemi y avait établi sa gauche, en occupant les trois ouvrages numérotés 1, 2 et 3, avec les régiments d'Azof et d'Ukraine, et laissant à son extrême gauche le régiment de Dniéper et des lanciers combinés près du village de Kamara. Son centre, formé de cavalerie (hussards et cosaques), d'artillerie et du régiment d'Odessa, était placé en arrière de l'ouvrage n° 4 et s'avançait entre la redoute n° 3 et les monts Fédioukine, qu'occupait, à dix heures, le général Jabokritski, venu d'Inkermann pour former la droite de l'ordre de bataille, avec les régiments de Sousdal et de Vladimir (de la seizième division), accompagnés de cavalerie et d'artillerie. Toutes ces forces présentaient un ensemble de 25,000 hommes.

Tout à coup, des hauteurs où nous étions placés et d'où nous pouvions suivre facilement les opérations des deux armées, nous vîmes la cavalerie russe se détacher du centre, s'avancer vers la redoute n° 4, que venait de détruire le régiment d'Odessa, et dépassant le rideau de collines couronnées par les ouvrages turcs, s'élancer soudain par la droite de la redoute, dans le bassin de Balaclava.

La cavalerie anglaise avait établi son campement perpendiculairement à la crête des redoutes turques. Surprise par le bruit du canon, elle avait sauté à cheval après avoir couché ses tentes, dont elle avait simplement retiré les montants, puis elle s'était formée plus en arrière, pour éviter les obus lancés des hauteurs voisines de Kamara; la cavalerie légère était près de la redoute n° 5, et la grosse cavalerie, non loin du 93e highlanders, seul régiment d'infanterie anglaise qui fût dans la plaine. Ce régiment s'était placé sous les armes en avant de Kadikoï, ayant, à droite et à gauche, les Turcs qui avaient dû abandonner les redoutes.

En ce moment, la brigade anglaise des gardes, appelée du Moulin, où elle était campée, passait derrière les troupes du corps d'observation pour gagner le col de Balaclava; cette brigade était suivie par les riflemen. De notre côté, la brigade Bourbaki (ancienne Espinasse) et une brigade de chasseurs d'Afrique (1er et 4e régiments) arrivaient également au col, pour soutenir nos alliés; enfin, notre corps d'observation, établi sur la crête, tenait à distance les Russes avec les obusiers turcs, qui garnissaient notre ligne de circonvallation. Les deux généraux en chef observaient tous les mouvements du haut du plateau.

Il était neuf heures et demie environ, lorsque la cavalerie russe, descendant dans la plaine, s'élança sur l'emplacement occupé par les tentes anglaises. Rien de plus émouvant que cette charge impétueuse, conduite par quelques hardis officiers, brandissant leurs sabres, et fondant à bride abattue sur nos alliés. Ceux-ci demeuraient immobiles et fermes à l'approche de cette avalanche; mais nous n'en éprouvions pas moins une véritable angoisse à voir le danger qui les menaçait. Une partie de la cavalerie russe marchait aux Écossais; ceux-ci la laissèrent approcher, puis déchargèrent leurs armes presque à bout portant sur cette masse de cavaliers. A ce moment, la brigade Scarlett s'ébranlait à son tour, et nous vîmes avec admiration les Scots-grey et les dragons anglais, précédés par trois intrépides officiers, qui menaient la charge, s'enfoncer comme un coin au milieu de cette troupe épaisse de Cosaques. Sous ce choc vigoureux, ceux-ci tourbillonnèrent un instant, puis tournèrent bride au galop, pour aller se reformer en arrière de la redoute du centre et se reporter sur l'alignement des ailes, dans leur position première, sous la protection de l'artillerie et de l'infanterie russes. C'était un beau fait d'armes pour la cavalerie de ligne anglaise, car elle était inférieure en nombre à l'ennemi ; mais tout le monde regretta que la cavalerie légère, placée en échelons trop en arrière, ne pût arriver à temps pour compléter le succès en chargeant, droit devant elle, le flanc et le derrière des Russes ; elle eût ainsi prévenu, peut-être, le désastre qui l'attendait elle-même.

Vers onze heures, les troupes alliées envoyées en renfort étaient arrivées dans la plaine ; elles s'établirent sur deux lignes : la première, formée par la cavalerie anglaise, passait entre les redoutes n°s 4 et 5, et se dirigeait à droite, vers Balaclava ; nos chasseurs d'Afrique en formaient la gauche, au nord des redoutes, dans la plaine de la Tchernaya. La deuxième ligne se composait d'infanterie ; les Anglais (première division, avec la quatrième en réserve) derrière leur cavalerie, et la première brigade de notre première division à leur gauche, à hauteur de la redoute n° 5. Pendant ce temps, la brigade Vinoy (deuxième brigade de la première division) avait suivi le versant sud du col de Balaclava et occupait, entre ce col et Kadikoï, la position qu'elle a gardée tout l'hiver.

Que se passa-t-il en ce moment ? On a dit qu'à la vue du désordre de la cavalerie russe, lord Raglan avait envoyé, du point élevé où il était placé, l'ordre à lord Lucan, commandant la cavalerie, « de marcher en avant et de profiter de toute espèce d'occasion pour reprendre les hauteurs ». L'instruction était écrite et conçue en ces termes : « Lord Raglan veut que la cavalerie s'avance rapidement sur le front, poursuive l'ennemi et tâche d'emporter les canons[1]. Une troupe d'artillerie à cheval peut accompagner. La cavalerie française est sur votre gauche. Sur-le-champ[2] ! » Le capitaine Nolan, aide de camp du quartier-maître général, chargé de transmettre cet ordre, descendit la pente au galop, mais ne joignit lord Lucan qu'au moment où les choses étaient déjà bien changées. « Les Russes, en effet, avaient eu le temps de se reformer sur leur propre terrain, avec l'artillerie sur leur front et sur leurs flancs, dit lord Raglan. N'ayant peut-être pas bien compris l'ordre qui prescrivait d'avancer, le lieutenant général Lucan se crut obligé d'attaquer à tout hasard; il ordonna, en conséquence, au major général, comte de Cardigan, de marcher en avant avec la brigade légère. » La question est de savoir si lord Lucan était libre d'interpréter à sa guise un ordre conçu en termes aussi formels, et nous ne pouvons mieux faire que de reproduire ici quelques passages de la lettre que ce général écrivait, le 30 novembre 1854, pour se justifier du reproche qui lui était fait :

« Après une lecture fort attentive de cet ordre, j'hésitai et j'insistai sur l'inutilité d'un semblable mouvement et sur les dangers qu'il entraînait. L'aide de camp déclara du ton le plus absolu que l'ordre de lord Raglan était que la cavalerie attaquât immédiatement. « Où, lui demandai-je, et que faut-il faire ? » car on ne voyait

---

1. Les Russes, dans leur retraite, avaient entraîné vers leurs lignes quelques canons des redoutes turques. Ce sont ceux qu'il s'agissait de reprendre.

2. L'ordre était signé du général R. Airey, le quartier-maître général de l'armée anglaise.

ni ennemis ni canons[1]. « Là, milord, est l'ennemi; là, sont vos canons », répondit-il de la manière la plus irrespectueuse, mais la plus péremptoire, en indiquant l'autre extrémité de la vallée. Votre instruction écrite était, à mon avis, si précise, les ordres transmis par votre aide de camp si positifs et si pressants, que je me crus impérieusement obligé d'obéir, et je fis savoir à lord Cardigan qu'il fallait avancer. Aux objections qu'il me fit et que j'approuvais complètement, je répliquai que l'ordre émanait de Votre Seigneurie. »

On dit que lord Cardigan, sans insister davantage, se plaça à la tête de sa brigade, qu'il savait conduire à une perte certaine, et que, lançant son cheval au galop, il s'écria : « En avant, le dernier des Cardigan ! » A sa droite, s'était placé le capitaine Nolan, qui ne répara que trop cruellement ses arrogantes ou imprudentes paroles, en se faisant tuer un des premiers.

Ce fut un spectacle navrant pour tous, et nous ne pouvions nous expliquer ce mouvement étrange d'une troupe chargeant sans but précis à atteindre. A l'approche de cette belle cavalerie, le régiment d'Odessa avait abandonné la redoute n° 1, pour former ses bataillons en carré sur une pente en arrière de l'ouvrage n° 2, et les lanciers combinés, cachés jusque-là par un pli de terrain, s'étaient placés en avant de cette infan-

---

1. La ligne des hauteurs couronnées par les redoutes turques séparait la cavalerie anglaise du centre de l'armée russe, et l'empêchait de voir le centre, tandis que, de la position d'où lord Raglan suivait les mouvements des deux armées, on dominait tout le champ de bataille.

terie. Deux bataillons du Dniéper, appelés de Kamara, s'étaient de même portés au pied du mont Hasfort, qui est au sud de Tchorgoun, et les hussards étaient postés entre les deux régiments. Toutes ces troupes formaient ainsi, avec les troupes des monts Fédioukine, une espèce de rentrant, dans lequel s'engouffra la cavalerie légère anglaise. Les cosaques d'Oural se trouvaient devant elle; elle les sabra et les poursuivit avec élan dans la direction de Tchorgoun; mais, accablée par le feu des carrés d'Odessa et du Dniéper, mitraillée par l'artillerie, elle fut obligée d'arrêter sa course et de battre en retraite. Malheureusement, pour retourner, elle devait passer sous le feu d'une batterie, établie sur les monts Fédioukine; c'est alors que, voyant le danger, notre brigade de chasseurs d'Afrique s'élança sur cette position, et força l'artillerie russe à se retirer précipitamment. La brigade Scarlett arrivait en même temps pour protéger la retraite de la brigade légère anglaise, et lui permettre de rallier en arrière de l'infanterie le petit nombre d'hommes échappés à l'ennemi. Le général russe Liprandi suivit ce mouvement de retraite, et reprit ainsi les positions qu'il avait conquises le matin.

Cette malheureuse affaire fit, on le conçoit, une grande impression en Angleterre, et donna lieu à de vives récriminations de la part des intéressés; mais, en fin de compte, elle n'eut d'autre inconvénient que de laisser l'apparence d'un insuccès à un engagement où les Russes avaient été repoussés tout d'abord. En effet, au moment de la charge des Anglais, l'ennemi, rejeté du bassin de Balaclava, qu'il avait envahi, avait paru renoncer à toute tentative nouvelle, et il avait d'ailleurs trop peu de forces pour se promettre autre chose que de compléter l'investissement de l'armée assiégeante, en l'empêchant de profiter des ressources d'eau et de bois de la vallée de la Tchernaya. Quant à nous, nous n'étions pas assez nombreux pour conserver une ligne de défense aussi étendue ; l'ennemi avait pris sans difficulté des ouvrages de peu de valeur, mais il avait été repoussé quand il avait tenté de faire davantage, et il n'avait pu entamer nos positions, où nous restâmes jusqu'à la nuit. L'armée alliée se retira donc dans ses camps, après avoir allumé des feux sur le terrain qu'elle abandonnait, afin de laisser croire à l'ennemi qu'elle conservait le champ de bataille. Mais à la suite de cette journée, les Anglais résolurent d'abandonner la garde du bassin de Balaclava, et de se concentrer sur les hauteurs escarpées qui le dominent à l'est. Le commandant du génie français de Saint Laurent y construisit pour eux la redoute de Yalta, et le général Vinoy y détacha quatre compagnies de zouaves, qui passèrent l'hiver à l'extrême droite, au milieu de la brigade de sir Colin Campbell, et dans la plus grande intimité avec les Écossais. Nous verrons bientôt, à propos de la bataille d'Inkermann, quels étaient alors les emplacements occupés par les troupes, et les ouvrages de défense qu'on y avait élevés.

De leur côté, les Russes se retirèrent sur les monts Fédioukine, couverts sur leur gauche par les redoutes 1 et 2, voisines de Kamara ; et, pendant tout l'hiver, une vedette russe fut placée à la redoute n° 3, face à face avec une vedette anglaise postée dans l'ouvrage n° 5.

Le 26 octobre, les Russes tentèrent une sortie de la

place et une attaque contre les Anglais à Inkermann. Trois bataillons de notre corps d'observation et les deux batteries à cheval de la réserve marchèrent aussitôt de ce côté, sur la demande du général sir de Lacy Evans ; mais notre secours était inutile, car les Anglais, avec leurs seules forces, avaient réussi à repousser les Russes, qui n'avaient eu pour objet, selon toute apparence, que de faire une forte reconnaissance offensive. Ils y perdirent 700 hommes. Du côté de la plaine, « dans la nuit du 27 au 28, vers minuit, écrit le général Bosquet dans son rapport, à la première redoute occupée par les Russes (la plus rapprochée de nous), il y a eu une vive fusillade, sept ou huit coups de canon, le tout précédé de hourras d'alerte. A cette canonnade, les batteries de Balaclava ont répondu par plusieurs coups, et les canonniers turcs, vers le Télégraphe, ont aussi tiré de leur côté trois ou quatre obus, après avoir entendu distinctement courir de la cavalerie dans la plaine. J'ai fait prendre les armes, et j'ai envoyé jusque dans la plaine quelques petites patrouilles de gens solides, qui sont revenus, n'entendant plus rien. J'ai fait aussitôt rentrer les réserves. A quatre heures du matin, les postes du Télégraphe, ceux de la redoute anglaise (plus tard redoute Canrobert), et les premiers postes de zouaves sur le milieu de la ligne, entre le Télégraphe et le col de Balaclava, ont engagé un feu de mousqueterie très décidé, entremêlé de quelques coups de canon. Voici pourquoi : il y avait vraiment, sur toute la ligne, un mouvement de chevaux au galop, et un groupe de près de quarante, entre autres, a chargé en montant la grande route (Voronzof), et est entré dans notre camp, laissant des morts sur son chemin ; mais toute cette cavalerie était sans cavaliers. » Ces chevaux appartenaient à deux régiments de dragons arrivés la veille ; effrayés par la fusillade de la nuit, ils avaient brisé leurs entraves et passé à l'ennemi. Cent autres chevaux, paraît-il, se réfugièrent de même aux avant-postes anglais.

Le 30, la redoute Canrobert était terminée par les Français et remise à nos alliés, qui devaient l'armer de grosses pièces et se charger de la défendre. Pour la relier à la batterie des marins du Télégraphe, que nous construisions en même temps et qui devait rendre plus tard de si grands services, nous commencions, le 2 novembre, les lignes de circonvallation entre cette redoute et la route Voronzof ; cette partie de l'observation nous avait été abandonnée par les Anglais, après la bataille de Balaclava. Enfin, au siège, la 3ᵉ parallèle avait été ouverte la veille. « Le génie de l'armée en conduisant les approches aussi près de l'enceinte, écrivait le général en chef au ministre de la guerre, a réalisé presque l'impossible, puisque nous sommes arrivés, dans l'espace de quatorze jours, à la troisième parallèle, en marchant toujours à la sape volante, dans un roc vif, où l'on met trois à quatre jours à faire le travail d'une nuit dans un terrain ordinaire. »

Cependant l'armée russe d'observation recevait de nombreux renforts, et les rapports des déserteurs et des espions nous annonçaient tous une nouvelle et prochaine attaque ; en effet, trois jours après, le 5 novembre, se livrait la bataille d'Inkermann.

BATAILLE D'INKERMANN[1].

Iʳᵉ PARTIE (ENTRE LES RUSSES ET LES ANGLAIS).

Ainsi que nous l'avons vu, depuis l'ouverture du feu, le génie s'était étendu vers le grand ravin du Sud pour se relier aux attaques des Anglais et envelopper le bastion du Mât, sans s'occuper du bastion Central, vers lequel on avait paru se diriger tout d'abord. On espérait pouvoir réduire le premier et s'y loger par un coup de main. A cet effet, des batteries nouvelles avaient été établies (nᵒˢ 10 à 14 *bis*); elles furent démasquées le 1ᵉʳ et le 2 novembre, et portèrent ainsi notre armement à 91 bouches à feu, sans compter 6 petits mortiers de 15, employés particulièrement dans les parties avancées. Le bastion du Mât souffrit beaucoup de cette violente attaque, et l'on crut le moment venu de tenter l'assaut; il fut, paraît-il, résolu dans un conseil de guerre et fixé au 6 novembre.

L'armée alliée[2] comprenait, à cette époque, 92 bataillons et 32 escadrons, en tout 71,223 hommes avec 349 pièces de canon de campagne. Ces forces se décompo-

---

1. Inkermann est le nom donné à quelques maisons en ruines sur la rive droite de la Tchernaya.
2. Tous ces chiffres sont extraits de l'*Atlas historique et topographique de la guerre d'Orient*.

saient en 41,786 soldats français, 24,530 anglais et 4,907 turcs.

Les Anglais avaient leurs travaux de siège depuis le ravin du Sud jusqu'à celui de Karabelnaya;-leur corps d'observation partait de ce dernier ravin et devait, par Inkermann, se rejoindre au nôtre à la redoute Canrobert, occupant ainsi une demi-circonférence de moins de cinq kilomètres, au centre de laquelle, vers le Moulin, se trouvaient leurs campements. Après la bataille d'Inkermann, affaiblis moins encore par le feu de l'ennemi que par les privations résultant d'une administration défectueuse, nos alliés nous laissèrent l'observation jusqu'à la vieille route de poste ; puis, leur armée se fondant de plus en plus, nous dûmes les relever jusqu'au ravin du Carénage, et enfin jusqu'à celui de Karabelnaya, pour prendre les attaques devant Malakof à la fin de l'hiver. Ils ne conservèrent ainsi que l'attaque devant le seul bastion du Grand Redan et, du côté du corps d'observation, la défense de Balaclava.

Quant aux Français, dont l'effectif n'atteignait pas alors le double de celui de l'armée anglaise, ils étaient chargés de la gauche du siège depuis le ravin du Sud jusqu'à la mer, avec 17,000 fantassins en trois divisions d'infanterie, les troisième (Napoléon), quatrième (Forey), cinquième (Levaillant), et des marins débarqués. Ces troupes couvraient en outre la base d'opérations française, c'està-dire Kamiesh, notre port de débarquement, qui n'était point encore fortifié. Les parcs du génie et de l'artillerie étaint placés derrière la troisième division, et la division de cavalerie (Morris) campait en avant du quartier général anglais. Le corps d'observation français se composait de 14,000 fantassins en deux divisions : la première (Bouat) qui, détachée d'abord au siège, venait d'en être rappelée, et la deuxième (Bosquet). Il était chargé de la défense des lignes depuis Kadikoï, près de Balaclava, jusqu'à la redoute Canrobert ; ces lignes avaient environ neuf kilomètres d'étendue. Les redoutes du col de Balaclava étaient occupées par les Turcs.

La brigade Vinoy, de la première division, s'étendait, ainsi que nous l'avons vu, du col de Balaclava à Kadikoï, l'autre brigade (Espinasse) avait été placée en réserve sur le plateau, près du col, pour le cas d'une attaque générale de l'ennemi. Dans la deuxième division, la première brigade (d'Autemarre) détachait, pour le service de chaque jour, un bataillon de soutien à la redoute Canrobert, et une compagnie par bataillon de grand'garde sur les lignes en face du camp de la deuxième division du coteau du Télégraphe, ce qui laissait à sept compagnies seulement les cinq bataillons disponibles. Des cinq bataillons de la deuxième brigade (Bourbaki), on employait pour le service journalier quatre compagnies de chasseurs à pied, de soutien au Télégraphe ; un bataillon formait les grand'gardes de la ligne d'observation depuis la route Voronzof jusqu'à la redoute Canrobert ; de plus, le jour de la bataille, le deuxième bataillon du 7ᵉ léger fut laissé au Télégraphe. Cette brigade n'avait donc plus à sa disposition que les deux bataillons et demi qui se dirigèrent aux premiers coups de canon au secours des Anglais.

Ces sept bataillons et demi, les seuls que le général Bosquet put mettre en ligne au besoin, formaient un total de 5,787 hommes, qui ne parurent sur le champ de bataille que successivement, et parmi lesquels les 1,600 hommes du 50° de ligne ne furent même pas engagés, car ce régiment n'arriva sur le terrain qu'à onze heures, au moment où les Russes, combattant encore, renonçaient à l'offensive ; quant à la brigade de Monet (2,434 hommes) qui se présenta à Inkermann vers midi, elle demeura l'arme au bras, en arrière de la crête. C'était donc seulement 8,221 hommes qui étaient sur le champ de bataille tandis que les 9,400 autres du corps d'observation, c'est-à-dire la 1re division et le reste de la 2e gardaient la ligne d'observation.

Il importe de faire remarquer que ces 8,000 hommes étaient bien *les seules* troupes disponibles de toute l'armée française, et encore eussent-elles pu être immobilisées en partie, si le général russe Timoféïef eût commencé sa démonstration au vieux siège avant la prise d'armes du général de Monet, et surtout si le prince Gortchakof eût bien prononcé la sienne dans la plaine, au lieu de se borner à une insignifiante canonnade. Nous faisons cette observation parce qu'un ouvrage anglais avance que, dans un conseil de guerre tenu avant le 5 novembre, le général Canrobert « donna encore à lord Raglan l'assurance de lui envoyer le renfort désiré depuis si longtemps pour aider l'extrême droite anglaise à Inkermann, secours si souvent promis ». Nous avons dit plus haut comment déjà, après la bataille de Balaclava, n'ayant pas un effectif double du leur, nous avions cependant relevé les Anglais d'une partie de leur garde ; nous avons indiqué aussi comment, plus tard, à mesure que nos forces augmentaient et que diminuaient celles de nos alliés, nous arrivions, par des reprises successives, à ne leur laisser qu'une partie bien restreinte de l'attaque. Après avoir montré tant de bonne volonté à les aider, après y avoir employé toutes les forces que nous avions sous la main, quel autre moyen d'appuyer les Anglais, que ce renfort amené par le général Bosquet avec la promptitude, dont il avait déjà fait preuve le 26 octobre, et qui lui avait valu alors tant de remerciements ? « Mes troupes, écrivait alors le général Bosquet, sont accourues comme par miracle et si vite que les Anglais nous ont couverts de hourras pendant que nous parcourions, sir de Lacy Evans et moi, le champ de bataille. » Que pouvait faire de plus le général Canrobert, que de s'en rapporter toujours à son infatigable lieutenant, pour courir à Inkermann au bruit du canon, de réunir de son côté toutes les forces que le siège laisserait libres pour les porter sur le point menacé, dès que l'attaque de l'ennemi serait nettement déterminée, et de s'y porter lui-même pour tout diriger, de concert avec le général en chef de l'armée anglaise ?

Cette armée comprenait 18,459 fantassins en cinq divisions d'infanterie, qui purent, sauf les brigades Eyre, au siège avec 1,959 hommes, et sir Colin Campbell, devant Balaclava avec 1,912 hommes, être toutes dirigées vers Inkermann, les Anglais n'ayant rien à craindre ni du côté de la ville, ni du côté de Balaclava. Ce fut ainsi un total de près de 23,000 fantassins que les alliés amenèrent successivement sur le champ de bataille d'Inkermann. Sur ce nombre, 15,000 seulement furent engagés ; le reste, à part la brigade de Codrington, qui fut aux prises au début de l'action avec deux bataillons d'Ékatérinebourg, ne brûla pas une amorce.

Le plateau de Chersonèse, sur lequel s'étaient établis les alliés, était une position très forte et facile à défendre. Protégé du côté de la ville par tous les travaux du siège, depuis le ravin de Karabelnaya jusqu'à la mer, il aboutissait au sud à des falaises à pic entre les ports de Kamiesh et de Balaclava. Les approches de ce dernier port, déjà fort difficiles en elles-mêmes, avaient été rendues presque impraticables par divers ouvrages et par des dispositions nouvelles de troupes depuis la bataille du 25 octobre, de telle façon que l'on ne pouvait concevoir désormais aucune inquiétude de ce côté. A l'Est, le plateau est défendu par une fortification naturelle qui va du col de Balaclava à Inkermann; elle est formée de pentes abruptes, au pied desquelles s'étend la plaine de la Tchernaya, et c'est au milieu de cette plaine que s'élèvent les monts Fédioukine, occupés par les Russes depuis la bataille de Balaclava. Enfin le général Bosquet, en prenant le commandement du corps d'observation, avait fait établir un peu au-dessous de la crête une ligne de retranchements armée de vingt-deux pièces de canon, allant du col de Balaclava à la redoute Canrobert; cette ligne reliait treize batteries. Les 2ᵉ, 3ᵉ et 4ᵉ batteries, ainsi que celle des marins du Télégraphe, étaient servies par des Français, les autres par les Turcs.

Des trois routes qui, partant de la plaine, escaladent les hauteurs, celle du nord passe la Tchernaya à un gué, et l'aqueduc sur un pont de pierre; elle était mauvaise, et facile à défendre au moyen des troupes de soutien établies auprès de la redoute Canrobert. Celle du sud pénètre dans le rentrant du col de Balaclava, où l'ennemi ne pouvait songer à se risquer sous les feux croisés de nos troupes ; restait la route du milieu, la route de Voronzof, excellente pour une attaque, mais dont l'accès avait été rendu inabordable. En effet, à mi-pente, un plateau naturel avait été utilisé comme place d'armes, et entouré d'un ouvrage en *queue d'hironde,* appelé aussi Batterie basse, et garni d'artillerie de campagne. La route avait été coupée profondément en plusieurs endroits, comme aurait dû l'être, à l'Alma, celle qu'avait suivie la division Bosquet dans son mouvement tournant ; un peu au-dessous de la crête, la batterie de marine tirant à longue portée, et les batteries turques, enfin, au sommet, la redoute du Télégraphe, rendaient de ce côté toute tentative impossible.

Le général Bosquet avait donc tout fait pour rendre inexpugnable cette partie de la position confiée à sa garde, et, quant à lui, il pouvait être sans appréhension ; mais, avec son tempérament militaire, il ne lui suffisait pas que son camp fût assuré, et il ne pouvait s'empêcher de porter sans cesse des regards inquiets du côté de nos alliés, dont il était loin de partager la confiance. Aussi, chaque jour, le voyait-on se diriger vers Inkermann, et examiner longuement les abords de la position anglaise ; il sentait bien par avance que c'était de là que viendrait le danger, et il ne cessait de le redire à nos alliés trop confiants, qui n'ayant que des forces restreintes pour faire face à la ville, et défendre Balaclava ainsi que le plateau en face d'Inkermann, avaient toujours négligé de fouiller cette partie du mont Sapone. Elle était couverte de hautes broussailles, et très étendue, ce que nous ne vîmes que plus tard, en nous avançant pas à pas dans les tranchées de l'attaque Malakof. Les bateaux à vapeur russes de la tête de la rade nous avaient éloignés, par leurs projectiles, de l'embouchure de la Tchernaya, et lorsque, le 2 octobre, à la suite d'une reconnaissance et dans la prévision d'une attaque, on s'était avancé jusqu'au contrefort dit la Lame-de-couteau, on s'était confirmé dans la pensée qu'il nous était fort difficile de fermer l'entrée dans la ville de ce côté. On fut donc obligé de tolérer que l'ennemi communiquât, par les ponts et la route des Sapeurs, avec la place. Aussi, bien qu'on entendît souvent des bruits de nuit, attribués d'ordinaire à des convois de ravitaillement, on ne s'opposait pas à cet état de choses de peur de s'engager témérairement, et les Russes pouvaient pénétrer librement dans la ville assiégée, non seulement par la rade, comme ils le firent jusqu'à la fin du siège, mais encore par terre. C'était bien, comme l'a dit si justement le maréchal Niel : « L'attaque d'un vaste camp retranché, servant de tête de pont à l'armée russe qui, au moyen de ses bateaux à vapeur, pouvait rapidement transporter des forces d'un côté à l'autre du port. »

Après le 20 octobre, les Anglais avaient songé à se garder plus fortement ; mais leurs préoccupations du côté de Balaclava, les travaux du siège, les pertes de la bataille du 25 octobre et les ravages que l'hiver commençait à faire dans une armée mal préparée à en supporter les rigueurs, les avaient empêchés de couvrir d'une manière suffisante le seul point vulnérable des positions alliées.

Des sentinelles anglaises, appuyées de petits postes, occupaient seulement les mamelons où furent depuis les redoutes Victoria, des Anglais[1], et elles gagnaient, par

1. Butte des Cosaques.

la coupure de la vieille route de poste, la batterie des Sacs-à-terre, pour nous rejoindre enfin à la redoute Canrobert. Elles voyaient à peine les ponts d'Inkermann, d'où partaient la route des Sapeurs et la vieille route de poste. La première débouche sur le mont Sapone, et entre dans le faubourg par le bas du ravin du Carénage et par Malakof; la deuxième remonte la berge gauche du ravin des Carrières, se dirige vers le Moulin, à travers les camps anglais, et va rejoindre la route Voronzof. Nos alliés n'avaient préparé aucun ouvrage important pour servir de défense à leurs grand'gardes; ils avaient seulement ébauché, sur la crête qui précédait le camp de la deuxième division anglaise, un fossé avec parapet, dit Lignes anglaises. Elles étaient à environ mille mètres de la butte des Cosaques, près de laquelle les Russes établirent leurs batteries. Ces lignes se terminaient à droite par un ouvrage ouvert à la gorge, improprement appelé Redoute anglaise, et qui fut armé de deux pièces de gros calibre pendant la bataille; nous lui donnerons le nom de Retranchement anglais. Un peu en avant de cet ouvrage, ils avaient tracé une batterie de Sacs-à-terre, non armée, qui, malgré son état d'imperfection, fut appelée à jouer un certain rôle dans la journée; enfin, ils avaient coupé la route des ponts un peu au nord de la crête, et construit un épaulement en pierres sèches, à gauche de la coupure, pour abriter le piquet de garde.

Malgré tout, et bien que la position anglaise fût naturellement couverte par de hautes broussailles, qui en gênaient l'approche, là était évidemment le point vulnérable, car les Russes pouvaient y arriver, sans trop d'obstacles et d'efforts, du côté des ponts comme du côté de la ville, et culbuter les postes anglais, trop faibles pour leur résister, faute d'ouvrages assez solides. Mais la facilité avec laquelle la reconnaissance offensive des Russes avait été repoussée, le 26 octobre, avait donné une certaine confiance à nos alliés, dont toutes les pensées, d'ailleurs, se concentraient sur Balaclava, ainsi qu'en témoigne une dépêche de lord Raglan du 3 novembre ; cette dépêche, après avoir indiqué les dispositions prises pour défendre la base de l'armée anglaise par une ligne de retranchements, une redoute, la brigade des highlanders et la brigade française Vinoy, se termine ainsi : «..... Toutes les mesures ont été prises pour couvrir ce point important ; mais je ne dissimulerai pas à Votre Grâce que j'aurais préféré pouvoir faire occuper plus fortement cette position. » Cette tentative des Russes avait, au contraire, confirmé les généraux Canrobert et Bosquet dans la persuasion que le danger réel et imminent était vers Inkermann.

De leur côté, après leur première reconnaissance, les Russes avaient bien jugé de la situation : aussi le prince Menchikof, dont l'armée s'augmentait chaque jour de renforts considérables, pensa qu'il fallait en profiter pour empêcher l'assaut qui venait d'être résolu. Il décida, en conséquence, une attaque générale contre l'armée d'observation, pendant qu'une partie de la garnison se précipiterait sur nos travaux de siège. Les grands-ducs Michel et Nicolas venaient d'arriver à Sébastopol pour cette grande bataille, et leur présence apportait un grand appui moral aux troupes russes ; aussi, le 4, le son des cloches et des cris de joie retentirent dans la ville, et furent entendus de nos tranchées, singulier contraste avec le bruit terrible du canon qui ne cessait de gronder.

Les dispositions prises par les Russes furent les suivantes[1] :

« Il est décidé, dit le prince Menchikof dans son ordre du jour, que, demain 5 novembre, nous attaquerons les Anglais dans leurs positions, afin de nous emparer des hauteurs, sur lesquelles ils se sont établis, et de les occuper. Dans ce but :

« 1° Les troupes actives de Sébastopol (3 régiments de chacune des dixième et seizième divisions d'infanterie, le régiment de Boutirsk, vingt-deux bouches à feu de position et seize légères), sous le commandement du lieutenant général Soïmonof, après être sorties préalablement de l'enceinte fortifiée, se mettront en marche, en partant du ravin du Carénage, à six heures du matin.

« 2° Les fractions, campées sur les hauteurs d'Inkermann, sous le commandement du lieutenant général Pawlof (onzième division d'infanterie avec son artillerie, régiments de chasseurs de Borodino et de Taroutino, avec la batterie de position n° 3 de la dix-septième brigade d'artillerie), devront, à six heures du matin, remettre en état le pont d'Inkermann, et se porter à la rencontre du corps du général Soïmonof, pour se joindre à lui. Avec ce détachement marchera le général d'infanterie Dannenberg, commandant du 4° corps d'infanterie, qui prendra le commandement supérieur des deux colonnes, dès qu'elles auront opéré leur jonction.

---

1. Todleben.

« 3° Les troupes qui se trouvent dans la plaine, sous le commandement du prince Gortchakof, devront appuyer l'attaque générale, détourner les forces de l'ennemi en les attirant sur elles, et tâcher de s'emparer d'une des routes, qui conduisent sur le plateau. En outre, les dragons devront se tenir prêts à gravir les hauteurs, dès que ce sera jugé possible.

« 4° La garnison de Sébastopol, sous le commandement du lieutenant général de Moller, suivra la marche de l'opération, en couvrant de ses batteries le flanc droit des troupes commandées pour l'attaque, et dans le cas où la confusion se mettrait dans les batteries ennemies, elle chercherait à s'en emparer.

« 5° Toutes les dispositions particulières, concernant l'exécution des ordres qui précèdent, seront prises, sous leur responsabilité, par les commandants des troupes susmentionnées, qui devront me les faire connaître dans la nuit du 4 au 5 novembre.

« Le commandant en chef se trouvera, au commencement de l'action, près du pont d'Inkermann. »

La colonne du général Soïmonof comptait 18,929 hommes, dont la moitié seulement fut engagée, et celle du général Pawlof 15,806 hommes, qui prirent tous part au combat.

Le général Dannenberg, ayant cru nécessaire d'apporter quelques modifications aux dispositions prescrites par cet ordre et à celles des généraux Soïmonof et Pawlof, en fit connaître les motifs au commandant en chef, prince Menchikof, par le rapport suivant :

« J'ai hâte de soumettre à Votre Altesse quelques changements, que j'ai trouvé urgent de faire dans la disposition que m'a communiquée le lieutenant général Pawlof, et cela par les considérations suivantes :

« Un ravin profond et très long, connu sous le nom de ravin du Carénage, nous sépare, le général Soïmonof et moi, au commencement de l'attaque ; le ravin peut être, il est vrai, franchi à l'aide d'une route, construite récemment ; mais *nous serions ainsi privés de la possibilité d'agir des deux côtés du ravin du Carénage, et cette double action me semble indispensable.* En outre, le terrain sur la berge droite du ravin du Carénage est assez difficile, les forces de l'ennemi et leur disposition ne nous sont connues qu'incomplètement, et les chemins qui prennent leur point de départ de l'endroit où sera traversé ce ravin, sont si étroits que chaque mouvement rétrograde nécessité par quelque circonstance imprévue ne pourrait s'effectuer qu'avec des difficultés extrêmes et une grande perte de temps. »

Le général Dannenberg, craignant en outre que la colonne Soïmonof n'eût à subir le feu des batteries de siège anglaises, ordonna à cette colonne de se mettre en marche, non plus à six heures du matin, comme le général en chef l'avait ordonné, mais une heure plus tôt que Pawlof, c'est-à-dire à cinq heures ; afin de faire le trajet le plus dangereux avant le lever du jour ; et il ajoutait dans ses instructions au général Soïmonof : « Je crois aussi qu'il est utile d'avoir la principale réserve de votre détachement derrière votre aile droite, *puisque votre flanc gauche est parfaitement garanti par le ravin du Carénage* et par la coopération des troupes, qui traversent la Tchernaya. »

On voit avec évidence, d'après ce qui précède, que le

général Dannenberg, bien qu'il n'énonçât pas expressément qu'il annulait les premières dispositions, ordonnées par le général en chef et par le général Soïmonof lui-même, *avait certainement l'intention de faire agir la colonne Soïmonof sur le côté occidental du ravin du Carénage*. Mais, si tous les changements prescrits pouvaient être aisément effectués dans la colonne Pawlof, auprès de laquelle se tenait le général Dannenberg, il était assurément beaucoup plus difficile d'exécuter ces divers ordres consécutifs dans le détachement du général Soïmonof, qui se trouvait placé dans Sébastopol. Le général Dannenberg n'ayant pas d'ailleurs exprimé catégoriquement son intention d'annuler les dispositions du général en chef, d'après lesquelles la colonne de droite avait l'ordre de se porter en avant à partir du ravin du Carénage, afin de se joindre à Pawlof, et de couvrir le passage de la Tchernaya, ce qui l'obligeait à se porter sur la berge droite du ravin du Carénage, Soïmonof se décida à agir d'après ses propres dispositions. Ces dispositions, il les avait fait connaître et au prince Menchikof et au général Dannenberg. Il était dès lors naturel qu'il s'attendît à en recevoir d'autres, claires et précises, dans le cas où les siennes eussent été trouvées défectueuses. Or, l'ordre qu'il reçoit et dont le sens est, il est vrai, directement opposé à ses propositions, se borne à énoncer seulement, d'une manière obscure, que son détachement ne doit pas traverser le ravin du Carénage, et il ne dit nullement si les premières dispositions du général Soïmonof sont ou non révoquées.

Une pluie presque continuelle n'ayant pas cessé de tomber pendant toute la journée, qui précéda celle de la bataille d'Inkermann, le sol argileux des environs de Sébastopol devint fangeux et tous les chemins se couvrirent d'une boue épaisse, dans laquelle les troupes en marche devaient s'avancer avec difficulté. La profonde obscurité d'une nuit d'automne n'était pas même dissipée par les feux de bivouac, car on avait expressément défendu aux troupes russes d'en allumer, pour ne pas attirer l'attention de l'ennemi. Le jour n'avait pas encore paru lorsque ces troupes quittèrent leurs bivouacs..

Conformément aux dispositions ordonnées, le détachement du lieutenant général Soïmonof, s'étant rassemblé auprès du bastion n° 2, se mit en marche à cinq heures du matin, dans la direction du ravin du Carénage, y descendit, et en gravit ensuite la berge droite par la rude montée de la route des Sapeurs, très endommagée par les pluies. Des sapeurs placés en tête de colonne la réparèrent de leur mieux afin de faciliter le passage de l'artillerie. A six heures, le détachement du général Soïmonof était sur le plateau et s'y formait en ordre de bataille. En première ligne avec vingt-deux bouches à feu de position et couverts par deux compagnies du 6ᵉ bataillon de tirailleurs, se plaçaient, à l'aile droite, le régiment de Tomsk, et, à l'aile gauche, celui de Kolivan ; le régiment d'Ékatérinebourg était en arrière et en soutien de cette première ligne, commandée par le général Villebois, et les quatre régiments de la division combinée, sous les ordres du général Jabokritsky, formaient à quelque distance, la réserve générale.

De son côté, la division Pawlof descendait des hauteurs d'Inkermann à cinq heures, arrivait aux ponts de la Tchernaya, et les passait dans l'ordre suivant : Okhotsk,

Borodino et Taroutino avec une batterie de huit pièces ; puis Yakoutsk, une batterie de douze pièces, Séléghinsk et l'artillerie de réserve. Après la traversée des ponts, Okhotsk, tournant à droite, s'avança sur la route des Sapeurs, suivi par Yakoutsk et Séléghinsk, qui formèrent avec lui le corps principal de Pawlof, celui qui devait porter le poids le plus lourd de la journée. Pendant ce temps, Borodino, précédé de deux compagnies de tirailleurs, franchissait le ravin en face des ponts, ravin qui est à l'ouest de la Lame-de-Couteau[1], et, à sa gauche, Taroutino suivait la vieille route de poste. Arrivés sur les hauteurs, les trois régiments, têtes de colonne[2], devaient faire halte, pour couvrir le débouché du reste des troupes, qui suivaient la route des Sapeurs. Enfin, les vapeurs russes *Vladimir* et *Chersonèse* étaient embossés en tête de la rade, pour appuyer le mouvement.

Tandis que les Russes se préparaient ainsi au combat, tout dormait dans les camps anglais. Les espions avaient bien annoncé que de grands renforts étaient nouvellement arrivés à l'armée russe ; cependant « personne, dit un ouvrage anglais, n'attachait d'importance à ces informations ; personne ne croyait que les ennemis pussent réunir assez de troupes pour nous attaquer de nouveau, ce qui prouve une fois de plus combien nous avons toujours mal évalué les forces et les ressources de l'ennemi pendant toute la campagne. »

[1]. Voir le *plan des attaques* pour les détails qui ne se trouveraient pas sur la *carte de la Chersonèse*.

[2]. C'est-à-dire Okhotsk à droite, Borodino au centre et Taroutino à gauche.

BATAILLE D'INKERMANN.

La nuit qui précéda la bataille ne fut troublée que par les rares coups de feu tirés des différentes batteries des deux côtés du siège. Quelques hommes, placés aux avant-postes sur le front des deuxième et cinquième divisions anglaises, crurent bien entendre plus d'une fois le bruit de roues passant sur les hauteurs ; ils le signalèrent, mais on n'y prit pas garde ; c'étaient, disait-on, les maraîchers, qui, chaque jour, portaient des approvisionnements à la ville ; or, « c'étaient, d'après le mémoire russe de Berlin, les troupes qui se rendaient aux postes assignés, celles du quatrième corps avec un nouveau courage et une ardeur guerrière, brûlante ; celles du sixième corps avec une disposition plus calme, sachant par expérience [1] quel adversaire elles avaient devant elles. »

Par cette nuit brumeuse, où les grand'gardes ne pouvaient exercer une grande surveillance, les différents corps ennemis prirent en toute sécurité les positions indiquées ci-dessus ; puis, le général Soïmonof se mit en marche parallèlement au ravin du Carénage. L'épaisseur du brouillard et la couleur grise de la capote des Russes, dérobant ceux-ci à la vue des avant-postes ennemis, leur permirent de s'avancer, presque sans avoir été remarqués, jusque sur un piquet anglais. Ce piquet, d'une trentaine d'hommes, apercevant tout à coup de l'infanterie en mouvement et voulant la reconnaître, marcha au-devant d'elle, et se trouva, au bout de quelques pas, face à face avec une troupe nombreuse de soldats russes ; il fut fait prisonnier sans pouvoir tirer un coup de fusil ; deux ou trois hommes

---

1. Ces troupes avaient assisté à la bataille de l'Alma.

seulement parvinrent à s'échapper, et vinrent en hâte donner l'alarme aux postes voisins.

En ce moment, le brigadier-général Codrington visitait les avant-postes selon son habitude, et chaque chef de grand'garde lui avait répondu : « Tout va bien », tandis que les colonnes russes, s'avançant silencieuses, enveloppaient le plateau et enserraient le camp des Anglais. Il s'éloignait pour regagner son bivouac, lorsqu'une violente fusillade éclata soudain dans la direction des postes avancés ; la terrible journée commençait. Le général Codrington courut aussitôt faire prendre les armes à la deuxième division et à la division légère.

Ces premiers coups de feu que nous entendîmes, vers six heures, mirent en éveil tout notre corps d'observation ; la division turque vint aussitôt garnir les redoutes du col de Balaclava, tandis que les brigades Espinasse et d'Autemarre bordaient la crête de ce col jusqu'au Télégraphe, en avant des fronts de bandière. Les deux batteries de la deuxième division (Bosquet), c'est-à-dire la 2e du 12e régiment d'artillerie (capitaine Marcy) et la 4e du 13e (capitaine Fiévet), se portèrent en avant à la queue d'hironde, et le 2e bataillon du 7e léger s'établit, pour les soutenir, à gauche de la redoute du Télégraphe.

Ces dispositions de troupes avaient été prévues dès le premier jour de notre arrivée sur le plateau, et, dès qu'elles furent prises, le général Bosquet, sans s'occuper davantage du corps d'observation, se porta au galop, comme le 26 octobre, vers le point où il avait depuis longtemps pressenti le danger aujourd'hui présent. Il se fit suivre par le reste des troupes disponibles de la division[1]; et cette petite colonne, sous les ordres du général Bourbaki, fut bientôt rejointe par les deux batteries à cheval de la réserve, conduites par le commandant de la Boussinière. Le général Bosquet arriva vers sept heures et demie au Moulin, au moment où la tête de colonne de la division Soïmonof venait d'être repoussée.

Précédée de ses tirailleurs, cette tête de colonne avait facilement refoulé les avant-postes de la cinquième division anglaise, qui avaient abandonné leurs positions, mais en défendant le terrain pied à pied. Les régiments de Tomsk et de Kolivan, ayant les 3e et 4e bataillons en colonnes de compagnies, et les 1er et 2e en colonnes d'attaque, s'étaient portés rapidement en avant pour enlever de front les bivouacs de la division sir de Lacy Evans; ils s'étaient dirigés, à cet effet, vers la coupure de la vieille route, avec Ékatérinebourg en réserve; mais la vigoureuse résistance des piquets anglais avait bientôt obligé ce dernier régiment à entrer en ligne, avec deux de ses bataillons, à la droite de Tomsk et de Kolivan, tandis que les deux autres, remontant le ravin du Carénage, cherchaient à déboucher par la tête de ce ravin dans le camp des Anglais.

Pendant ce temps, le général Jabokritsky avait fait avancer vingt-deux pièces de position et seize d'artillerie légère au pied de la butte des Cosaques, en les faisant appuyer d'Ouglitz et de Boutirsk derrière cette butte, de Sousdal et de Vladimir, plus en arrière, et le feu avait été ouvert, vers six heures et demie, devant

---

1. 1er bataillon du 7e léger; 2e bataillon du 6e de ligne et quatre compagnies du 3e chasseurs à pied.

Inkermann et le Télégraphe. Les boulets de ces batteries traversèrent le camp de la deuxième division anglaise, la surprirent sous ses tentes, tuèrent des hommes endormis et des chevaux attachés encore à leurs piquets. Quel réveil au milieu de la plus complète sécurité! Officiers et soldats coururent à leurs armes, et se préparèrent à expier leur imprévoyance par une héroïque bravoure.

Le général Pennefather, qui commandait la deuxième division en l'absence de sir de Lacy Evans, malade, avait rapidement porté ses troupes sur la crête, en avant du camp ; puis, avec sa propre brigade, il avait pris position en face des têtes de colonne de Soïmonof, entre la vieille route de poste et le ravin du Carénage, tandis que le général Adams, avec l'autre brigade, s'établissait à sa droite, en faisant un coude jusqu'à la batterie des Sacs-à-terre. L'arrivée de cette division arrêta la marche de l'avant-garde russe, qui fondait déjà sur les positions anglaises, sous la protection de ses trente-huit pièces de canon. La cinquième division anglaise suivait de près, et de ses deux brigades, l'une (Buller) se plaça en arrière de Pennefather, sur la rive droite du Carénage ; l'autre (Codrington) sur la rive gauche, à la hauteur des lignes anglaises. Dès son arrivée, cette dernière reçut l'ordre de sir Georges Brown de soutenir le choc des 2ᵉ et 4ᵉ bataillons d'Ékatérinebourg, qui remontaient le ravin du Carénage pour passer sur le côté gauche. En outre, une batterie d'artillerie de la quatrième division fut envoyée au secours de la brigade ; mais, cette batterie n'étant pas soutenue, les tirailleurs russes, postés au milieu des broussailles, décimèrent les canonniers, et, se précipitant sur les pièces, avant qu'on y eût attelé les chevaux, réussirent à en enlever quatre. A cette vue, quelques compagnies des 77ᵉ et 88ᵉ de la brigade Buller, qui se rendaient à leur place de bataille, reprirent les pièces, et, avec le secours de la brigade Codrington, rejetèrent dans le ravin du Carénage les deux bataillons d'Ékatérinebourg, qui n'étaient pas appuyés. Puis, le reste de la brigade Buller entra en ligne, en arrière et à gauche des régiments de la deuxième division, qui chargèrent alors et refoulèrent l'avant-garde de Soïmonof. Celle-ci, désorganisée par le feu des carabines de la division Brown, recula après avoir perdu beaucoup d'officiers, entre autres les généraux Soïmonof et Villebois.

Animés par ce succès, les Anglais supposèrent qu'ils viendraient à bout des Russes aussi aisément que le 26 octobre, et les généraux sir G. Brown et Cathcart, que le général Bosquet rencontra près du Moulin, répondirent à ses offres empressées : « Nos réserves sont suffisantes pour parer aux éventualités ; veuillez seulement couvrir notre droite en arrière du retranchement anglais. » Les Gardes et la division Cathcart n'avaient point encore paru dans la mêlée, et l'avant-garde de Pawlof ne commençait que quelques moments plus tard l'assaut repoussé par la brigade Bentinck.

Le général Bosquet mit en position le 2ᵉ bataillon du 6ᵉ de ligne vers la redoute Canrobert, où se trouvait déjà, en soutien, le 1ᵉʳ bataillon de tirailleurs algériens; le 1ᵉʳ bataillon du 7ᵉ léger se porta un peu plus à droite, près du chemin qui descend à l'aqueduc; les deux batteries de la réserve (1ʳᵉ du 17ᵉ, capitaine Toussaint, et 4ᵉ du 16ᵉ, capitaine Thoumas), le 1ᵉʳ bataillon du 3ᵉ zouaves (commandant Montaudon) envoyé vers Inkermann par le général d'Autemarre, et les quatre compagnies de chasseurs se dirigèrent vers le Télégraphe, où le général Bosquet s'arrêta lui-même, afin d'examiner le mouvement du prince Gortchakof, qu'il pensait bien n'être qu'une diversion. Là, il rencontra notre général en chef, qui avait dû veiller à la fois, du côté du siège où tout était encore tranquille, et du côté du corps d'observation ; n'hésitant pas plus que le général Bosquet sur le vrai point de l'action, le général Canrobert avait, en outre, fait donner l'ordre [1] au général Forey d'envoyer immédiatement une brigade à Inkermann, où le feu devenait de plus en plus vif.

L'avant-garde de Pawlof y avait repoussé les avant-postes anglais, au moment où les généraux alliés pensaient pouvoir se passer de notre concours, et elle avait occupé la position qui lui avait été assignée dans le plan de bataille ; mais la défaite de la colonne Villebois ayant obligé cette avant-garde à combattre avant l'heure convenue, les régiments de Borodino et de Taroutino formèrent leurs 3ᵉ et 4ᵉ bataillons en colonnes de compagnies, les 1ᵉʳ et 2ᵉ en colonnes d'attaque, et se portèrent sur la deuxième division anglaise, tandis que les débris de l'avant-garde de Soïmonof occupaient les grottes sur le versant du Carénage, et fournissaient des

---

1. L'exécution de cet ordre devait demander beaucoup de temps, car il n'y avait pas encore de télégraphe organisé sur le plateau, et les troupes désignées pour partir avec le général de Monet avaient dix kilomètres à faire pour gagner Inkermann.

tirailleurs sur le flanc droit du corps principal. Le général anglais Pennefather venait d'ordonner au même instant au brigadier-général Adams de prendre avec lui les 41°, 49°, trois canons de campagne, et de se diriger sur la droite, afin de conserver la batterie des Sacs-à-terre, point de la plus grande importance, car il empêchait l'ennemi de tourner de ce côté la droite anglaise ; mais, à peine le 41° et le 49° étaient-ils arrivés à la batterie, qu'ils furent assaillis par une pluie de projectiles de l'artillerie postée sur la butte des Cosaques. Le général Adams fit coucher ses hommes à terre, pour les garantir autant que possible des boulets ennemis, et plaça ses trois canons dans une position avantageuse, d'où ils mitraillaient les colonnes de Pawlof, remontant la vieille route de poste et le ravin des Carrières. Cependant, les Russes, avançant toujours par la berge de droite, arrivaient sur la première crête, située entre ce ravin et la batterie des Sacs-à-terre. Là, le feu de leur artillerie cessant pendant quelques moments, ils rejetèrent les régiments d'Adams sur cette batterie, et entamèrent ainsi, pour la possession de cet ouvrage assez petit, mais fort important, une succession d'attaques tellement sanglantes, que, après la bataille, il était jonché de morts et de blessés des deux partis, entassés les uns sur les autres. « *Quel abattoir !* » s'écria le général Bosquet en contemplant le soir cette scène de carnage, et ce nom expressif est resté à cette batterie si obstinément attaquée et défendue. En vain, le 41° et le 49° résistaient avec ténacité à un ennemi supérieur en nombre ; celui-ci, commençant à les tourner, force leur fut de se replier sur la gauche de la deuxième division ;

ils le firent en bon ordre, en emportant leurs blessés, et les Russes débordèrent alors dans l'ouvrage, déterminés à s'y maintenir coûte que coûte.

A ce moment critique, S. A. R. le duc de Cambridge arrivait sur la droite avec une partie de la brigade des Gardes sous le général Bentinck. Sentant combien il importait de ne pas laisser les Russes s'établir à la batterie des Sacs-à-terre, les généraux anglais lancèrent les grenadiers et les fusiliers vers le bas de la colline; ces magnifiques troupes s'avancèrent sans tirer un coup de fusil, débusquèrent l'ennemi de l'ouvrage, puis firent un feu vif de leurs carabines sur ses bataillons, qui descendirent en déroute le ravin des Carrières, et s'éloignèrent du champ de bataille pour n'y plus revenir. Les coldstream ayant rejoint leurs camarades, la brigade s'établit : les coldstream dans l'ouvrage, les grenadiers et fusiliers en avant et de façon à se relier à la deuxième division. Il était environ huit heures. Lord Raglan arrivait au moment du choc de ses Gardes; il s'avança sur le terrain du combat, pour se rendre compte des forces de l'ennemi; mais le brouillard était si intense, qu'il lui fut presque impossible, non seulement d'apercevoir les Russes, mais même de diriger les mouvements de ses propres troupes; en outre, la fumée des pièces s'attachait à la terre et obscurcissait tout autour d'elles : aussi le général anglais jugea-t-il prudent de rester sur la défensive.

C'est vers six heures un quart qu'il avait été informé de l'attaque de l'ennemi sur son extrême droite, et, quelques instants après, il apprenait les démonstrations des Russes vers la plaine de la Tchernaya ; ne pouvant juger du point précis de la bataille, il était tranquille du côté du corps d'observation français, mais inquiet du côté de Balaclava. Il se porta cependant à Inkermann, après avoir fait donner ordre au général Cathcart (quatrième division) et à la brigade Campbell de la division England (troisième) d'appuyer sur ce point. Cette dernière brigade « devait occuper le terrain en arrière des ouvrages du siège et, spécialement, porter secours à la division légère, dans le cas où l'ennemi, sortant de la ville, tenterait de remonter en force les ravins. » Le général Campbell se porta vers le ravin de Karabelnaya, à la hauteur de la redoute Victoria, et y demeura jusqu'à la fin de la journée. Quant à la division Cathcart, elle n'était pas encore entrée en ligne, et lord Raglan se décida, dès lors, à attendre son arrivée ainsi que celle des troupes françaises, dont les Anglais se décidaient à demander le secours.

Les détails de ces différents engagements ne nous étaient pas connus ; mais nous prêtions une oreille inquiète aux détonations qui retentissaient à Inkermann. Nous attendions avec impatience la demande des Anglais pour courir sur ce point, d'autant plus que l'attitude de la colonne russe de la Tchernaya ne pouvait laisser aucun doute aux moins expérimentés sur le rôle qui lui était assigné : postée, en effet, à plus de deux mille mètres de la queue d'hirondelle, dans la plaine, elle tirait hors de portée, sans nous inquiéter sérieusement, et sans nous forcer à demeurer près du Télégraphe, au moment décisif où Dannenberg faisait effort sur les Anglais vers

Inkermann. Aussi, dès que la batterie de campagne placée dans la queue d'hironde, ainsi que les pièces turques de nos lignes, et surtout les six pièces de 30, servies par nos marins, eurent ouvert leur feu, la colonne du prince, atteinte par nos boulets, fit un mouvement en arrière, puis demeura immobile, attendant les événements, au lieu de les prévenir ou d'y aider. Le général Bosquet, confirmé dans ses justes prévisions, s'attendait, à chaque instant, à l'appel inévitable de nos alliés : « Allez à Inkermann, disait-il à un officier anglais qui lui avait été envoyé du quartier général de lord Raglan, c'est là que tout se passera » ; et, en effet, tandis que l'offensive russe était molle ou plutôt nulle en face du corps d'observation et de Balaclava, la fusillade et la canonnade se succédaient rapides et formidables du côté d'Inkermann.

C'était le moment terrible de la journée, celui où les troupes de la deuxième division anglaise et de la brigade des Gardes, que nous avons laissées en position à la batterie des Sacs-à-terre, après la retraite de deux régiments de Pawlof, soutenaient le choc du reste de ce corps, pliaient devant lui, malgré l'arrivée de la division Cathcart, et se voyaient, sans troupes de soutien, rejetées sur les camps, tandis que les quatre derniers régiments de Soïmonof formaient à l'armée russe une réserve intacte.

En effet, le reste de la division de Pawlof étant arrivé sur la hauteur, au moment où sa tête de colonne était rejetée sur les ponts d'Inkermann, le général Dannenberg avait lancé immédiatement ces nouvelles troupes en avant, pour couvrir la retraite de Borodino et de Taroutino. Devant cette troisième offensive, les Anglais avaient dû reculer lentement, tandis que les 3e et 4e bataillons d'Okhotsk, marchant contre la batterie des Sacs-à-terre, séparaient les coldstream du reste de l'armée. Il était environ huit heures.

Après avoir résisté vigoureusement et rejeté d'abord Okhotsk, les coldstream, ayant épuisé leurs munitions, et voyant les Russes revenir plus nombreux, profitèrent d'un mouvement en avant des fusiliers et des grenadiers pour gagner à la baïonnette les lignes anglaises ; ce ne fut pas toutefois sans de cruelles pertes, de part et d'autre, dans ce long combat corps à corps. Le régiment russe d'Okhotsk, dont le colonel venait d'être tué, s'établit aussitôt en avant de la batterie des Sacs-à-terre, tandis que celui d'Yakoutsk dépassait la coupure de la route de poste, et que Séléghinsk s'avançait en réserve sur le contre-fort de droite du ravin des Carrières. Enfin, l'artillerie de Pawlof se posta sur les hauteurs, en face des Anglais, et, en même temps, plusieurs batteries légères ennemies se placèrent plus près de nous sur la pente.

Le général Cathcart arrivant alors en ligne, la brigade Bentinck retourna résolument sur le régiment d'Okhotsk et reprit la batterie ; mais Yakoutsk se portant de ce côté, enleva de nouveau l'Abattoir, et Séléghinsk s'avança pour couvrir la retraite d'Okhotsk, qui descendait en réserve dans le ravin des Carrières ; à cet effet, deux des bataillons de Séléghinsk revinrent de front sur la batterie, tandis que les deux autres la tournèrent par le nord et l'est, et la brigade des Gardes, ne pouvant tenir contre ce nouvel effort des Russes, rétrograda pour la seconde fois.

Cependant le général Cathcart, dont la division était réunie, avait laissé la brigade Goldie en réserve à gauche de la vieille route de poste, et s'était porté en toute hâte, avec son autre brigade, vers le retranchement anglais. Voulant prendre de flanc les colonnes russes qui assaillaient les Gardes dans la batterie, il suivait, avec la brigade Torrens, le versant oriental du mont Sapone, lorsqu'il se trouva tout à coup face à face avec les deux bataillons de Séléghinsk, qui faisaient la même manœuvre pour envelopper les Gardes ; obligé de battre en retraite devant eux, il veut remonter vers la batterie qu'il croit toujours au pouvoir des Anglais ; il est accueilli, de ce côté, par la fusillade des Russes, qui ont délogé les Gardes et occupé l'ouvrage. Le général Cathcart croit à une méprise, et, pour la faire cesser, il fait ôter les capotes de ses soldats; mais, à la vue des habits rouges, le feu redouble ; Cathcart est tué, les 63ᵉ et 68ᵉ, après avoir tournoyé sur eux-mêmes, reculent, poursuivis par les Russes, et sont obligés de se frayer un chemin à la baïonnette, après une perte de 500 hommes.

En même temps que l'ennemi s'avançait sur la batterie des Sacs-à-terre et obligeait les coldstream et Torrens à la retraite, il portait en avant deux colonnes d'infanterie, l'une par la route des ponts, l'autre par le ravin des Carrières ; elles se dirigèrent avec résolution vers la crête, sous la protection de l'artillerie de la butte des Cosaques, mais elles furent reçues par un feu bien dirigé de la deuxième division anglaise, de la cinquième division, et de la brigade Goldie. Toutefois, cette dernière, placée obliquement entre la deuxième division et les Gardes, qui venaient de se retirer en arrière du retranchement anglais, souffrit beaucoup du feu ennemi ; le général Goldie fut mortellement blessé, les généraux Adams et sir G. Brown furent également atteints, et la brigade Goldie avait fléchi un peu, laissant à découvert le flanc gauche des Gardes, lorsque quelques pièces, amenées sur ce point, arrivèrent à temps pour ralentir la marche des bataillons russes, qui se retirèrent sans hâte sur le penchant de la colline et laissèrent jouer leur artillerie. Lord Raglan, pour éviter le feu meurtrier des batteries adverses, renouvela l'ordre de faire coucher ses hommes, partout où faire se pouvait.

Quelques instants plus tard, le général Strangways était tué à côté de lord Raglan, et le général Canrobert, qui s'était rendu à Inkermann, après avoir laissé ses ordres au siège, et apprécié à sa juste valeur l'attaque de Gortchakof, était blessé lui-même au bras, d'un éclat d'obus ; comme à l'Alma, il fit bander sa blessure sur place, et vint immédiatement rejoindre lord Raglan, pour diriger les troupes françaises qui accouraient.

BATAILLE D'INKERMANN.

2ᵉ PARTIE (arrivée des français).

Lord Raglan avait enfin demandé du secours, et il avait envoyé, coup sur coup, plusieurs aides de camp au général Bosquet. En effet, toutes les réserves anglaises étaient engagées, les munitions épuisées, les troupes décimées par un feu meurtrier, sous lequel elles étaient obligées de rester en place, et les tirailleurs ennemis approchaient de la crête, sur laquelle les Gardes n'avaient pu se maintenir. La bataille était gagnée pour les Russes, si, à ce moment, ils avaient profité de leurs avantages, s'ils avaient lancé de nouveau les régiments de Pawlof sur le retranchement anglais, et s'ils avaient fait descendre des hauteurs tout ou partie des quatre régiments de la réserve Soïmonof contre la gauche anglaise.

Il était près de neuf heures. Le général Gortchakof venait de suspendre son feu, et laissait ainsi toute sa liberté d'action au général Bosquet. Alors accourut au Télégraphe, de toute la vitesse de son cheval, le colonel Steel, venant annoncer que les Anglais étaient écrasés, et qu'il n'y avait pas une minute à perdre, si l'on voulait regagner la partie. « Je le savais bien ! » s'écria le général Bosquet, et, se retournant vers le colonel Steel : « Allez dire à nos alliés, ajouta-t-il, avec sa mâle énergie, que les Français arrivent au pas de course. » Et, délivré enfin des entraves qui l'empêchaient d'agir, il envoya au général Bourbaki l'ordre de se jeter avec ses bataillons sur Inkermann. Déjà ce brillant général, aussi pressé que son chef d'obéir à la voix du canon, avait devancé ses ordres, et, en apprenant la détresse des Anglais, s'était porté en avant avec les deux bataillons du 6ᵉ de ligne et du 7ᵉ léger, qu'il avait sous la main. C'était un faible renfort, si l'on considère que ces deux bataillons ne comptaient que 1,600 hommes environ ; mais c'était la troupe fraîche qui décide d'une bataille, c'était *la furie française*, impatiente de se manifester et de rivaliser de bravoure avec nos alliés ; c'étaient la confiance rendue à ceux-ci, le découragement produit chez leurs adversaires. Les Russes pouvaient croire, en effet, que des forces plus nombreuses s'engageaient ; de là, quelques instants d'hésitation, qui devaient permettre au général Bosquet d'amener du Télégraphe le reste des renforts disponibles. Quels hourras des Anglais à la vue de nos soldats, et quelle démoralisation dans l'armée ennemie ! les relations russes en font foi, et l'on ne saurait s'expliquer autrement le succès incroyable de cette attaque avec deux faibles bataillons.

Le général Bourbaki fit avancer le 6ᵉ de ligne par la droite, le 7ᵉ léger par la gauche du retranchement anglais, et chargea avec impétuosité les bataillons ennemis, qui se formaient en avant de la batterie des Sacs-à-terre. Surpris par cette intervention soudaine, au moment où ils croyaient n'avoir plus qu'un pas à faire pour culbuter définitivement les Anglais, les Russes rebroussèrent chemin à leur tour. Le 6ᵉ de ligne rejeta Séléghinsk au delà de la batterie, vers la Tchernaya, et se rabattit à gauche vers le ravin des Carrières ; le 7ᵉ léger suivit la vieille route de poste, en poussant devant lui Yakoutsk. Mais, revenus de leur étonnement, les régiments d'Yakoutsk et d'Okhotsk, voyant qu'ils n'avaient devant eux que deux bataillons, firent reculer le général Bourbaki, qui rallia son monde à la tête du ravin des Carrières. Pendant ce mouvement, le colonel de Camas, du 6ᵉ de ligne, ayant été frappé d'une balle en pleine poitrine, le lieutenant-colonel Goze accourut pour le remplacer. Le porte-drapeau du régiment venait d'être tué, et l'aigle allait tomber au pouvoir de l'ennemi, lorsque le lieutenant-colonel la saisit, et, l'agitant au-dessus de sa tête, s'écrie avec énergie : « Enfants, au drapeau ! » Atteint d'une balle au bras droit, cet officier supérieur remet le drapeau au lieutenant Bigotte, mais il demeure sur le champ de bataille, afin de partager encore les dangers et les efforts de ses soldats. Cependant, l'artillerie russe continuait à faire de grands ravages ; et, pour la contrebattre, lord Raglan avait fait prendre au siège deux pièces de position de dix-huit ; elles étaient déjà même en batterie dans le retranchement anglais à l'arrivée du général Bosquet, et elles y rendaient un grand service.

De notre côté, malgré les difficultés de ce terrain encombré de broussailles, dont nous avons déjà parlé, les deux batteries à cheval de la réserve étaient parvenues sur la crête, au moment où les deux bataillons du général Bourbaki venaient de se porter en avant ; le commandant de la Boussinière les avait placées immédiatement, la batterie Toussaint à gauche, et la batterie Thoumas à droite du retranchement anglais. Sous une pluie violente de boulets, d'obus et de mitraille, elles ouvrirent un feu des mieux dirigés, qui commençait à ralentir celui des Russes, lorsque les colonnes ennemies revinrent à la charge contre le général Bourbaki. Pour retarder leur marche en avant, la batterie Toussaint vint aussitôt se placer à la droite de la batterie Thoumas, et, par la précision de son tir, arrêta un bataillon de Séléghinsk revenu vers l'ouvrage des Sacs-à-terre. Pendant ce temps, Okhotsk et Yakoutsk prononçaient leur retour offensif, et leurs tirailleurs reparaissaient sur les hauteurs.

Vers neuf heures et demie, le général Bosquet arriva près de la droite anglaise, suivi au pas de course par les quatre compagnies du 3ᵉ chasseurs à pied, et, à plus grande distance, par le 2ᵉ bataillon du 3ᵉ zouaves et le 2ᵉ bataillon des tirailleurs algériens. Un peu plus tard, le corps de Tchorgoun ayant commencé à s'éloigner après avoir cessé son feu, le général d'Autemarre réunit au Télégraphe ce qui restait de disponible de la deuxième division (1ᵉʳ bataillon du 3ᵉ zouaves, deux bataillons du 50ᵉ de ligne), et se dirigea également vers Inkermann, précédé de la 4ᵉ batterie du 13ᵉ, l'autre batterie de la deuxième division, restant à la queue d'hironde. Le 1ᵉʳ chasseurs d'Afrique conserva sa position au Télégraphe, le 4ᵉ vint au Moulin ; enfin, lord Raglan fit avancer en réserve les 350 chevaux, reste de la brigade légère anglaise ; et la brigade Espinasse s'étendit du col à la route Voronzof, pour remplacer les troupes dirigées sur Inkermann.

« A son arrivée sur le champ de bataille, dit le journal d'opérations de la deuxième division, le général Bosquet vit tout le terrain en avant de la droite des Anglais évacué par nos alliés; il n'y avait plus d'occupée que la crête qui précède de vingt pas le premier rang des tentes. » Les batteries de la réserve, placées autour du retranchement anglais, résistaient avec énergie; le 6ᵉ de ligne et le 7ᵉ léger, arrêtés dans leur élan par des forces supérieures, étaient à la droite de nos alliés, tandis qu'un certain nombre de soldats anglais se retiraient un à un du champ de bataille, pour regagner leurs camps, qui, depuis l'attaque des Russes, offraient le spectacle du plus grand désordre. Dans ce moment critique, le général Bosquet envoya officiers sur officiers à ces quatre compagnies de chasseurs à pied, qui, accourues le matin au Moulin, étaient retournées au Télégraphe après le refus des Anglais, et revenaient, de toute leur vitesse, à la demande de nos alliés. Il dépêcha en outre un de ses aides de camp à lord Raglan, qui était à cheval avec son état-major près de la vieille route de poste, pour le supplier de ne pas laisser abandonner la crête par ses troupes, si épuisées qu'elles fussent, avant que les siennes eussent pu entrer en ligne et les remplacer. « Vous avez raison », répondit lord Raglan avec son calme ordinaire; puis, après avoir échangé quelques mots en anglais avec les personnes qui l'entouraient: « Mais nos hommes n'ont rien mangé depuis ce matin, reprit-il en français, et ils n'ont plus de cartouches. » Les nôtres n'avaient pas mangé davantage; ils avaient pris les armes au premier bruit du canon, s'étaient mis immédiatement en route, et ne devaient prendre quelque nourriture que le soir, après la retraite des Russes. Il est vrai, toutefois, que les troupes anglaises étaient épuisées; la vaillante deuxième division surtout, engagée la première, avait supporté tous les assauts de l'armée russe et elle était décimée ; quant aux brigades Codrington et Campbell, qui étaient intactes, elles occupaient la rive gauche du ravin du Carénage.

A peine les quatre compagnies de chasseurs à pied avaient-elles gravi la crête que, sans les laisser respirer, le général Bosquet les dirigea sur la batterie des Sacs-à-terre, et donna au général Bourbaki l'ordre de charger une deuxième fois. Les tirailleurs russes battirent en retraite devant ce mouvement ; mais la marche de leurs régiments vers le sommet du ravin des Carrières n'était pas suspendue, lorsque, vers dix heures, le 2ᵉ bataillon du 3ᵉ zouaves et le 2ᵉ bataillon des tirailleurs algériens s'élancèrent à la droite du retranchement anglais, au pas de course et aux sons éclatants de leurs clairons. Rien ne peut rendre l'effet produit par l'entrée en ligne de ces vétérans de l'armée d'Afrique, au teint bronzé, au costume étrange, courant la baïonnette en avant ; les tirailleurs algériens bondissaient « au milieu des broussailles comme des panthères » ; quant aux zouaves, précédés d'un de leurs plus intrépides officiers, le commandant Dubos, ils luttèrent de vitesse avec les Algériens « en manœuvrant avec cette intelligence, cette bravoure à toute épreuve, qui ne s'émeut même pas, quand l'ennemi vous entoure un instant[1] ». Tandis qu'en les voyant apparaître les Anglais reprenaient confiance dans l'issue de la journée, les Russes semblaient déjà ne plus combattre que pour assurer leur retraite. Profitant de leur hési-

---

1. Rapport du général Bosquet.

tation, quatre compagnies de tirailleurs, quatre de zouaves et le demi-bataillon de chasseurs à pied poussèrent jusqu'à la crête qui domine la vieille route de poste, et s'étendirent à droite sur l'extrémité de cette crête, pendant que le 6ᵉ de ligne et le 7ᵉ léger chargeaient de nouveau impétueusement sur la route de poste. La réserve était formée, près des Sacs-à-terre, par le reste des bataillons de zouaves et de tirailleurs, et les quelques troupes anglaises restées sur le terrain garnissaient la crête, entre la route et les escarpements du Carénage.

« En exécutant ces deux mouvements offensifs, dit le journal de la deuxième division, le général Bosquet avait compté que les Anglais, qui avaient eu le temps de reprendre haleine, l'appuieraient sur sa gauche ; il n'en fut pas ainsi ; aussi, un instant, les bataillons engagés furent-ils comme entourés par l'infanterie russe. » Le régiment d'Yakoutsk, en effet, continuant à monter le ravin des Carrières, avait tourné le flanc des troupes, qui avaient appuyé à droite sur le contrefort ; il allait parvenir sur la crête de la berge droite de ce ravin, dans l'espace que le général Bosquet avait pensé devoir être rempli par les Anglais, et qui était dégarni de forces. Ce régiment d'Yakoutsk devait déboucher ainsi vers le point où se trouvait le général Bosquet, accompagné d'un de ses aides de camp, du colonel Forgeot, du capitaine d'artillerie Minot, et de quelques chasseurs d'Afrique d'escorte. En même temps, les tirailleurs de Séléghinsk, qui avaient été rejetés vers la Tchernaya, reparaissaient en arrière du commandant Dubos, que le régiment d'Okhotsk attaquait de front ; de sorte que les troupes placées sur l'épéron étaient en effet entourées de toutes parts, comme le dit le journal d'opérations.

Le général Bosquet, se voyant débordé sur sa gauche par Yakoutsk, fit avancer la batterie Toussaint en avant du retranchement anglais, pour s'opposer à la marche de ce régiment. Le commandant de la Boussinière la conduisait ; mais les deux pièces de la section du lieutenant d'Esclaibes étaient à peine en batterie, que le colonel Forgeot, chargé de les mettre en position, s'écria : « Mon général, voici les Russes ! » Les tirailleurs d'Yakoutsk, en effet, cachés par la pente du terrain, apparurent tout à coup à quinze pas ; ordre fut donné de remettre les avant-trains ; malgré la situation critique du moment, il fut exécuté avec autant de sang-froid que de résolution, et les pièces allaient être sauvées, lorsqu'un boulet emporta le conducteur de la dernière, qui resta au pouvoir de l'ennemi ; les Russes l'emmenèrent avec eux au fond du ravin, où elle fut reprise après la bataille. Le général Bosquet était là, à cheval, à une cinquantaine de mètres, entouré d'un petit groupe de cavaliers, son porte-fanion à ses côtés, et loin de ses troupes : comment cette colonne russe, qui nous touchait presque, n'eut-elle pas l'idée de faire feu sur ce chef ainsi placé en évidence ? On ne peut le comprendre, si ce n'est en songeant qu'elle était trop occupée par la prise du canon, ce trophée de guerre si estimé dans les batailles. Le général se retirant lentement, au pas de son cheval, disait en riant : « Mais voyez donc, ne dirait-on pas qu'ils nous présentent les armes ? » Il gagna ainsi la seconde crête, qui, du retranchement anglais, allait à la batterie des Sacs-à-terre, et, une fois en sûreté près de sa petite réserve de zouaves et de tirailleurs, il s'occupa à rectifier les lignes. Pendant ce temps, ceux des nôtres qui s'étaient avancés sur le contre-fort avaient dû battre en retraite ; et, dans ce mouvement, le commandant Dubos, ayant rencontré les têtes de colonne de Séléghinsk, qui cherchaient à l'envelopper, les avait arrêtées net.

C'est alors que le général Bosquet m'envoya au général Morris, commandant la cavalerie française, pour lui dire que, les Russes venant en force vers la batterie des Sacs-à-terre, il serait peut-être possible aux chasseurs d'Afrique de trouver l'occasion de les charger, ou au moins de les contenir en attendant l'arrivée du général d'Autemarre. Le 4ᵉ régiment de chasseurs fut aussitôt mis en mouvement, et vint se placer à droite du retranchement anglais, où il perdit quelques hommes et quelques chevaux par les boulets de l'ennemi.

La marche des Russes, un instant suspendue par la résistance du commandant Dubos, avait recommencé : Okhotsk et Yakoutsk s'avançaient de front, Séléghinsk de flanc, sur la batterie des Sacs-à-terre. Mais comme, de notre côté, le général d'Autemarre s'approchait du champ de bataille, le général Bosquet, décidé à repousser l'ennemi par un suprême effort, ramena, en ce moment, toutes ses troupes à la charge, en les faisant appuyer par l'artillerie. La batterie Fiévet (4ᵉ du 13ᵉ), après avoir contribué, dans la batterie basse, à contenir les troupes du prince Gortchakof, venait d'arriver sur le théâtre de l'action ; le commandant Barral la plaça résolument à cheval sur la route d'Inkermann, et ouvrit aussitôt sur l'artillerie russe un feu de deux heures, qui protégea d'une manière efficace notre offensive ; la batterie Thoumas, après avoir réparé ses pertes et pris des munitions, se mit à gauche du retranchement anglais, et joignit ses efforts à ceux de la batterie Toussaint, pour seconder le mouvement définitif ordonné par le général Bosquet. Les officiers chargés de conduire les pièces déployèrent, dans ce *rude duel*, autant d'audace que de sang-froid. Toutefois, les pertes en chevaux furent considérables, et les seules batteries de la réserve laissèrent sur le terrain plus de la moitié de leur effectif.

Sous leur protection, le général Bourbaki jeta pour la quatrième fois en avant ces intrépides bataillons dont le général Bosquet disait : « Le 7ᵉ léger, commandé par le commandant Vaissier, a été d'une bravoure chaude et brillante qui mérite une mention particulière, comme l'adresse et l'entrain des chasseurs à pied du 3ᵉ. Le bataillon du 6ᵉ de ligne a chargé brillamment et a bien vengé la mort de son brave colonel de Camas, tombé dans les rangs ennemis. » Les Russes furent refoulés dans le ravin des Carrières ; les zouaves et les tirailleurs algériens, s'étendant à droite, rejetèrent de même à la baïonnette les bataillons de Séléghinsk dans le ravin de la batterie des Sacs-à-terre, et les forcèrent à repasser l'aqueduc. Un grand nombre de soldats russes, acculés à l'extrémité du contrefort qui se termine à pic sur la Tchernaya, furent précipités du haut de cette muraille naturelle et tombèrent, mortellement blessés, ou tués, près de l'aqueduc et de la rivière. Après la paix, nous parcourions tous ces points ignorés ou mal connus de nous, et, en descendant au pied de ces hauteurs, nous vîmes, le cœur serré, des ossements entassés dans les anfractuosités des rochers ; là s'étaient traînés, sans doute, tous ceux qui n'avaient pas été secourus et qui n'avaient pas eu la force de regagner l'autre rive. Les Russes, le jour de la bataille, avaient quatre jours de vivres ; il n'était pas difficile de se représenter les scènes terribles qui avaient dû se passer dans ces réunions de blessés, où les plus valides, comme dans les naufrages, avaient dû prolonger leur existence avec les vivres des morts, et peut-être par la violence, aux dépens de ceux qui, respirant encore, ne pouvaient plus se défendre.

Dès onze heures, la bataille était évidemment gagnée, car l'ennemi, sans paraître se retirer encore, avait cessé tout mouvement offensif. Le général d'Autemarre, survenu sur le théâtre de l'action pendant la dernière mêlée, avait fait porter en avant le 1er bataillon du 3e zouaves, pour aller relever le 2e bataillon du même régiment, au milieu d'une fusillade très vive. Puis, il plaça en soutien, en arrière de la batterie des Sacs-à-terre, le 50e de ligne, « qui nous appuya vigoureusement, dit le général Bosquet, sans avoir eu, toutefois, à charger l'ennemi » ; le 4e chasseurs d'Afrique put dès lors regagner le Moulin, près duquel arriva bientôt la brigade de Monet. Quant aux troupes qui avaient repoussé l'ennemi, elles s'étaient reformées vers le contrefort qui domine le ravin des Carrières ; les tirailleurs algériens étaient à l'extrême droite ; les chasseurs à pied et le 6e de ligne, à leur gauche, se prolongeaient jusque vers la crête occupée par les alliés. Le général d'Autemarre était en seconde ligne ; le 7e léger près de l'Abattoir ; le 3e zouaves et le 50ᵉ de ligne entre cette batterie et le retranchement anglais.

Vers midi, la 6ᵉ batterie du 7ᵉ (Lainsecq), de la division du prince Napoléon, vint renforcer l'artillerie de campagne anglo-française, qui échangeait une canonnade très rude avec l'artillerie russe ; les batteries Toussaint et Fiévet furent obligées de se retirer, faute de munitions, mais la batterie Thoumas resta en position et continua le feu, tandis que le général de Monet, avec une brigade formée des 2ᵉ bataillon du 20ᵉ de ligne, 1ᵉʳ bataillon du 22ᵉ léger et 2ᵉ bataillon du 2ᵉ zouaves, s'établissait en arrière du retranchement anglais et de la crête. Cette brigade perdit une trentaine d'hommes par le feu de l'ennemi, « bien que, dit le général Bosquet, elle n'ait pas eu l'occasion de donner ».

La canonnade continua avec acharnement, et causa des pertes sensibles, de part et d'autre ; le général Bosquet, placé près de l'Abattoir, eut son cheval traversé par un boulet. Il venait à peine de serrer la main au lieutenant-colonel d'artillerie Roujoux, atteint gravement à la jambe, que l'on crut un moment perdu et qui le croyait lui-même : « Au moins je serai mort sur un champ de bataille ! » disait ce colonel à l'officier qui le relevait dans ses bras. Le régiment de Vladimir, appuyé par celui de Sousdal, se porta encore une fois en avant de la butte des Cosaques, pour favoriser la retraite des troupes russes, qui ne pouvait s'opérer que lentement ; leurs pièces se retirèrent ensuite quatre par quatre, et, vers deux heures et demie, les deux dernières batteries, après nous avoir envoyé une dernière volée, attelèrent à leurs canons et disparurent au galop ; puis, les derniers pelotons de Vladimir et de Sousdal, chargés de les soutenir, descendirent rapidement dans les ravins qui vont à la rade. En même temps, les vapeurs russes *Vladimir* et *Chersonèse* ouvrirent leur feu et nous criblèrent de boulets et de bombes.

Vers trois heures, la batterie Lainsecq, appuyée des 1ᵉʳ et 2ᵉ bataillons du 3ᵉ zouaves, se dirigea vers la position occupée quelques instants auparavant par le centre russe, et chercha à atteindre les fuyards sur le pont d'Inkermann. Son feu causa du trouble et quelques pertes dans cette foule qui se pressait et se heurtait sur le pont; mais les vapeurs russes, qui prenaient d'écharpe notre batterie, empêchèrent nos troupes de se porter plus en avant : aussi, à cinq heures environ, elles rentrèrent à leurs bivouacs, et la brigade de Monet reçut l'ordre de passer la nuit près des camps anglais, pour soutenir nos alliés, en cas de besoin.

Pour ne pas interrompre le récit de la bataille du côté d'Inkermann, je n'ai pas parlé de la sortie vigoureuse opérée par le général Timoféïef contre les tranchées françaises; il convient de l'indiquer ici. Vers neuf heures et demie, ce général, sorti de la place à la faveur du brouillard, avait tourné nos positions avec une partie de ses troupes, en passant par le ravin des Carrières[1], derrière le Cimetière, et il avait envahi les batteries nᵒˢ 1 et 2, dont huit canons avaient été encloués. Les troupes de garde de ce côté, contraintes de se replier sur les batteries voisines, avaient repris l'offensive à l'arrivée des

1. Il y avait deux ravins de ce nom, l'un à Inkermann, l'autre au siège.

renforts dirigés sur le lieu du combat, et avaient rejeté les Russes hors des tranchées, donnant ainsi le temps au général Forey, qui avait fait prendre les armes à toutes les troupes du corps de siège, de porter en avant le général de Lourmel avec sa brigade. Ce général, après avoir contraint les Russes à la retraite, les avait suivis, et, protégé par le général de La Motte Rouge, il avait déjà pénétré dans le village des Invalides ; il en débouchait pour gravir les pentes qui le dominent, et ses tirailleurs étaient parvenus à trois cents mètres du bastion de la Quarantaine, lorsque deux bataillons sortirent de la ville avec six canons, et permirent à la colonne du général Timoféïef de se reformer sous leur protection. A cette vue, le général Forey, jugeant d'ailleurs que la poursuite dépassait les limites qu'il voulait lui assigner, envoya l'ordre aux généraux de Lourmel et de La Motte Rouge de se replier, et prescrivit au général d'Aurelle de couvrir leur retraite, en occupant les bâtiments du Lazaret. Lui-même s'avança au soutien des troupes engagées, avec le 5e chasseurs à pied. A ce moment, le brave général de Lourmel fut tué, et la retraite de sa brigade s'opéra sous les ordres du colonel Niol, du 26e de ligne ; le 1er bataillon du 74e de ligne, posté au Lazaret, la protégea de son feu, avec l'aide de deux compagnies du 5e chasseurs à pied ; celles-ci se retirèrent dans les tranchées, en ripostant au feu de l'ennemi, et bientôt toutes les troupes françaises, la brigade d'Aurelle la dernière, rejoignirent leurs postes ou bivouacs.

Telle fut cette sanglante journée, qui fut moins une bataille rangée que l'assaut par les Russes de la ligne de bataille d'un kilomètre, occupée par les alliés, depuis le ravin du Carénage jusqu'à la batterie des Sacs-à-terre ; ce fut, non pas une suite d'attaques tactiques bien déterminées et combinées, mais une mêlée de plus de sept heures, dans laquelle, tour à tour vainqueurs et vaincus, les Russes firent éprouver, et surtout éprouvèrent des pertes considérables, eu égard aux effectifs. Le *Mémoire de Berlin* les porte à 9,000 hommes ; ce chiffre est un peu au-dessous de la vérité, mais n'en est pas éloigné. Les alliés enterrèrent sur le champ de bataille 4,500 cadavres russes, recueillirent 900 blessés, firent 250 prisonniers ; mais combien encore de malheureux, nous l'avons vu, furent laissés au pied des rochers, sur la rive gauche de la Tchernaya ! Il n'y eut pas d'armistice après la bataille, et, les tirailleurs ennemis faisant feu de l'autre rive sur les corvées chargées des inhumations, on ne put aller chercher les morts et les blessés à l'extrémité de nos positions. Le champ de bataille en était jonché ; et l'on pouvait voir les corps de ces vaillants soldats de trois nations entassés les uns sur les autres, surtout autour de l'Abattoir, ce théâtre d'un terrible carnage. Obligés d'y demeurer jusqu'au soir, et d'y prendre même au milieu de ces morts et de ces mourants, notre premier repas de la journée, nous regardions avec tristesse, du haut du parapet de la batterie sur lequel nous étions assis, ces mâles figures saisies par la mort au moment de l'action ; les uns déchirant encore la cartouche, d'autres se suspendant aux embrasures, presque tous sans colère sur le visage, et les traits reposés comme dans le sommeil. Ceux-là étaient morts, du moins ; mais les blessés, quelles souffrances ils endurent après une bataille ! Le général Bosquet écrivait le surlendemain : « S. A. R. le duc de Cambridge et le commandant de Susleau m'ont informé qu'il reste encore sur le champ de bataille plus de 500 blessés russes, et il y en a à peu près 400 ramassés près de la droite anglaise. » On en relevait même après huit jours, et quels jours pour ces malheureux ! Les moyens dont nous pouvions disposer, étant insuffisants pour emporter, au milieu des broussailles et loin des ambulances, cette trop grande quantité de victimes, on recherchait de préférence les blessés ; mais il fallait aussi se hâter d'enterrer les morts, et l'ennemi, nous l'avons dit, ralentissait encore par son feu ce pieux travail, dès que l'on s'approchait de la Tchernaya. Puis, quand les blessés étaient aux ambulances, que de difficultés encore ! Malgré tout le zèle dont il fait toujours preuve, le corps médical ne peut jamais suffire à la lourde tâche qui lui revient au lendemain de ces terribles journées, et, après Inkermann, les pauvres blessés furent entassés sous des tentes, pour y languir quelquefois huit ou dix jours, avant que l'on pût s'occuper d'eux. S'ils ne mouraient pas pendant ces longues heures de souffrance, on les conduisait enfin au milieu du campement de l'ambulance de la deuxième division française, dans cette tente où se pratiquaient les opérations, et dont le seul souvenir fait frissonner. Ici, il n'y a plus l'entraînement du champ de bataille : il n'y a plus que des souffrances cruelles et les cris de pauvres gens, venus de bien loin pour se faire tuer obscurément autour d'un drapeau ! Et cependant, parfois, au milieu de ces scènes de tristesse, on retrouvait chez ces braves soldats la bonne humeur, la gaieté qui sauvent de la nostalgie nos armées françaises. « Ah çà, major, il faut donc faire queue ici, comme à la Porte-Saint-Martin ? » disait au docteur un zouave, attendant tranquillement, la pipe à la bouche, que vint son tour ; or, il s'agissait de lui couper la jambe. On rit et on pleure à la fois, en entendant ces simples et héroïques paroles d'un enfant de Paris.

Les pertes des alliés se répartissaient de la manière suivante : Anglais, 2,816 ; Français, 1,800 ; total : 4,616. Il convient d'ajouter que ce n'est pas seulement à Inkermann, mais en y comprenant le combat du siège, que les 1,800 Français furent mis hors de combat. Quant à la différence si considérable dans les pertes des deux côtés, on ne peut l'attribuer qu'à l'agglomération des troupes russes sous le feu convergent des alliés, et à l'excellence de l'armement de ceux-ci, qui pouvaient atteindre l'ennemi à une distance telle qu'avec son armement inférieur il ne pouvait riposter.

Les Russes échouèrent dans leur attaque, parce que, obligés de combattre sur un front très étroit, ils purent être contenus, puis repoussés par des troupes d'un effectif moitié moindre que le leur au début de l'action. Il faut ranger, en outre, parmi les causes de leur insuccès, dans une entreprise bien conçue d'ailleurs, et qui avait en elle-même de grandes chances pour réussir : la vaillance incontestée des soldats anglais, l'armement supérieur des alliés, le ralentissement dans l'attaque après la prise de la batterie des Sacs-à-terre sur les coldstream, l'arrivée des troupes françaises au moment décisif, la *mollesse de la fausse attaque de Tchorgoun*, la *faible résistance des têtes de colonne de Pawlof*, enfin l'*erreur de Soïmonof*.

L'attaque de Tchorgoun fut en effet très mollement conduite, aussi ne trompa-t-elle personne, pas même le simple soldat. C'est ce qu'avoue le *Mémoire de Berlin ;* le but des fausses attaques est bien, ainsi qu'il le dit, de maintenir les troupes ennemies où elles se trouvent, et de les empêcher de porter secours aux points sur lesquels est dirigé l'effort principal ; mais elles ne peuvent atteindre ce résultat qu'en abordant sérieusement l'adversaire, comme le fit Timoféïef au siège, et comme aurait dû le faire le corps de Tchorgoun. Leur mode d'action ne diffère de l'attaque principale qu'en ce que le chef conserve sous la main quelques troupes pour dégager les combattants ; ceux-ci ne doivent jamais aller à fond, mais cependant s'engager toujours assez pour inspirer des appréhensions, ou au moins des doutes à l'ennemi. C'est ainsi que procéda Timoféïef, et qu'il put tenir en suspens, jusqu'à midi, toutes les forces que nous avions de son côté. « Pendant ce temps, continue le *Mémoire,* le général qui commandait les troupes du camp de Tchorgoun parut croire que c'était faire une démonstration que de se donner beaucoup de mouvement, de beaucoup tirer, de faire parader ses troupes sans mordre nulle part sérieusement. » Cette appréciation rappelle les faits avec la plus rigoureuse exactitude.

Le *Mémoire* accuse encore « les deux régiments de chasseurs de la dix-septième division de s'être comportés faiblement, à côté des trois régiments de Soïmonof, et lorsque les régiments de la deuxième division anglaise, et surtout les Gardes les joignirent sérieusement, d'avoir promptement cédé la place, et de s'être retirés tout à fait du champ de bataille par la vallée d'Inkermann. » Il est certain que ces deux régiments ne furent pas à la hauteur des autres troupes russes, qui se battirent héroïquement dans cette journée.

Quant à l'erreur reprochée à Soïmonof, nous avons reproduit plus haut ce qu'en disent les relations russes. Ce général a-t-il mal compris les ordres de Dannenberg, en pensant, comme le fait supposer le *Mémoire de Berlin*, qu'il devait prendre à *gauche* du ravin du Carénage, à partir du Petit-Redan ; tandis que les ordres du général en chef lui prescrivaient de rester sur la *rive gauche* de ce ravin ? Les instructions, données au dernier moment, auraient dû dissiper ses doutes, s'il en avait, car elles semblent suffisamment précises; mais lui sont-elles parvenues ? J'ai entendu un officier supérieur russe, présent à cette bataille, affirmer que l'aide de camp, porteur de la dépêche, s'était égaré par suite du brouillard.

Quoi qu'il en soit, on peut se demander ce qui serait advenu si Soïmonof eût exécuté ce qui était projeté, c'est-à-dire s'il se fût tenu entre le ravin de Karabelnaya et celui du Carénage, séparé par ce dernier obstacle[1] de la division Pawlof ? Assurément, il n'y aurait pas eu sur le mont Sapone l'encombrement qui a causé en partie la défaite et les pertes considérables des Russes, en permettant à un petit nombre d'Anglais d'arrêter leurs deux têtes de colonne, engagées successivement et non en même temps ; mais, séparées par le ravin du Carénage, les deux divisions eussent été obligées de faire des attaques très distinctes, et, pour se réunir, d'atteindre ensem-

---

1. Ce ravin encaissé a environ 100 mètres de profondeur.

ble la tête du ravin près du Moulin, après avoir culbuté : Soïmonof, le camp de la division légère, et Pawlof, celui de la deuxième division anglaise. Les forces des deux colonnes étaient suffisantes pour obtenir ces résultats partiels ; mais ce plan avait toujours l'inconvénient capital des actions séparées, devant réussir à un moment précis et simultané, sur un terrain occupé par l'ennemi. Son succès dépendait d'ailleurs encore de la vigueur de la démonstration de Gortchakof, qui devait retenir les Français, et nous avons vu qu'elle n'était pas de nature à empêcher le général Bosquet de s'engager du côté d'Inkermann, s'il se fût vu menacé près de son camp par la marche de Soïmonof. Celui-ci, selon toute apparence, eût rencontré devant lui, non seulement la cinquième division légère, mais encore la quatrième division et la brigade Campbell, campées à proximité, tandis que la deuxième division anglaise, soutenue par les Français (dont il eût bien fallu accepter le concours, dès sept heures et demie, devant cette double attaque), aurait combattu Pawlof. L'échec d'une des deux colonnes russes entraînait la perte de la bataille, car, en leur ôtant tout espoir de se donner la main, il les contraignait à la retraite vers Malakof et vers les ponts d'Inkermann.

TEMPÊTE DU 14 NOVEMBRE.

(FIN DE L'ANNÉE 1854.)

Tout bien pesé, il semble donc que l'erreur de Soïmonof n'a pas été, comme l'avance le *Mémoire de Berlin*, la seule cause de l'insuccès des Russes ; la victoire pouvait leur demeurer malgré cette erreur, et quelle victoire pour eux, comme aussi quelle défaite pour les alliés ! L'hiver commençait à sévir, et l'armée anglaise, épuisée moins par ses pertes dans trois batailles rangées, que par l'imprévoyance d'une administration mal organisée, allait se fondre chaque jour davantage. Presque en un instant, tout lui fit défaut ; les vivres lui arrivaient difficilement malgré la richesse, la libéralité, on peut dire même la prodigalité de son gouvernement ; les hommes étaient obligés d'aller les chercher eux-mêmes à Balaclava, car les transports manquaient, et ces beaux chevaux anglais, que nous avions admirés à Varna, mouraient maintenant, faute de nourriture, ou d'abris qui leur sont si nécessaires en campagne. Il fallut que nos magasins fournissent à nos alliés leurs fourrages, après la tempête du 14 novembre, qui fit périr plusieurs de leurs bâtiments ; et, non seulement nos voitures furent mises à leur disposition[1],

---

1. « L'artillerie de la deuxième division, écrivait le général Bosquet le 22 décembre, malgré le mauvais temps, fait ce matin un convoi du col de Balaclava au parc anglais. Le colonel Forgeot a bien

mais il y eut même un moment, dans l'hiver, où nos hommes portèrent sur leur dos les boulets et les obus des Anglais, depuis Balaclava jusqu'à leurs tranchées [1] ; enfin, nos cacolets furent employés à conduire leurs blessés et leurs malades de leur camp aux ambulances. Il y a plus : lorsque, à la fin de janvier 1855, ils nous eurent abandonné la défense des lignes jusqu'au ravin de Karabelnaya, lord Raglan en vint encore à demander sérieusement

organisé ce service, sur lequel on peut compter, et qui ne s'arrêterait que devant un mauvais temps trop décidé. »

1. Le général Bosquet écrivait encore le 27 décembre, aux premiers jours de cette étrange corvée : « Le général Bouat a fait porter hier, à dos d'hommes, 98 bombes de dix pouces (de cent livres); l'essai pour les bombes de 190 livres n'a pas réussi ; quatre hommes ont eu toutes les peines du monde à venir à bout d'en transporter une. Le même travail continue et doit continuer demain comme essai, avec des relais établis au camp du général Vinoy. » La brigade de ce dernier général était employée au même travail, depuis Balaclava jusqu'à son propre camp, et fournissait à cet effet, au commencement de janvier (lettre du 3), « deux groupes de 800 travailleurs se relayant ». Enfin, le 8 janvier, le général Bosquet ajoutait : « Les transports des munitions anglaises se font très bien. La première division (Bouat) y emploie *tout* son monde *disponible*, après avoir défalqué les corvées nécessaires... La deuxième division, qui *ne peut employer à notre route ses disponibles*, a envoyé, à neuf heures, 3,600 hommes au col de Balaclava, pour porter, de là au parc anglais du Moulin, une grande partie des approvisionnements réunis à ce col. » Nous faisions donc ce transport de préférence même à nos propres travaux, et le général, rapportant que, dans cette journée du 8 janvier, « la première division avait apporté 264 projectiles de Balaclava au col; la deuxième division, 1,729 du col au parc du Moulin, et notre artillerie, 106 caisses de poudre de cent dix livres chacune », ajoutait : « Je dois faire savoir au général en chef que les Anglais ne semblent pas prendre un grand intérêt à ces secours de transport, car, ni au col de Balaclava pour le chargement, ni au parc du Moulin, pour recevoir et empiler, il n'y avait absolument aucun Anglais présent. »

au général Canrobert s'il ne pourrait charger les troupes françaises de garder et de défendre, deux jours sur trois, les ouvrages du siège anglais, pour que toute son armée pût prendre du repos. En face de nos alliés, si mal pourvus et si peu préparés à défendre même une ligne assez restreinte, imagine-t-on les Russes, recrutés sans cesse, établis sur la crête d'Inkermann, et actifs à s'y fortifier, en infatigables remueurs de terre qu'ils sont ! Les défenses de Kamiesh n'existant pas encore, nous n'avions pas de réduit pour soutenir une nouvelle bataille le jour où l'ennemi nous l'offrirait ; et il n'y a pas d'exagération à dire que, dans ce cas, nous eussions été obligés de lever le siège, de remonter sur nos vaisseaux, et que nous n'aurions pu, sans grand péril, opérer le rembarquement de notre immense matériel.

Heureusement, le gain de la bataille assurait notre repos pour l'hiver. Abandonnant enfin l'idée d'enlever la ville par un coup de main, on se résigna à une attaque régulière, longue par conséquent, et on se mit en mesure de passer la mauvaise saison le moins mal possible. Cette décision fut adoptée le 6 novembre, dans un conseil de guerre, qui fut tenu au quartier général anglais ; ainsi, pour la deuxième fois, l'assaut était ajourné. A ce conseil assistaient, outre les généraux en chef, les généraux Bosquet, Forey, Bizot, de Martimprey, Trochu ; du côté des Anglais, les généraux Burgoyne, England, Airey et Rose ; les vice-amiraux Bruat et Lyons y remplaçaient leurs chefs retenus au mouillage de leurs flottes. Ce conseil émit à l'unanimité l'avis que l'on attendrait l'arrivée des renforts en hommes et en matériel déjà annoncés, et qu'on suspendrait les cheminements, pour s'occuper de fortifier la droite des Anglais à Inkermann, et notre gauche au siège.

Ces résolutions furent motivées principalement sur les considérations suivantes : les batailles de Balaclava et d'Inkermann nous avaient prouvé que les Russes avaient reçu de nombreux renforts, et elles nous avaient causé, en outre, de grandes pertes, surtout à l'armée anglaise ; en second lieu, les résultats obtenus au siège n'étaient pas très satisfaisants ; l'artillerie avait presque épuisé ses munitions, sans causer grands dommages aux ouvrages, que l'ennemi réparait sans cesse, et armait avec ses inépuisables ressources. De plus, si les Français n'étaient qu'à 140 mètres du bastion du Mât, les Anglais étaient bien moins avancés ; l'on ne pouvait songer dès lors à lancer, à pareille distance, des colonnes d'assaut, qui seraient inévitablement décimées, avant d'atteindre les ouvrages de l'ennemi ; enfin, il fallait aussi penser à l'armée russe de secours, qui n'était pas détruite, et qui chercherait, selon toute apparence, à opérer une puissante diversion à l'extérieur.

Le général Bosquet fut chargé de pourvoir à la défense d'Inkermann, dont l'importance, après la bataille du 5 novembre, ne pouvait plus être contestée ; il se hâta d'y faire établir de solides ouvrages, qui devaient ôter tout espoir aux Russes de s'y présenter de nouveau, et fermer enfin la ville du côté de la terre[1]. Trois redoutes furent

---

1. Une partie des ouvrages devait être établie par nous ; la construction de l'autre partie revenait aux Anglais, en vertu d'un mémorandum, en date du 8 novembre, conçu en ces termes : « La

construites sur le champ de bataille même ; la plus considérable était celle qui fut indifféremment appelée des Français, d'Inkermann, ou du 5 novembre ; on la plaça à mi-distance du retranchement Anglais et de l'Abattoir. Armée de canons de marine, elle fut commandée successivement par MM. Bianchi et Ohier, capitaines de frégate, que nous avions connus sur le *Friedland*, et qui continuèrent avec nous les relations si cordiales entre nos armées de terre et de mer ; ils nous rendirent, d'ailleurs,

position qu'on a résolu de prendre sur les hauteurs d'Inkermann est d'une telle importance pour les alliés, comme pour l'ennemi, qu'on doit s'attendre à chaque instant à avoir à y livrer combat, pendant la durée du travail qu'on y entreprend ; et il serait d'un effet moral très regrettable qu'après l'avoir entrepris on n'y persistât pas. Il est donc de première urgence que les généraux en chef arrêtent en commun et réalisent, dès ce soir, sur ce point, un dispositif de défense très solide pour soutenir les travailleurs, et repousser vivement l'ennemi, quand il se présentera. On propose de décider que quatre bons bataillons, considérés comme gardes de tranchées, c'est-à-dire tout prêts pour le combat, soient détachés par les divisions anglaises qui sont à gauche. Leur réserve serait la division du général sir de Lacy Evans, lequel prendrait le commandement de l'ensemble ; de son côté, le général Bosquet enverrait deux bataillons sur l'emplacement où doit se construire la redoute française ; ils auraient pour réserve les bataillons du général de Monet, et, enfin, trois bataillons de la brigade Bourbaki seraient tenus en mesure d'appuyer en deuxième ligne, au premier signal. » Le mémorandum, approuvé par les chefs alliés, se terminait par ces mots : « Le concert et la promptitude sont ici indispensables. » Le général Bosquet, qui avait provoqué ces sages mesures, se hâta de les faire exécuter de son côté ; mais nos alliés y mirent moins d'empressement. Dès le 9, il écrivait en effet : « Je viens d'Inkermann ; tout est en mouvement, et ce travail (redoute des Français) marchera, chacun en comprenant bien l'importance ; nous finirons dans un minimum de temps. Mais j'ai eu la douleur de voir les deux redoutes (*des Anglais* et du *Phare*), dont nos alliés se sont chargés, à peine tracées, et pas un travailleur de grands services par la justesse de leurs observations journalières sur les mouvements des troupes russes campées au nord.

La butte des Cosaques fut occupée par la seconde redoute, dite du Tumulus, ou des Anglais; elle était précédée, à moins de 200 mètres d'une batterie, portant le même nom, qui fouillait en avant, avec ses neuf pièces, les pentes que la redoute ne pouvait voir. La troisième, dite du Phare[1] (parce qu'elle était opposée à la

---

sur le terrain. Le commandant Reille, qui est venu m'y trouver, vous dira combien cela est désolant; je pense qu'il convient d'attacher un officier anglais convaincu à ce travail » et la dépêche se terminait par ce post-scriptum : « Pendant que l'ennemi nous en laisse le temps, il faudrait en profiter; je crois qu'il convient de faire travailler les Anglais eux-mêmes; les Turcs, qu'ils emploient, vont au pas d'enterrement; j'en ai vu s'acheminer, qui me donnaient des envies de frapper, et d'ailleurs, ils y vont sans armes, ce qui ne me semble pas bien compris, et ce qui, peut-être, les rend peu désireux d'approcher. » Le 17 et les jours suivants, on ne trouva pas d'autres moyens d'achever ces travaux que de faire « fournir par le corps d'observation français un bataillon de travailleurs, matin et soir, pour terminer la redoute anglaise du *Phare* ». (*Journal de la deuxième division*.)

1. La redoute du Phare était très importante, car elle devait contrebattre son homonyme russe et les chaloupes canonnières, qui, le 21 encore, gênaient beaucoup par leur feu nos travailleurs à Inkermann. Le général Bosquet écrivait : « Je désirerais beaucoup que les Anglais prissent avec chaleur la part qu'ils se sont faite, et qui leur revient bien dans ces travaux, et qu'ils se missent à éteindre un peu le feu du Phare et des chaloupes. » Nous avons vu que, pour hâter ce travail, nous avions dû fournir des bras à nos alliés; nous fûmes obligés de leur donner même des gardes. Le général Bosquet transmet à ce sujet, le 24 novembre, les réclamations du colonel Cler, qui était resté de notre côté avec des bataillons de la 3ᵉ division, et qui « se plaint de la fatigue imposée à ses hommes par les gardes de nuit, que nécessitent les ouvrages avancés d'Inkermann

batterie du phare russe), fut construite au nord-est de la butte des Cosaques, avec un poste retranché, dit de la Lame-de-couteau, placé à l'extrémité du contrefort; ce poste, occupé par les chasseurs à pied, voyait à merveille les ponts et la rade. Entre cette redoute du Phare et l'ouvrage des Sacs-à-terre, qui fut conservé, on établit la batterie *du 5 novembre*, destinée à atteindre la route des ponts, mais qui ne fut jamais armée; elle était précédée d'un poste, abrité par un épaulement et ayant vue sur la Tchernaya. Enfin, dans les derniers jours de mars 1855, le général Canrobert fit compléter les défenses dont il vient d'être parlé par deux tranchées destinées à barrer le passage à l'ennemi, l'une entre la batterie du Fond-du-port et la redoute du Phare; l'autre entre celle-ci et le ravin des Carrières, la dernière servant de coupure à la route des ponts.

Du côté de la ville, et toujours sur le mont Sapone, on établit une longue place d'armes, dite *Anglo-Française*, se terminant, à droite, par la batterie du Fond-du-port, achevée le 27 février, et chargée d'éloigner les bâtiments à vapeur de la rade; ce fut là l'amorce de ces tranchées considérables, qui, dix mois plus tard, conduisaient nos troupes vers Malakof. A la fin de novembre, le commandant de Saint-Laurent, ayant intercepté par une profonde coupure la route des Sapeurs, les Russes rompirent de leur côté les ponts d'Inkermann.

---

au delà de la route » (c'étaient ceux dont s'étaient chargés nos alliés); « Je pense que les Anglais pourraient maintenant garder ces ouvrages, et qu'il devrait être entendu que nous ne fournissons plus que les travailleurs nécessaires. »

Grâce à ces dispositions, la défense du plateau fut complète, et telle qu'elle aurait dû être en tout temps ; l'ennemi ne fut plus libre de communiquer avec le nord que par mer, et son armée de secours, ne trouvant pas de point vulnérable, ne fit plus de tentatives sur notre corps d'observation jusqu'au jour où elle livra la bataille de Traktir (16 août 1855). En attendant, il concentra tous ses efforts sur la défense de la place, qui fut dirigée par le général Todleben, avec une science et une hardiesse qui ont fait, à juste titre, sa fortune militaire, et à jamais illustré son nom. Lieutenant-colonel du génie au commencement du siège, il mérita, au bout de quelques mois, le grade de lieutenant-général, comme récompense de services exceptionnels, auxquels ses adversaires eux-mêmes se sont plu à rendre hommage.

Du 8 au 13 novembre, le temps devint très pluvieux ; des vents du sud-ouest soufflaient avec violence et balayaient notre plateau, fort nu et fort élevé ; profitant de ces circonstances défavorables pour la surveillance de nos tranchées, l'assiégé fit, le 10, trois sorties sur nos travaux de siège, et, comme dans ces entreprises, de peu d'importance d'ailleurs, il portait tous ses efforts sur notre gauche, nous fûmes amenés à la renforcer par des ouvrages de contrevallation, destinés en outre à couvrir les camps des quatrième et cinquième divisions. Deux jours plus tard, vers six heures du soir, une forte canonnade éclatait sur l'enceinte de la place depuis la Quarantaine jusqu'à Malakof ; une vive fusillade s'y joignait sur la droite des attaques françaises ; mais ce tir, comme les grands feux d'artillerie et d'infanterie, qui se reproduisaient souvent et n'étaient d'ordinaire que l'effet de fausses alertes, fit peu de mal à nos tranchées, et ne nous causa que des pertes insignifiantes.

Nos soldats souffrirent davantage de la rigueur du temps, le 14 ; ce jour-là, vers sept heures du matin, une véritable tempête, d'une violence telle que, de l'aveu des Russes, les gens les plus âgés du pays n'en avaient pas vu de semblable, vint jeter le trouble dans nos flottes, dans nos camps, et inaugurer par des désastres un trop rigoureux hiver. En quelques heures, toutes les tentes furent renversées ; quelques-unes furent emportées par le vent ; celles de l'ambulance ne durent même leur préservation qu'à deux cents travailleurs envoyés par le général Bosquet, et 4 à 500 hommes isolés de l'armée y trouvèrent des abris pour la nuit. Aux environs du quartier général du corps d'observation, une seule tente resta debout ; c'était une espèce de fumoir, que le général avait fait construire quelques jours auparavant, et qui devait, après cette rude expérience, nous servir de modèle pour l'installation de nos tentes d'hiver. Afin de permettre l'établissement d'une cheminée, et pour avoir un peu plus de hauteur, nous avions fait creuser une fosse circulaire de même diamètre que la base de la tente conique ; les piquets de la tente étaient enfoncés sur les bords de cette excavation, et la terre qui en avait été extraite était rejetée tout au tour en bourrelet, afin d'empêcher le vent de s'engouffrer sous notre maison de toile et de l'enlever[1]. On descendait dans cet

---

1. Cette disposition avait, en outre, l'avantage d'envelopper les cordes de la tente, ce qui empêchait les ivrognes ou les maladroits de se heurter contre elles au milieu de la nuit (*de jouer de la guitare*, comme disait le troupier), et de nous réveiller par leurs jurons ou par l'ébranlement qu'ils donnaient à notre petite maison.

abri par une marche intérieure ; en face de la porte, que nous avions rendue très commode, en lui donnant plus de solidité, au moyen d'un cadre triangulaire en bois, on avait pratiqué une petite cheminée qui fumait souvent, mais qui nous chauffait quelquefois ; le tuyau extérieur était construit en pierre, et surmonté d'un chapeau formé d'une caisse à biscuits.

Presque toutes les tentes ayant été emportées par le vent, nous nous empressâmes de sauver celles dont il restait quelques débris, en retirant le montant qui les soutenait, et notre petit état-major se retira dans le fumoir qui, bien que mal installé, résista toute la journée, et fut bientôt rempli par de nombreux réfugiés. L'un d'eux, jeune lieutenant d'état-major (M. Carmignac-Descombes), récemment sorti de l'École, venait de débarquer le jour même à Kamiesch ; il rejoignait le régiment de zouaves dans lequel il devait faire un bien court stage. Arrêté par la tempête, il avisa notre petit abri, où nous ne pouvions nous empêcher de rire en voyant, ici, la grosse caisse d'un régiment, emportée par l'ouragan au-dessus même des tentes, et poursuivant, en compagnie de tonneaux vides, une course désordonnée, jusque dans le ravin de l'ambulance ; là, un de nos camarades, enlevé de terre et jeté à quelques pas, au moment où il sortait pour aller porter un ordre ; plus loin, des gens couchés encore et fort peu vêtus, mis à l'air par la disparition subite de leur tente. Le jeune officier arriva parmi nous tout transi et affamé ; nous n'avions que du pain et du fromage à lui offrir, car, de la journée, on ne put faire de cuisine ; il se contenta, comme nous tous, de ce repas frugal, et nous quitta ensuite pour chercher le bivouac de son régiment.

Nous étions un peu tristes après cette visite : « Vilain début pour ce pauvre garçon », disions-nous. Dans l'armée, surtout en temps de guerre, il ne manque pas de gens qui sont superstitieux ; mais il n'est pas besoin de l'être lorsqu'on se trouve journellement en face du danger, pour se laisser facilement aller aux impressions de joie ou de tristesse, et les prendre pour des pressentiments. Toujours est-il que, quelques mois plus tard, le 17 mars, ce jeune officier fut tué dans un combat de nuit, et que son corps disparut ; on crut le reconnaître plusieurs jours après, dépouillé, dit-on, complètement par l'ennemi, en avant de la parallèle Victoria ; et nous ne pûmes nous défendre en apprenant cette fin si triste et si prompte, de nous reporter à l'arrivée, au milieu de nous, de ce jeune et infortuné camarade.

La tempête fit encore plus de dégâts sur les autres parties du plateau ; elle enleva la toiture du monastère de Saint-Georges, et celle des grands magasins de la marine à Sébastopol ; des arbres furent déracinés à Balaclava, et les tranchées inondées ; six bâtiments furent jetés à la côté de la baie dans la Katcha ; le vapeur le *Pluton* et le vaisseau le *Henri* IV échouèrent, ainsi que de nombreux transports anglais et français, en face d'Eupatorie ; enfin, à l'entrée de Balaclava, plusieurs navires anglais, chargés de vêtements d'hiver et de fourrages pour nos alliés, se brisèrent contre les rochers. Heureusement, Kamiesch ne souffrit pas beaucoup, malgré la violence de cet ouragan de grêle et de neige, qui ne cessa qu'à cinq heures du soir ; et nous pûmes nous féliciter, en apprenant tous ces désastres, de n'avoir pas tenté l'attaque des forts du nord, car elle aurait maintenu forcément la flotte sur la côte ouest, où presque tout aurait infailliblement péri. Pendant cette lutte des éléments, le feu avait cessé, comme d'un commun accord, des deux côtés ; chacun s'était réfugié dans ses abris pour y demeurer blotti jusqu'à la fin du jour[1].

Du 15 au 19 novembre, le temps se remit un peu au beau ; on se hâta d'en profiter pour s'installer dans les camps[2], et il y avait presque urgence, car, au corps d'observation, depuis près de trois mois, le soldat couchait sous la petite tente. Sans doute nous l'avons vu, cet abri est excellent pour les expéditions qui doivent durer peu ; c'est ainsi qu'il a rendu de vrais services en Afrique, et même en Crimée, dans la marche d'Oldfort à Sébastopol. Chaque homme muni de son carré de toile et d'un bâton, apporte sa pierre au petit édifice qui s'installe vite, et suffit à le préserver de la rigueur des nuits d'hiver ; mais, dès qu'on est établi pour quelque temps

1. Cependant, à Eupatorie, une division de cavalerie russe, ayant voulu profiter de ce que l'on était occupé sur la côte au sauvetage des deux bâtiments perdus, avait attaqué la place avec quatorze pièces de canon ; mais elle avait été repoussée, grâce aux bonnes dispositions prises par le commandant Osmont.

2. Malheureusement, les grandes tentes ne furent délivrées de notre côté qu'assez tard : « Quelle douleur, écrivait le général Bosquet au général en chef, le 15 novembre, que les grandes tentes n'aient pas pu arriver et être installées avant cette nouvelle période de bourrasques ! Je me recommande à vous, dès qu'il y en aura de disponibles. » Le 10 janvier, il écrivait encore : « Dès que nous pourrons avoir de grandes tentes, quel que soit le temps, il y aura possibilité aux hommes de se soigner les pieds et de se sécher, et j'ai la conviction que les fièvres et les cas de congélation disparaîtront en grande partie. »

sur un point, il est nécessaire de ne pas conserver la tente-abri dans ses conditions actuelles, à cause de deux grands inconvénients qu'elle présente : elle est basse, ce qui oblige le soldat à y rester toujours couché ou assis ; en second lieu, comme elle est dressée en général pour six hommes, et s'étend tout en longueur, ceux qui occupent une des places du milieu de la tente ne peuvent entrer ou sortir qu'en dérangeant tous leurs camarades, défaut grave, si l'on songe combien chacun de nos hommes, en revenant de la tranchée, avait besoin de repos. Le service de garde y était en effet très pénible pendant l'hiver, et l'on se demande encore aujourd'hui comment nos soldats purent résister à de pareilles épreuves et les supporter sans murmure ; mais, aux premiers rayons de soleil, la gaieté revenait dans tous les cœurs, et nos braves étaient prêts à reprendre leur poste, après deux jours d'un repos relatif. Je dis *relatif*, car ces deux jours ne se passaient pas dans l'inaction, mais en corvées de toute espèce, qui étaient indispensables, non seulement pour la vie de chaque jour, mais aussi pour la construction et l'approvisionnement des ouvrages de siège. Une seule circonstance pouvait faire oublier l'ennui et les dangers sans gloire de cette longue journée ; c'était l'annonce d'une attaque d'embuscades ennemies pour la chute du jour, ou l'irruption subite des assiégés dans nos tranchées ; le lendemain, le chiffre des morts et des blessés était plus considérable, mais il y avait eu combat du moins, et sans combat, il n'y a dans les armées que découragement et tristesse.

Il est difficile, en parlant des gardes de tranchée, de

ne pas nommer au moins les *francs-tireurs* et les *éclaireurs volontaires*, qui ont rendu de si grands et si périlleux services pendant toute la durée du siège. Les premiers, formant deux compagnies de 150 hommes chacune, furent choisis parmi les meilleurs tireurs des zouaves et des chasseurs à pied; ils commencèrent leur service dès le 15 octobre. Établis par moitié, de quatre heures du matin à six heures du soir, dans de petits abris placés en avant des parallèles, ils épiaient le moment où les artilleurs russes retiraient les portières d'embrasure, pour les ajuster, et leur faire éprouver ainsi de grandes pertes. Ils étaient redoutables par la précision de leur tir, et, plusieurs fois, le général en chef leur en témoigna sa satisfaction : « Nos francs-tireurs, écrivait-il, formés de chasseurs à pied et de zouaves, au nombre de 300, sont d'infatigables et terribles soldats. Déjà plus de la moitié ont été atteints par le feu de l'ennemi, auquel ils ne permettent pas de repos; mais pour un brave qui tombe, dix se présentent, afin d'obtenir l'honorable faveur de le remplacer. Que de nobles dévouements dans cette race d'hommes, et combien on est fier de les commander! »

Les seconds, volontaires demandés, par la voie de l'ordre, dans tous les corps de l'armée, formaient trois compagnies, fortes chacune de 150 hommes énergiques, qui s'établirent près de la maison du Clocheton, et commencèrent leur service dans la nuit du 18 au 19 décembre; ils étaient chargés d'éclairer le terrain aux abords de la place. A cet effet, ils se réunissaient par brigades de cinq hommes dans les entonnoirs produits par l'explosion des mines, et signalaient, la nuit, les sorties de l'ennemi, dont ils supportaient le premier choc, car d'ordinaire ces sorties étaient dirigées contre eux ; souvent encore, sur la demande du chef d'attaque du génie, ils marchaient eux-mêmes en petits groupes, pour détruire les embuscades russes qui gênaient l'exécution des travaux ordonnés. Afin de récompenser les uns et les autres, le général en chef fit inscrire ces mots sur les états de services : « Faisait partie des éclaireurs volontaires, ou bien des francs-tireurs de Sébastopol » ; beau titre de gloire, en effet, pour chacun de ces intrépides soldats, l'élite et l'honneur de leurs régiments.

Nos alliés avaient, de leur côté, des hommes d'une égale intrépidité à opposer à l'assiégé. Celui-ci ayant commencé, à la fin de novembre, l'établissement de son système d'embuscades, en se plaçant en avant des lignes anglaises, pour prendre d'écharpe la droite de nos attaques, devant le bastion du Mât, le général Canrobert pria lord Raglan de faire enlever la position que l'ennemi avait occupée. Le 20 novembre, cent riflemen, conduits par le capitaine Tryon, s'élancèrent à la baïonnette sur les Russes, les mirent en fuite, et demeurèrent en possession de ces embuscades, mais ils perdirent dans cette nuit le brave officier qui les commandait.

Vers le milieu du même mois, on avait parlé d'une attaque prochaine des alliés contre la ville, et chacun espérait que, dans les premiers jours de décembre, les travaux seraient suffisamment avancés pour permettre de livrer l'assaut ; mais la pluie et le vent, conjurés contre nous, nous obligèrent à ralentir sensiblement notre feu, à ce point que, par moments, on aurait pu oublier que deux armées étaient en présence, à quelques centaines de mètres l'une de l'autre, s'épiant sans cesse et travaillant en silence à qui surprendrait l'adversaire, ou se tiendrait le mieux sur ses gardes. Du 20 au 25 novembre, la pluie tomba avec violence; la Tchernaya, grossie par les eaux torrentielles, déborda, ce qui nous ôta, du reste, toute préoccupation, quant à une attaque de l'armée russe de secours. Le temps n'était pas très froid, mais les gardes de tranchée n'en souffraient pas moins de cette humidité ; aussi, le général en chef, avec cette sollicitude si connue et si appréciée du soldat, cherchait-il par tous les moyens possibles à garantir les hommes des rigueurs de la saison : les sentinelles reçurent des vestes en peau de mouton; des guêtres, des sabots, une couverture de campement par homme, furent donnés à nos soldats; et, vers la fin de décembre, des dons de toute espèce, envoyés de France et d'Angleterre, furent distribués dans l'armée [1].

A partir du 15 décembre, la neige commença à couvrir le plateau, et le froid devint très vif; le sol détrempé forma bientôt une boue épaisse, qui rendait le tirage des

---

1. Enfin on augmenta les rations réglementaires, particulièrement pour le service de tranchée; mais le pain fit longtemps défaut ; le 27 décembre, notre général écrivait : « Les corvées pour le bois des fours sont parties d'autant plus gaiement que cela nous promet du pain, dont la première division n'a touché, pendant le mois de décembre, que les 7, 12 et 16, et la deuxième division pas un seul jour, depuis la même époque. » Le 7 janvier, il demandait que l'on procurât du vin aux officiers « dont les ordinaires, disait-il, commençaient à en manquer ; je signale seulement cette situation, sachant la sollicitude du général en chef à ce propos tant de fois éprouvée. » Trois jours plus tard, en effet, « les officiers recevaient l'autorisation de toucher des vivres de l'administration, moyennant remboursement, et même du vin, aux mêmes conditions, à dater du 6 février. » (*Journal de la deuxième division.*)

voitures excessivement pénible et endommageait nos attelages, en dépit des efforts de nombreux travailleurs occupés à réparer la route de Kamiesh. Toutefois, malgré ce mauvais temps, les travaux de siège avaient pu être terminés ; nos batteries étaient approvisionnées en matériel et en munitions ; mais, de son côté, l'ennemi n'était pas moins que nous vigilant et infatigable ; il consolidait ses travaux de défense, en construisait de nouveaux, et les armait rapidement, grâce aux ressources de son inépuisable arsenal.

Enfin, des renforts nous arrivèrent : le 13 décembre, la septième division (Dulac) commença son débarquement à Kamiesh, et vint prendre position au sud du grand quartier général ; un mois plus tôt, nous était venue la sixième division (Pâté), et on nous annonçait la huitième (de Salles). Nous avions grand besoin de ces secours, car le service des tranchées exigeait de nombreux défenseurs : depuis le mois de janvier, ce service, commandé par un général de brigade, se composait de sept bataillons d'infanterie et d'un de chasseurs à pied, ce dernier réparti sur tout le développement des parallèles et places d'armes avancées, pour entretenir le feu de mousqueterie ; en outre, une compagnie de francs-tireurs, de 150 hommes, était employée au tir de précision contre tout ce qui se découvrait dans la place, et surtout contre les servants des pièces ennemies ; un poste de 200 hommes, établi dans le ravin des Anglais, reliait l es attaques des deux armées assiégeantes, et deux compagnies de volontaires faisaient à tour de rôle un service d'éclaireurs. Comme réserves, un bataillon de piquet était commandé, chaque jour, dans un des camps voisins de la maison du Clocheton[1], et envoyait, le soir, deux compagnies à cette maison, signalée à tous par un fanal ; un second bataillon, de 450 à 500 hommes était placé à la gauche, en arrière des batteries n⁰ˢ 1 et 2 ; enfin, 500 travailleurs, en moyenne, venaient augmenter encore le nombre des défenseurs disposés dans les tranchées.

Le 18 décembre (jour de la Saint-Nicolas pour les Russes)[2], le quartier général nous fit connaître que l'ennemi avait l'intention de nous attaquer. Dès le 16, le général Bosquet avait envoyé une instruction très détaillée, indiquant les premières mesures à prendre, dans le cas d'un mouvement offensif de l'ennemi, et l'on se tint sur ses gardes ; mais il ne parut pas. A la suite de la communication du quartier général, le commandant du corps d'observation parcourait les avant-postes établis sur la crête, et, pour les engager à exercer une surveillance plus active encore que de coutume, « l'ennemi veut nous attaquer demain », leur dit-il. « Alors, mon général, il y aura donc une distribution de bottes ? » répliqua aussitôt un des plus jeunes soldats. On n'ignore pas que les Russes sont chaussés de demi-bottes en cuir du pays ; nos hommes s'étaient empressés de prendre toutes celles qu'ils avaient pu ramasser sur le champ de bataille d'Inkermann, et s'en étaient si bien trouvés que chacun en désirait ; de là cette petite scène digne du crayon de Charlet.

Le 20, une reconnaissance anglo-française, dirigée de

1. Dépôt de tranchée du siège.
2. Ce jour-là était le 6 décembre dans le calendrier grec.

notre côté par le général d'Allonville, fut faite sur les hauteurs, vers Baïdar, et dans la vallée de la Tchernaya ; on s'assura que la division russe Liprandi avait abandonné les bords de cette rivière depuis que la plaine était inondée, et, pour compléter cette première opération, une seconde reconnaissance fut conduite, quelques jours plus tard, par le général Morris, avec la brigade Espinasse, le 3ᵉ bataillon de chasseurs à pied, deux bataillons de la deuxième division, un bataillon turc, et trois régiments de cavalerie ; le général s'avança jusqu'au château de Péréousky, près de la vallée de Baïdar, et regagna nos positions sans engagement sérieux.

Cependant, l'année finissait : le dernier jour en fut marqué par une solennité imposante. Le général de Montebello, venu en Crimée avec un décret impérial autorisant le général en chef à accorder désormais lui-même des récompenses, était porteur de celles qui résultaient des propositions antérieures. Les commandants des corps de siège et d'observation furent chargés de les distribuer aux troupes placées sous leurs ordres. Le 31 décembre, vers midi, par une belle journée d'hiver, sur la crête du plateau de Chersonèse, et en face des positions de la Tchernaya, d'où l'ennemi pouvait nous apercevoir, toutes les troupes du deuxième corps d'armée furent rangées en bataille ; le général Bosquet, entouré de ses officiers, remit les insignes de la Légion d'honneur à ceux qui les avaient mérités, après avoir attaché lui-même la croix de chevalier sur les poitrines de son aide de camp et de l'abbé Stalter, aumônier de la deuxième division. Cette revue, passée en présence de l'ennemi, ces récompenses distribuées sur une terre où un si grand nombre des élus, hélas ! devaient mourir, ces acclamations de nos troupes se mêlant aux sourds roulements du canon de la place, tout donnait à cette distribution de récompenses un caractère de grandeur qui impressionna vivement nos alliés, et causa à tous ceux qui y prirent part une bien noble émotion.

C'est vers ce moment que les commandants des deux flottes alliées quittèrent la Crimée ; le vice-amiral anglais Dundas, dont le temps de service était expiré, remit le commandement au contre-amiral Lyons, et notre vice-amiral Hamelin, élevé à la dignité d'amiral, eut pour successeur le vice-amiral Bruat. Les deux nouveaux chefs étaient des marins hardis, entreprenants, et, comme leurs prédécesseurs, fort appréciés des armées et des flottes, depuis le commencement de la campagne. Du côté de l'ennemi, le prince Menchikof, qui devait remettre, le 2 mars, le commandement de l'armée du Sud au prince Gorchakof, avait déjà confié, dans le courant du mois de décembre, la direction du siège de Sébastopol au général Osten-Sacken, successeur du général Dannenberg dans le commandement du quatrième corps.

Ce nouveau général, devinant sans peine toutes les difficultés que les alliés devaient éprouver dans les tranchées, entreprit, comme le dit l'ouvrage du capitaine Anitschkof, « une offensive dans la défensive, par des sorties aussi fréquentes que possible ». Le système était excellent en lui-même, et il nous causa quelques dommages ; on peut dire cependant que, s'il fut impuissant en somme, c'est qu'il ne fut pas assez largement appliqué. Les dispositions matérielles des Russes étaient prises d'ordinaire avec une habileté que nul ne saurait contester ; mais il est certain que, à part l'entreprise du 22 mars, contre le général d'Autemarre, ils n'ont jamais fait sortir assez de troupes pour s'assurer la chance de bouleverser nos travaux. Ils ne comptaient pas moins de 40,000 hommes dans la place, et nos troupes de tranchée, composées de 2,000 à 2,500 hommes dans les parties avancées, n'eussent pas été en état de résister aux forces dont l'ennemi pouvait disposer à volonté sur un point donné; enfin, nos réserves journalières n'étaient pas considérables, et n'auraient pu être facilement soutenues par nos camps, que la longue portée du canon de la place nous obligeait à tenir fort éloignés.

ATTAQUE DEVANT MALAKOF.

(Année 1855.)

Dès le commencement de janvier 1855, la neige tomba en abondance ; au milieu du mois, le thermomètre descendit à 9° au-dessous de zéro, et un vent glacial du nord produisit parmi nous de nombreux cas de congélation des pieds, qui nécessitaient des amputations presque toujours mortelles [1]. L'intensité du froid devint telle que nos travaux furent forcément ralentis, tandis que l'ennemi, profitant des bourrasques de neige et des temps obscurs, dirigeait de nombreuses sorties contre la troisième parallèle. Pour dire les entreprises de l'assiégé, la vigilance et la vigueur de l'assiégeant, il faudrait écrire un véritable journal, ou rappeler les ordres généraux après chaque affaire. Que de beaux traits à citer ! Bornons-nous à un seul : dans un ordre du jour à la suite d'une sortie, le général Forey disait : « Je suis heureux

---

[1] Le général Bosquet s'en préoccupait beaucoup : « J'ai donné des ordres, écrivait-il le 4 janvier, pour qu'on visite les pieds des jeunes soldats surtout ; c'est précaution bien nécessaire pour diminuer les cas d'engelure et de congélation. On dit qu'il faut laver les pieds avec de la neige. Est-ce bon réellement ? » Les tirailleurs algériens souffraient plus que les autres, en raison de leur constitution et de leur habillement : aussi le général Bosquet demanda-t-il à faire partir pour Constantinople un de leurs officiers chargé « d'acheter tout ce qu'il pourra trouver qui ressemble à des guêtres en laine, et des feutres pour semelles intérieures ».

de signaler au corps de siège la bonne contenance du deuxième bataillon du 5ᵉ léger ; je la fais connaître au général en chef ; et, afin de l'en récompenser, je donne des ordres pour qu'il concoure à l'avenir, avec les plus vieux régiments, à la garde de nos postes les plus exposés aux entreprises de l'ennemi. »

Un autre effet du mauvais temps, c'est que le transport des munitions aux batteries devint presque impossible ; les vivres mêmes n'arrivaient que fort difficilement au corps d'observation, où l'on ne parvint qu'avec les plus grands efforts à réunir une provision de dix jours ; cette difficulté des approvisionnements fut, pendant tout l'hiver, le souci constant du général Bosquet et l'objet de toute la sollicitude de son chef d'état-major [1]. En effet, on ne pouvait guère compter sur les quatre jours de vivres, que les hommes devaient toujours avoir dans le sac, car on ne pouvait les empêcher d'en disposer à leur fantaisie. Quant aux Anglais, ils étaient au plus fort de ce moment critique dont nous avons parlé précédemment : dépourvus de moyens de transport, et sans route empierrée pour aller de leurs camps à Balaclava, jusqu'au jour où la division française Bouat leur fournit par jour « 700 travailleurs pour la réparer [2] », ils étaient parfois sans vivres, bien que l'abondance existât dans leur port de débarquement. De là des privations et des fatigues

---

1. Le général écrivait, le 14 janvier : « J'envoie des voitures d'artillerie au quartier général, pour avoir des vivres ; nous en avons de distribués jusqu'au 16 inclus ; nous sommes les plus loin de Kamiesh, et je désirerais bien que le magasin central pût charger nos voitures pour nous faire une petite avance, car nous n'avons exactement rien en réserve. »

2. Lettre du général Bosquet (13 décembre).

qui, jointes à la rigueur de la saison, développèrent les maladies chez nos alliés avec plus d'intensité que chez nous, et les mirent hors d'état de rien entreprendre contre la place. « Je fais tout pour venir en aide à nos vaillants alliés, qui sont loin d'être prêts, écrivait le général Canrobert au mois de décembre, tandis que toutes nos batteries n'attendent que le signal pour ouvrir le feu. Cette situation est pénible ; elle deviendrait dangereuse, si l'ennemi, en ayant connaissance, couvrait de ses projectiles nos batteries contraintes au silence. » En janvier, il ajoutait : « L'armée anglaise éprouve des privations et des souffrances qu'il n'est malheureusement pas en mon pouvoir de lui éviter ; son effectif réel diminue sensiblement ; ses chevaux de trait et de selle sont si affaiblis, leur nombre est tellement réduit, qu'elle a beaucoup de peine à faire arriver, dans ses camps, même ses approvisionnements de bouche ; elle ne peut donc, en ajoutant le concours que nous sommes si heureux de lui prêter, armer et munir ses batteries comme elles devraient l'être, pour agir de concert efficacement avec notre armée. »

Il fallait cependant opérer au plus tôt et profiter des difficultés de communication, de transport et d'approvisionnement, qui, d'après le dire des espions et des déserteurs, empêchaient également l'ennemi de recevoir des renforts. Les ouvrages russes prétendent que les rapports de nos transfuges leur représentaient nos troupes comme épuisées et décimées ; mais les leurs, on le pense bien, ne se faisaient pas faute non plus de nous dépeindre l'état de leur armée sous les plus sombres couleurs ; je n'en veux pour preuve que ces quelques lignes prises au hasard dans la correspondance officielle du général Bosquet :

« Deux Russes déserteurs ont été amenés hier soir. Ils sont intéressants à entendre quand ils parlent de la misère et de l'esprit de découragement de l'armée russe. » C'est le rôle ordinaire de ces misérables : ayant déserté leur drapeau, ils cherchent à se faire pardonner leur infamie par de complaisantes paroles, qu'il faut écouter cependant, car la vérité peut sortir des divers renseignements comparés. Quant aux privations que devaient endurer nos adversaires, elles étaient la conséquence naturelle de leurs difficultés pour se ravitailler par cette route de Pérécop, longue et défoncée ; aussi, quoi qu'en disent leurs rapports, ils étaient au moins aussi durement éprouvés que nous.

Les alliés en avaient la certitude : aussi le général Canrobert pensa-t-il qu'il était bon d'agir rapidement ; il fit connaître, en conséquence, à lord Raglan l'état de nos travaux, les dangers qui résultaient pour les Français du trop grand rapprochement de la place, de l'étendue des tranchées, du silence de nos batteries[1] ; enfin il lui demanda où en étaient les travaux des Anglais. « En réponse à mes demandes pressantes, écrit-il le 9 janvier, lord Raglan et le commandant du génie anglais viennent de m'adresser des documents très détaillés, desquels il résulte, pour notre armée, la nécessité de prendre une partie du siège qui avait incombé dans le principe à nos alliés[2]. Les bras et le bon vouloir ne nous manqueront pas, et, dès que l'état des chemins le permettra, je m'oc-

1. A l'exception de nos mortiers, qui tiraient toujours.
2. Il s'agit ici de l'attaque contre Malakof ; mais les Anglais n'avaient commencé aucun cheminement devant ce bastion.

cuperai directement de cette nouvelle attaque, et ne négligerai rien pour l'amener à donner aux nôtres un concours sans lequel elles sont paralysées. » En effet, comme le disait encore notre général en chef, « l'assaut donné par les Français sur la partie de la ville située en face d'eux, à l'ouest du port du Sud, ne peut être couronné de succès qu'à la condition d'avoir, au préalable, éteint le feu des énormes batteries dites de l'Arsenal et du Redan, situées à l'est de ce port, en face des Anglais. »

Par suite de ces dernières cessions faites par les Anglais, nous nous trouvions, le 22 janvier, en face de Malakof, et nous construisions aussitôt la redoute Victoria, qui, avec celles d'Inkermann, des Anglais et du Phare, devait servir d'appui à notre ligne de bataille, dans le cas où l'ennemi tenterait de nouveau l'assaut de nos lignes de circonvallation. Les deux dernières furent ouvertes à la gorge, afin de les tenir sous la protection de notre artillerie ; mais tous ces ouvrages perdirent naturellement de leur importance, dès que le siège des fronts de Malakof fut résolu.

C'est le 2 février que cette décision fut prise, sur l'avis du général Niel, aide de camp de l'Empereur, que Sa Majesté venait d'envoyer en mission en Crimée, et qui apportait au général en chef la nouvelle organisation de l'armée d'Orient. Il devait bientôt remplacer, dans les importantes fonctions de commandant du génie, le général Bizot, qui dirigea avec un rare talent et une bravoure chevaleresque les travaux de ce grand siège, jusqu'au jour où il reçut une mort glorieuse dans les tranchées. « L'envoyé de l'Empereur, écrivait le général en chef, le 3 février, put, avec son expérience, apprécier toutes nos difficultés, et l'accroissement que ces difficultés ont emprunté à l'affaiblissement si regrettable de cette vaillante armée anglaise, avec laquelle nous avons commencé à demi le siège de Sébastopol. »

Après la bataille d'Inkermann, on avait ajourné l'assaut jusqu'au moment où les renforts annoncés, en hommes et en matériel, seraient arrivés ; nous avions reçu ces renforts ; mais l'on avait rencontré de si grands obstacles pour le transport du nouveau matériel, qu'on avait peu avancé les travaux durant ces trois mois d'hiver ; les Anglais surtout étaient loin d'être prêts. Les Russes, au contraire, avaient multiplié leurs défenses, grâce au voisinage de leur arsenal, et au silence forcé de nos batteries, qui ménageaient des approvisionnements réunis avec tant de peine ; par suite, leur armée, aussi nombreuse que la nôtre, avait d'excellents abris derrière ces nouvelles enceintes, et il ne paraissait plus possible désormais de se rendre maîtres de la ville en enlevant un ou plusieurs des bastions principaux vers lesquels on cheminait. La prise du mamelon de Malakof pouvait seule assurer le succès ; car il dominait le Faubourg, prenait à revers les autres défenses de l'ennemi et permettait d'atteindre ses vaisseaux ; il était la clef de la Ville. On ne l'avait pas bien compris aux premiers jours de siège, et d'ailleurs, nous avions dû restreindre nos attaques à cause de la faiblesse de nos effectifs. Aujourd'hui même, alors que nos forces étaient plus considérables, et que l'importance décisive de Malakof n'échappait pas aux alliés, on reculait encore devant une extension trop grande des tranchées ; on redoutait le surcroît de fatigue qui devait en résulter pour nos troupes, la difficulté d'armer de nouvelles batteries, l'impossibilité de repousser les nombreuses sorties que l'ennemi était en état de faire, là où il le jugerait à propos. D'un autre côté, en France même, on trouvait déjà le siège assez étendu, et là, comme parmi nous, l'inquiétude et le doute avaient fait place à la confiance aveugle des premiers jours. On se préoccupait de l'inefficacité de notre feu, de l'impuissance temporaire des Anglais, et l'on parlait d'investissement à compléter, ou même de campagne extérieure à entreprendre. La dépêche suivante du général Canrobert, en date du 28 janvier, montrait péremptoirement l'impossibilité de ces divers projets, trop aisément conçus et préconisés à distance : « Mon plan général est la prise de Sébastopol ; ce n'est point un plan de combinaison, c'est un plan de nécessité. Quand on a accumulé devant une place un matériel immense, qu'on manque de moyens de transport et que l'état du sol se refuse d'ailleurs complètement à tout mouvement de quelque durée ; que la vie d'une armée est étroitement liée à la présence de ses vaisseaux par la question de subsistances ; que cette armée opère en plein hiver ; quand ses alliés enfin, dont elle ne peut, dont elle ne doit pas se séparer, sont hors d'état de rien entreprendre, la force des choses la cloue à l'objectif devant lequel elle est placée par cet ensemble de difficultés. » Ces raisons n'étaient que trop solides, et il fallait bien attendre le printemps et de nouveaux renforts pour songer à opérer contre l'armée russe de secours. Aussi, ne pouvant agir à l'extérieur, se décida-t-on à poursuivre surtout le siège de Malakof. La direction en fut confiée au général Bosquet, qui, depuis la récente réorganisation de l'armée, commandait le deuxième corps.

Le 9 février, un ordre du jour nous apprenait ces modifications, que le général Canrobert avait fait proposer à Paris par un de ses aides de camp, le lieutenant-colonel de Waubert de Genlis. L'armée, qui comptait alors 76,000 hommes présents en Crimée, dont 66,000 seulement disponibles, était divisée en deux corps d'armée et une réserve. Le général de Martimprey était maintenu comme chef d'état-major général et le colonel Jarras comme sous-chef; le lieutenant-colonel Desaint gardait la direction du bureau politique et topographique; enfin les généraux Thiry, Bizot et l'intendant militaire Blanchot conservaient également leurs fonctions.

Le premier corps fut formé des quatrième, cinquième, sixième et huitième divisions de l'armée devenues première (Forey), deuxième (Levaillant), troisième (Paté), et quatrième (de Salles). Ce corps demeura chargé, sous les ordres du général Pélissier, récemment arrivé d'Afrique, des travaux du vieux siège ; il avait pour chef d'état-major le général Rivet, pour commandants du génie et de l'artillerie les généraux Le Bœuf et Dalesme, ce dernier remplaçant le général Tripier, rentré en France.

Le général Bosquet prit le commandement du deuxième corps et conserva, sur sa demande, comme chef d'état-major, le général de Cissey ; le général Beuret et le colonel Frossard, comme commandants de l'artillerie et du génie, dirigèrent avec une grande habileté les attaques de Malakof jusqu'à la prise de la ville. Ce corps d'armée, chargé du nouveau siège et de l'observation, comprenait 30,000 hommes avec les première, deuxième, troisième et septième divisions de l'ancienne armée d'Orient, numérotées 1, 2, 3, 4, du nouveau corps, et ainsi constituées :

Première division, *Bouat*. — Première brigade, Espinasse : 1er chasseurs à pied, 7e de ligne et 1er zouaves ; deuxième brigade, Vinoy : 20e et 27e de ligne.

Deuxième division, *Camou* (ancienne *Bosquet*). — Première brigade, d'Autemarre : 50e de ligne, 3e zouaves, tirailleurs algériens ; deuxième brigade, Vergé : 3e chasseurs à pied, 6e et 82e de ligne.

Troisième division, *Mayran*. — Première brigade, de Monet : 19e chasseurs à pied, 2e zouaves, 4e d'infanterie de marine ; deuxième brigade, de Failly : 95e et 97e de ligne.

Quatrième division, *Dulac*. — Première brigade, N...*..: 17e chasseurs à pied, 57e et 85e de ligne ; deuxième brigade, Bisson : 10e et 61e de ligne.

La réserve, placée sous les ordres immédiats du général en chef, aux environs du quartier général, comprenait une brigade de la garde en formation (général Uhrich), la division dite de réserve (neuvième de l'armée, général Brunet), et la division de cavalerie Morris, formée des quatre brigades Féray, d'Allonville, Cassaignolles et de Forton. Ces deux dernières étaient à Constantinople et à Andrinople.

Deux officiers d'état-major, le lieutenant-colonel Raoult et le commandant Besson, eurent l'honneur de remplir les fonctions de majors de tranchée : le premier, à gauche, pendant toute la durée du siège ; le second, devant Malakof, où le général Bosquet l'avait fait placer, comme

« réunissant la vigueur, l'activité et l'esprit d'ordre nécessaires ». Le dépôt de tranchée fut établi, de notre côté, sur la rive droite du Carénage, à la hauteur de la batterie Lancastre et de la redoute des Anglais. Le commandant du génie de Saint Laurent, qui avait ouvert la tranchée le 9 octobre, au vieux siège, et le lieutenant-colonel d'artillerie de La Boussinière, récemment promu, furent d'abord chargés des travaux devant Malakof; ils s'acquittèrent tous les deux de leur tâche avec une habileté qui fut remarquée de tous, jusqu'au moment où, le deuxième corps étant constitué, ils furent remplacés dans ces fonctions par le colonel Frossard et le général Beuret. Tous deux devaient être atteints par le feu de l'ennemi et succomber avant d'avoir vu le triomphe qu'avaient, en partie, préparé leurs efforts.

Ordre était donné de commencer les travaux le 11, mais une bourrasque de neige vint encore les ajourner; il était nécessaire d'ailleurs d'attendre l'arrivée de la quatrième division du deuxième corps, qui était installée auprès du quartier général, d'où elle ne pouvait s'éloigner, à cause du mauvais temps; elle put enfin effectuer son mouvement le 15, grâce à un vent violent qui fit sécher les boues amassées depuis trois mois sur le plateau. Avec ce renfort de bras, on débuta, deux jours après, par l'élargissement du fossé que les Anglais avaient tracé à 600 mètres en avant de la parallèle (ou place d'Armes) anglo-française; ce fut notre première parallèle sur la rive droite du Carénage, et on la rattacha en arrière, à la gauche de la place d'Armes.

Ce même jour, 17 février, Eupatorie était attaqué par

30,000 Russes ayant 80 bouches à feu et une division de cavalerie, sous les ordres du général Chroulef. Déjà, de notre côté, il avait été décidé que l'armée du généralissime Omer-Pacha serait débarquée sur ce point, où avait été envoyée, dès le 27 janvier, une première division turque ; mais, au moment de l'attaque russe, les forces ottomanes qui occupaient Eupatorie ne comptaient que 21,000 baïonnettes. Le commandement supérieur de la place avait été donné au chef d'escadron d'état-major français Osmont, qui avait tout préparé avec une prévoyante et heureuse activité ; il avait fait élever tout d'abord, autour de la ville, une enceinte en terre, contre laquelle tous les efforts de l'ennemi vinrent se briser. Après une lutte de quatre heures et une infructueuse tentative d'assaut, les Russes durent se retirer, ayant, de leur aveu, 500 hommes hors de combat.

Tout en préparant ce nouveau siège, qui devait nous rendre maîtres de la place, le général en chef songeait à faire une diversion au dehors, et le général Bosquet était chargé de ce mouvement avec la division Brunet, quelques autres troupes d'infanterie, la cavalerie du général d'Allonville, quatre batteries d'artillerie et une demi-compagnie de sapeurs ; le général sir Colin Campbell commandait les forces anglaises chargées de concourir à cette expédition. Le 19 février, à minuit, les troupes désignées pour en faire partie devaient quitter leur camp, se masser au-dessous du col de Balaclava, dans la plaine, et arriver près du pont de Traktir au point du jour, afin d'y surprendre la division russe, retirée sur la droite de la Tchernaya. Une partie de nos bataillons était déjà en route pour gagner les positions qui leur étaient assignées, lorsqu'une forte tempête s'éleva tout à coup et les contraignit à suspendre leur marche ; plusieurs officiers, envoyés pour arrêter les colonnes et les faire rentrer au bivouac, errèrent par cette nuit sombre, sans pouvoir rejoindre les troupes[1] ; enfin, au jour, chacun regagna son camp, comme il put.

Cet ouragan dura vingt-quatre heures avec une égale intensité, et produisit parmi nous de nouveaux cas de congélation, qui, heureusement, furent les derniers de cet hiver rigoureux ; mais à ce fléau en allait succéder un autre également funeste, le scorbut. Pour le combattre et pour en prévenir la propagation, sur l'avis du médecin en chef de l'armée, M. Scrive, le général Canrobert fit prendre différentes mesures hygiéniques, qui furent indiquées aux troupes par un ordre du jour ; en voici les prescriptions principales : déplacer les tentes et les établir sur un sol nivelé et non creusé (en effet, ce qui avait été un moyen de chaleur au fort de l'hiver, devenait maintenant malsain pour les hommes réunis en trop grand nombre), aérer ces tentes avec soin, brûler sous le vent, chaque soir, les immondices des camps ; renouveler fréquemment les fosses d'aisances, enterrer les animaux morts à une grande profondeur, et les recouvrir avec de la chaux vive, ensemencer des graines fourragères par-

---

1. « La tourmente était si violente, écrivait le général Bosquet, le 20, que c'est miracle qu'il n'y ait pas eu de plus grandes erreurs, et il faut bien reconnaître dans ces résultats la vigueur, le bon cœur et l'intelligence des difficultés, des misères de la guerre chez nos soldats et nos officiers. » — « Je ne sais pas, ajoutait-il, comment le cavalier porteur de ma dépêche passera... En moins d'une heure, la température est descendue à 7° sous zéro ! »

tout où des matières animales avaient été enfouies, distribuer de la viande fraîche et du pain, autant que possible, veiller au blanchissage du linge, aux soins de propreté, à la distribution des eaux et des abreuvoirs ; « encourager le soldat à la recherche du pissenlit », qui était très abondant sur le plateau ; enfin, allouer à chaque homme une ration de vinaigre pour assaisonner cette plante, dont les propriétés antiscorbutiques étaient préconisées par les officiers de santé [1].

Ce contretemps, que personne ne pouvait ni prévoir ni conjurer, nous fit renoncer à toute tentative au dehors, et l'on résolut de pousser vivement les attaques devant Malakof. L'artillerie employa ses soins et son zèle à improviser, en peu de jours, tout un parc de siège de notre côté, et ce n'était pas chose facile, tant nous avions de matériel engagé du côté de la Ville ; de plus, les routes étaient encore tellement défoncées et les charrois si difficiles, qu'il fallut presque réaliser l'impossible pour être en mesure au moment indiqué.

De même qu'au vieux siège, on entama les travaux à une distance considérable. Le premier projet était de construire sur le mont Sapone une batterie de quinze pièces au moins (dite n° 1) ; elle fut placée à gauche de la première parallèle, à 1,600 mètres à vol d'oiseau de la

1. Il avait été décidé, le 1er janvier, qu'à l'avenir « la deuxième division recevrait du pain frais un jour sur trois » ; on ordonna également, le 14 février, « que, à partir de ce jour, de la viande fraîche serait distribuée un jour sur trois au deuxième corps. Cette mesure, que les circonstances ne permettaient pas de prendre d'une manière plus complète, est indiquée pour le scorbut, qui se développe avec une certaine intensité. » (Journal de la deuxième division.)

tour Malakof, dont elle était séparée par le ravin profond du Carénage. Les Anglais, de leur côté, devaient en construire une autre de huit pièces (n° 9), à la droite de leur deuxième parallèle, sur la partie gauche du ravin de Karabelnaya ; ils nous demandèrent encore des bras pour exécuter cette batterie, au milieu de leurs propres ouvrages de siège [1] ; mais, la batterie construite, le général Bosquet ne put pas obtenir que nos alliés la servissent avec vivacité, surtout avec continuité. Le 3 avril, il écrivait en effet : « Il serait fort à désirer que la batterie de droite des Anglais eût l'ordre très impératif de Sa Seigneurie lord Raglan, de tirer sans cesse sur le Mamelon Vert[2], de manière à ruiner les embrasures qui lui font face... et qui plongent sur nos tranchées, notre batterie n° 1 ne pouvant, malheureusement, voir ces mêmes embrasures que d'écharpe très aiguë. »

A la faveur d'un feu général, on espérait balayer avec ces deux batteries le Mamelon Vert et le col qui le séparait de Malakof ; en une nuit, on se serait porté vers ce mamelon, sur l'occupation duquel reposait tout le plan d'attaque des fronts de Malakof, puis, on l'aurait cou-

---

1. Le général Bosquet leur fournit, par jour, pour ce travail, « 200 hommes (que les Anglais ne pouvaient trouver dans leur armée); ces 200 hommes n'ont pas manqué d'exprimer aux Anglais leur étonnement que plus de 800 d'entre eux pussent porter, de Balaclava au plateau, le bois des baraques dont nous ne nous servons pas encore, nous, et que ces mêmes hommes fussent incapables d'un travail devant l'ennemi, bien moins fatigant que celui qu'ils font réellement. »

2. Alors couronné de la lunette de Kamtschatka, comme nous le verrons bientôt.

ronné avec une batterie de sacs à terre. Mais c'était compter sans la vigilante énergie de la défense, qui en était alors à son plus beau moment. A part même les droits de la vérité, on ne perd rien à rendre justice à ses ennemis, car la gloire d'avoir triomphé d'adversaires habiles et résolus n'en est que plus méritoire et plus grande ; je dirai donc sans embarras que l'heureux défenseur de Sébastopol sut admirablement profiter de nos hésitations et de nos tâtonnements pour retarder, autant qu'il était possible, la chute de la place. Après avoir couvert d'une triple ligne de parapets et de batteries tous les points de l'enceinte sur lesquels, depuis de longs mois déjà, nous dirigions nos cheminements, il résolut de se porter hardiment au dehors. Nous prévenant sans cesse dans nos desseins, il s'empara par des ouvrages assez faibles d'abord, mais bientôt considérables, des diverses positions que nous nous proposions d'occuper, de telle sorte qu'il nous fallut ensuite livrer de véritables assauts pour en prendre possession[1]. Il nous avait tracé tout d'abord une limite d'approche, avec ses canons à longue portée, et nous avait amenés ainsi à déroger à toutes les règles habituelles de l'art des sièges, en ouvrant les tran-

---

1. Par contre, il faut dire que ce système de notre adversaire, s'il nous créa de sérieuses difficultés, tourna quelquefois à notre avantage ; c'est ainsi que, le 2 mai, au *vieux* siège, et le 7 juin, au *nouveau*, nous pûmes faire des progrès considérables vers la place, en nous établissant dans ses formidables ouvrages. Les combats que nous dûmes soutenir pour nous en emparer furent sanglants, il est vrai ; mais nous n'aurions pas eu moins de pertes à subir, s'il nous avait fallu cheminer pied à pied sur les positions importantes occupées par les Russes, en avant du bastion Central et des fronts Malakof.

chées à mille et quinze cents mètres de la place. Nous marchions d'ailleurs sans nous rendre un compte bien exact des distances ; je n'en donnerai pour preuve que notre batterie du fond du port (n° 6) qui devait, espérait-on, détruire les vaisseaux russes de la rade, et qui ne produisit jamais que peu d'effet : « Notre batterie n° 6, écrivait le général Bosquet, le 10 avril, a des portées bien courtes, ou bien les distances des plans sont bien fausses ; le général Beuret a essayé lui-même de tirer un des obusiers de 80 au maximum de hausse, sur l'embarcadère de la rive droite, en visant un bâtiment, et le projectile est tombé à deux cents mètres en deçà. »

OUVRAGES BLANCS ET MAMELON VERT.

Voyant que nous hésitions encore devant Malakof, notre infatigable adversaire s'empressa de mettre le temps à profit, et l'on peut dire que, jusqu'au mois de juin, c'est lui qui parut faire le siège de nos tranchées. Il commença dans la nuit du 21 au 22 février, par la construction de la redoute de Séléghinsk, qu'il éleva sur une position très habilement choisie. Le matin, nous vîmes avec étonnement ce parapet, que nous avons appelé l'Ouvrage blanc du 22 février, et que l'ennemi avait osé placer sur la rive droite du Carénage, à plus de 800 mètres en avant du bastion n° 2. Après mûre délibération, on décida qu'il n'était pas possible de laisser ainsi notre adversaire établir, à quelques pas de nos travaux, un ouvrage qu'il allait certainement transformer sous peu en une formidable redoute ; il fut donc résolu qu'on attaquerait cet ouvrage, de nuit, pour ne pas trop exposer nos troupes aux feux qui devaient converger sur elles, qu'on le détruirait, et qu'on se hâterait de rentrer dans les tranchées, car il ne semblait pas possible de conserver la position sous les feux de revers des batteries du Nord.

Ce projet ne fut effectué que le 23 ; ce jour-là, à dix heures du soir, cinq bataillons se dirigèrent vers le dépôt de tranchée du ravin du Carénage ; ils entrèrent silencieusement dans les parallèles, franchirent le parapet à la faveur de l'obscurité, et trois d'entre eux (les deux bataillons du 2ᵉ zouaves et le premier du 4ᵉ régiment d'infanterie de marine) se formèrent en trois colonnes sur le revers de la tranchée, sous les ordres du général de Monet; un détachement du génie les accompagnait. Le colonel Dubos garnit la parallèle avec deux bataillons des 6ᵉ et 10ᵉ de ligne, destinés à former la réserve; toutes ces troupes étaient dirigées par le général Mayran, non loin duquel se tenait le général Bosquet, qui avait préparé tous les détails de l'expédition.

À une heure et demie, la lune étant couchée, le signal de l'attaque fut donné; les trois colonnes partirent rapidement, mais sans bruit, et marchèrent dans l'ordre suivant : sur chaque flanc de l'ouvrage, un bataillon de zouaves, et au centre, l'infanterie de marine, en soutien, avec le général de Monet. La colonne de droite, formée du bataillon du commandant Lacretelle, et conduite par le colonel Cler, parvint, sans être aperçue, jusqu'aux premiers postes ennemis; là, reçue par un feu très vif, elle se jeta sur les Russes sans tirer, et poursuivit résolument vers la redoute. La colonne de gauche, sous le commandant Darbois, fut un moment ralentie dans sa marche par des « murailles en pierres sèches qui ne purent être franchies, et dont l'existence n'avait pu être soupçonnée[1] »; elle arriva cependant sur l'ouvrage. Au moment où ces deux colonnes abordaient les troupes ennemies, la colonne du centre, qui suivait le mouvement, fut jetée dans un assez grand désordre par les embuscades russes, et le général de Monet fut atteint lui-même de trois coups de feu; mais ce général « qui a été très brillant et d'une vertu mili-

[1] Rapport du général Bosquet.

taire à citer dans l'histoire[1] », ne renonça pas à accompagner sa colonne, et pénétra avec elle dans la redoute, bien qu'il eût dû remettre le commandement au colonel Cler. Cet officier, non moins intrépide que son chef, ramassa les hommes qu'il avait près de lui, traversa le fossé, et, culbutant l'ennemi, gravit le parapet ; mais là, les assaillants trouvèrent les Russes massés, furent rejetés à leur tour dans le fossé, et bientôt entourés de toutes parts. En ce moment aussi « des fusées, des feux de Bengale, furent allumés pour aider à désigner aux batteries de la place et de la rade l'espace occupé par les nôtres[2] », tandis que, le clairon des Russes retentissant de toutes parts, leur réserve accourait et se lançait sur nos colonnes, dont elle n'avait pas de peine à reconnaître la faiblesse numérique. A la fusillade, qui était des plus vives, répondait le canon de la place et des vaisseaux, et cependant, malgré toutes ces difficultés, nous commencions à bouleverser une partie de la gabionnade ; mais « sous la pluie battante et considérable des projectiles lancés par le cercle de feu dont nos braves, et la parallèle elle-même, étaient le but et le centre, le travail de démolition ne pouvait être que peu de chose ; il aurait fallu cinq heures de tranquillité à cent ouvriers pour y prononcer un dommage sérieux ; l'effet moral était d'ailleurs porté. Malgré les nombreux bataillons qui défendaient cette position, malgré les cent cinquante pièces d'artillerie de terre et des vaisseaux tout braqués pour la défendre, pendant que nous n'avions, pour nous soutenir, pas une pièce à démasquer, nos braves avaient enlevé l'ouvrage, chassé les

1. Rapport du général Bosquet.
2. *Ibid.*

Russes qui étaient en masse, et s'y étaient maintenus seulement avec la baïonnette et le feu de la mousqueterie[1] ». Il fallait toutefois songer à la retraite, et le général Mayran la fit sonner de la tranchée. A ce signal, le colonel Cler, qui tenait encore dans le fossé en attendant des renforts, s'élança à la tête de sa petite troupe, se fit jour à coups de baïonnette, à coups de crosse, et rejoignit nos lignes, sans être poursuivi. Pour protéger le retour, le colonel Dubos sortit de la tranchée avec ses bataillons de réserve, et n'y revint qu'au moment où tout était rentré dans le calme. Les Russes qui avaient pu s'attendre à notre attaque, avaient réuni sur ce point les huit bataillons des régiments de Séléghinsk et de Volhynie ; ils accusèrent 65 tués et 236 blessés, tandis que de notre côté nous eûmes 80 tués et 180 blessés. Dans ce combat glorieux, mais sans résultat, les zouaves, dirigés par leurs vaillants chefs, s'étaient maintenus à hauteur de leur vieille réputation, et le général Osten-Sacken lui-même leur rendit cet hommage : « Je m'empresse, écrivait-il à notre chef, de vous prévenir que vos braves soldats morts, qui sont restés entre nos mains dans la nuit du 23, ont été inhumés avec tous les honneurs dus à leur intrépidité exemplaire. » Hommage très flatteur, également honorable pour ceux qui le reçoivent, et pour le loyal adversaire qui le décerne.

Le 27, un armistice fut demandé pour enterrer les morts restés sur le théâtre de l'action ; l'ennemi en profita pour étudier l'emplacement d'une nouvelle redoute, dite par lui de Volhynie, et par nous Ouvrage blanc du

---

1. Rapport du général Bosquet.

27 février, et la jeta, la nuit suivante, comme un défi, à cinq cent cinquante mètres de notre parallèle ; enfin, au commencement du mois suivant, il reliait les deux redoutes par une tranchée. Quant à nous, nous n'avions pas été assez heureux dans l'attaque du premier Ouvrage blanc, pour tenter celle du second ; on se résigna donc à les laisser armer tous les deux, et l'on dut se borner, pour les contrebattre, à établir des batteries nouvelles, qui nous firent perdre beaucoup de temps[1]. D'ailleurs,

1. Elles étaient établies sur un sol de roc, et le coffre en devait être fait à l'aide de sacs à terre, que l'on était obligé d'aller remplir très loin, et dont il fallait 120,000 au moins « pour les batteries nos 3 et 4, d'après l'estimation du général Beuret ». (Lettre du général Bosquet, 28 février.) De plus, nos moyens de transport faisant défaut, il fallut employer les hommes disponibles à aller chercher, au grand parc de l'artillerie, des boulets de 30, pour les porter au Moulin. De là, des lenteurs qui désolaient notre général : « Pour moi, écrivait-il le 2 mars, tout en acceptant la convenance et la grande utilité de monter nos attaques à hauteur du développement progressif des défenses, je songe que notre personnel ne peut augmenter en proportion, et que cette attaque de Malakof menace tous les jours davantage de nous immobiliser complètement. » Puis, deux jours plus tard, il constatait ainsi les grandes difficultés des travaux entrepris. « Je suis dans un état extrême d'irritation, par le grand désir de précipiter toutes choses ; je voudrais que les nuits eussent vingt-quatre heures et que nous eussions de la terre à piocher à pied d'œuvre. J'ai eu, dans les vingt-quatre dernières heures, 5,600 hommes employés à l'attaque, sur un fonds de 14,200, qui y fournit les gardes et les tirailleurs ; la veille, j'en avais 5,200, ainsi que les jours précédents. Un cheval peut bien fournir une course au galop, mais, poussé à bout, il se couronne, tombe et n'arrive pas, malgré le grand désir et la nécessité que le cavalier peut avoir d'arriver. » — « Nos hommes sont de bonne volonté, disait-il enfin, le 13 mars, après l'ouverture de la parallèle Victoria, quoique les cinq sixièmes environ d'entre eux ne doivent s'attendre, à partir d'hier, qu'à une nuit sur deux. »

notre but principal était la prise de possession du Mamelon Vert, sur lequel l'ennemi n'avait qu'un poste, entouré d'une chaîne de tirailleurs embusqués. Mais, pour y arriver, il fallait partir de la batterie Lancastre, située à mille quatre cents mètres du Mamelon, descendre mille mètres environ, par une pente douce, pour arriver au col, à partir duquel le terrain se relève vers la hauteur que nous voulions occuper; tout cela devait se faire sous le feu de l'ennemi, qui dominait nos cheminements et serait évidemment amené, par nos premiers coups de pioche, à élever un ouvrage sur le Mamelon. On résolut donc d'attendre, de terminer d'abord les batteries qui devaient porter nos feux sur cette nouvelle position, et de ne l'aborder de vive force que si l'assiégé tentait de la fortifier.

Il était trop habile pour tarder à s'y établir, et il le fit solidement, dans la nuit du 10 au 11 mars, en construisant la lunette dite du Kamtchatka, au moment même où nous comptions pouvoir ouvrir notre feu. A la vue de cet ouvrage, le commandant du génie n'hésita pas à demander que, dès la nuit suivante, on s'efforçât de l'enlever; mais le général en chef, après examen des lieux, remarqua tous les inconvénients qu'il y aurait à lancer des colonnes, à une aussi grande distance de la batterie Lancastre, sur un point qui n'était qu'à six cents mètres de la place, et il décida que l'on ferait, avant tout, des approches vers le Mamelon Vert. « Ainsi, dit le maréchal Niel, dans son savant ouvrage, chaque résolution qui était à prendre dans l'attaque de Sébastopol venait révéler toutes les difficultés de l'entreprise. Il s'agissait ici de faire ce qui est, ordinairement, la première opération de tous les sièges, c'est-à-dire de rejeter l'ennemi dans la place, afin d'ouvrir une parallèle à six cents mètres de son enceinte ; le terrain sur lequel on devait se porter n'avait qu'environ mille mètres de large, et il était limité, des deux côtés, par des ravins profonds dans lesquels on était presque partout à couvert ; l'ennemi ne pouvait pas déborder nos flancs au delà de ces ravins, puisque nous y étions déjà établis, et cependant l'ouverture de cette parallèle pouvait amener une bataille sanglante, qui ne nous rendrait peut-être pas maîtres du terrain que nous voulions conquérir. C'est qu'en effet, on n'était pas dans les conditions d'un siège, car on attaquait une armée libre de ses mouvements, et assez forte pour livrer bataille, dès qu'elle jugerait que les circonstances du combat lui seraient favorables. »

Dans la nuit du 12 au 13, nous établissions donc la parallèle Victoria, au col situé entre la redoute de ce nom et l'ouvrage du Mamelon Vert ; on était à cinq cents mètres de ce dernier et à plus de mille mètres de Malakof. La nuit était noire et pluvieuse, et, l'ennemi ne nous ayant pas inquiétés, au jour nous étions suffisamment couverts.

Quelques jours plus tôt, le 6 mars, nous avions appris un grand événement : l'empereur Nicolas venait de mourir[1]. A cette nouvelle inattendue, chacun avait conçu des

[1]. Cette importante nouvelle nous était parvenue, en quatre jours, par Bucharest et Varna ; elle nous serait arrivée plus rapidement, s'il y eût eu, à cette époque, une communication télégraphique entre ces deux derniers points. A la fin d'avril, cette communication existait, et, de Varna au monastère de Saint-Georges, un câble jeté au fond de la mer Noire nous donnait, en douze heures, des nouvelles de Paris. Il était également important de relier entre eux, sur le plateau, les camps si éloignés les uns des autres ; cependant on

espérances de paix, que les conférences de Vienne ne réalisèrent pas. La guerre continua donc. Le 13 mars, l'Ouvrage blanc du 22 février ouvrit son feu, et, dans la soirée, l'ennemi, descendant du Mamelon Vert, construisit deux embuscades à cent cinquante mètres de la gauche de notre parallèle Victoria. Une compagnie de voltigeurs du 100e de ligne, commandée par le lieutenant Ferraud, les enleva résolument le lendemain, à la tombée de la nuit, tandis que le capitaine Champanhet, avec sa compagnie de grenadiers du même corps, occupait avec vigueur le poste, dit *de l'Éperon*, placé en avant de la droite de la même parallèle. La canonnade dura jusqu'à huit heures du soir, « faisant beaucoup de bruit et peu de mal, car nous n'eûmes que trois blessés [1] ». Deux heures plus tard, l'ennemi revint vers les deux embuscades de gauche, que nous avions abandonnées avec trop de confiance, pour nous occuper de la parallèle qui devait les rejoindre ; il s'y établit, et, avec les gabions que nous avions apportés pour nous approprier son travail, il en construisit trois nouvelles ; enfin le 15, il se porta sur l'Éperon, et il était parvenu à s'en emparer, lorsque le commandant Gibon, avec ses trois compagnies de tirailleurs algériens, s'élança aussitôt au secours du 100e de ligne, un moment délogé de l'embuscade. Cet intrépide officier « se jeta tête baissée

---

n'établit le télégraphe aérien qu'au commencement de janvier, après en avoir vu la nécessité à Inkermann, et l'on n'entreprit point de chemin de fer américain entre Kamiesh et les quartiers généraux, malgré tous les avantages qu'on aurait dû en tirer; les Anglais, au contraire, en construisirent un de Balaclava à leurs bivouacs, vers la fin de mars et ce chemin leur rendit de grands services un peu tard, il est vrai.

1. Rapport du général Bosquet.

et très brillamment au cœur de l'ennemi, le repoussa en quelques minutes, et le poursuivit jusque sur les pentes du Mamelon Vert. C'était beau à voir, et nous avons eu là un très beau quart d'heure ; l'embuscade nous est bien restée[1]. » Une seconde tentative de la part des Russes sur ce point, dans la même journée, demeura également sans effet.

Ce 15, à la chute du jour, nous entreprîmes de nouveau de nous rendre maîtres des cinq embuscades de gauche ; à cet effet, des détachements du 3e zouaves, composés chacun de dix hommes, commandés par un officier, et accompagnés de quelques sapeurs du génie, se portèrent de nouveau sur ces obstacles, sous la direction immédiate du colonel de Brancion, « dont la chaleur militaire et le commandement méritent d'être signalés[2] ». Elles furent brillamment enlevées ; mais, dans la pensée qu'on ne pourrait s'y maintenir sous le feu du Mamelon Vert, nous les abandonnâmes après les avoir détruites. « On pensait, écrit le général Bosquet le 17 mars, qu'il suffirait de ruiner ces embuscades, et qu'il convenait de ne pas les occuper, mais de défendre notre terrain de la parallèle. C'était, je crois, l'avis des ingénieurs ; et, en effet, contre un ennemi moins tenace, cette méthode me semblait bonne, et j'espérais qu'un terrain, d'où l'ennemi avait été chassé trois fois, nous resterait bien acquis. Il n'en est pas ainsi, et il nous faut recommencer ce soir. Les petites affaires de nuit ne vont pas, comme vous le savez, aux allures naturelles de nos hommes, et j'ai quelque appréhension que les Russes ne finissent par jeter sur ce point,

1. Rapport du général Bosquet.
2. *Ibid.*

un soir, vingt hommes contre un des nôtres, et n'obtiennent ainsi un succès de nombre. » Ces craintes devaient se réaliser cinq jours plus tard ; mais, en attendant, nous nous étions aperçus au point du jour, le 16, que « de braves travailleurs de l'ennemi s'étaient glissés, malgré notre feu, et avaient réparé quelques portions des embuscades, sans les occuper toutefois[1]. » Ils en avaient, en outre, construit deux autres plus rapprochées du Mamelon Vert, en arrière des premières. Le 16 au soir, les assiégés se reportaient en grandes forces sur les cinq embuscades de gauche, en construisaient également deux nouvelles de ce côté, et une dernière, plus considérable, entre l'Éperon et le Mamelon Vert, à la droite de notre attaque Victoria.

Dans ces luttes vives de jour et de nuit, chacun fit son devoir. « Le général Brunet, écrivait le général, me seconde avec toute son activité et son bon cœur de soldat, et je suis heureux de vous signaler aussi la valeur et le sang-froid, connus de vous et de moi depuis longtemps, de notre brave général de Failly, qui était de tranchée la nuit dernière. Tout mon état-major enfin mérite une mention et des éloges ; il est à cheval, de jour et de nuit, depuis quatre jours, et je ne saurais vous dire combien je suis heureux d'être ainsi entouré. »

Le 17 au soir, il fallut recommencer les combats des nuits précédentes ; deux embuscades russes, plus rapprochées de nos travaux, gênaient tellement la gauche de l'attaque Victoria, que deux compagnies de zouaves furent chargées de les emporter. La lutte fut des plus vives, et

---

1. Rapport du général Bosquet.

les Russes, accourant avec de grands cris, nous arrachèrent encore ces ouvrages si souvent pris et repris, et vinrent même sur nos tranchées ; mais là, ils furent arrêtés et repoussés par les gardes, dirigées par le commandant Dumoulin, du 3° zouaves. Dans la journée, nous avions eu à regretter la mort du lieutenant-colonel Vaissier, du 82°, officier du plus grand avenir, tué en conduisant lui-même, à ciel ouvert, quelques hommes de son régiment, pour renforcer le poste de l'Éperon.

L'ennemi ne nous disputait avec tant d'opiniâtreté ces petites embuscades que parce qu'il se proposait de les relier, d'envelopper le Mamelon Vert d'une parallèle, et de se porter ainsi au-devant de nous. C'est ce qu'il fit dans la nuit du 18 au 19 mars ; et, pour abriter ses hommes, il vint en outre creuser de nouveaux trous, en avant de la gauche du Mamelon Vert, malgré le feu de quatre pièces de campagne placées près de la batterie n° 1, afin d'écarter les travailleurs. Il nous fallut céder à tant de persévérance, jusqu'au jour où il ne nous fut plus possible de cheminer sans nous trouver sous le feu de nos adversaires ; alors trois détachements de zouaves, de quinze à vingt hommes, commandés chacun par un officier, se jetèrent, dans la matinée du 22, sur les trois embuscades qui nous empêchaient d'avancer, et les enlevèrent ; déjà, après la tombée du jour, on s'empressait de les retourner contre la place, lorsque, à la faveur d'une nuit obscure et d'un grand vent qui nous empêchait d'entendre la fusillade de nos camps, quatorze bataillons russes d'un effectif de quinze mille hommes, dirigés, disent les rapports, par le général Chroulef, exécutèrent une importante sortie sur notre attaque Victoria, en débouchant par la droite et par la gauche du Mamelon. Nous n'avions à leur opposer que cinq cents travailleurs, répartis sur divers points, et quatre bataillons de tranchée sur la rive gauche du Carénage, savoir : à droite de la parallèle Victoria, le 6ᵉ et le 82ᵉ ; au centre, trois cent cinquante hommes du 4ᵉ chasseurs à pied ; à notre gauche, et en face de la sortie, le 2ᵉ bataillon du 3ᵉ de zouaves (commandant Banon, qui fut tué) ; enfin, en réserve, dans le ravin de Karabelnaya, un bataillon du 86ᵉ de ligne.

Le général d'Autemarre, de service de tranchée, « avec son sang-froid et son habileté, aussi remarquables que sa bravoure[1] », se porta rapidement au-devant des Russes, et les repoussa de la gauche de notre parallèle Victoria ; il fut secondé merveilleusement par le colonel Jannin, « qui se battit au milieu des soldats comme un ancien zouave, y acquit une gloire nouvelle, et fut blessé de deux coups à la tête[2] ». Les Russes passèrent alors sur le versant gauche du ravin, où les Anglais ne se reliaient jamais avec nous, malgré les instances sans cesse renouvelées des généraux de service ; ils franchirent la parallèle anglaise dépourvue de défenseurs, et fusillèrent à dos nos hommes postés sur la berge droite. La position devenait critique ; heureusement, l'obscurité empêchait l'ennemi de juger de ses avantages, et le reste du 4ᵉ bataillon de chasseurs à pied, de réserve au camp, put bientôt accourir, « au pas gymnastique, sonnant tous ses clai-

1. Rapport du général Bosquet.
2. *Ibid.*

rons¹ », et rétablir nos affaires². A l'approche de cette troupe, les assaillants battirent enfin en retraite. Il était une heure du matin. Cette sortie, la plus considérable que les Russes aient exécutée pendant toute la durée du siège, nous fit éprouver de grandes pertes³. Les résultats ne répondirent pas à un tel déploiement de forces, et l'on vit par cet échec relatif de onze bataillons russes contre trois bataillons français, l'inconvénient des grosses forces dans les sorties *de nuit*; il est impossible de les diriger.

Le feu des embuscades russes continuant à être très vif, le 24, au point du jour, le commandant Castex fut lancé avec quarante tirailleurs algériens sur deux d'entre elles, qui étaient les plus rapprochées de notre cheminement, et les emporta. Le même jour, le général Osten-Sacken demanda un armistice pour enterrer les morts : à midi et demi, le drapeau blanc fut hissé sur le Mamelon Vert et sur la redoute Victoria, et le feu cessa aussitôt, de part et d'autre ; les officiers russes et français se portèrent au-devant les uns des autres, à mi-distance des ouvrages,

---

1. Rapport du général Bosquet.
2. « Les Anglais, dit le rapport du général Bosquet, ont pu réunir à la fin des forces pour courir sur l'ennemi et le chasser de chez eux, ce qu'ils ont dû faire avec leur vaillance habituelle, et corps à corps, car j'apprends qu'ils ont perdu trois de leurs capitaines tués, et un de leurs colonels tombé au milieu du plus gros des Russes, et qui n'a pas reparu. »
3. Le rapport du général indique 10 officiers tués et autant de blessés ; 39 sous-officiers et soldats tués, 438 blessés. Parmi les morts, on releva le commandant du génie Dumas.
Les Russes accusèrent de leur côté, 387 tués et 1,003 blessés, en tout 1,390 hommes hors de combat.

tandis que des corvées de soldats ramassaient les blessés et les morts étendus de leur côté. Pendant cette triste opération, les officiers des deux nations causaient amicalement ; l'un des nôtres, vif et aimable cavalier, chargé, sur sa demande, des fonctions d'aide-major de tranchée, complimentait un prince russe sur la fraîcheur de ses gants, et lui demandait, en riant, si la marchande de Sébastopol était jolie ; d'autres parlaient de Paris, du plaisir que l'on aurait à s'y retrouver ensemble, la paix faite, et, en attendant, on échangeait des cigares. A quelques pas de là, un des nôtres paraissait prendre une vue des positions des Russes ; ceux-ci se plaignirent au général Lafont de Villiers de cette infraction à la règle des armistices ; renseignements pris, « ce n'est qu'un officier de la garde nationale », répondit le général. La personne incriminée, et qui n'était autre que M. de Bazancourt, depuis peu de temps parmi nous, portait en effet cet uniforme ; il s'avança, et coupa court aux réclamations, en montrant au parlementaire russe le croquis d'un officier de tcherkess qu'il venait de tracer sur son album.

A trois heures et demie, le funèbre travail terminé, on se serre la main, avant de redevenir ennemis ; au signal donné, chacun regagne à la hâte ses lignes, les drapeaux blancs sont abattus, et les retardataires s'empressent de rejoindre les leurs. Il est temps, car le vacarme recommence de plus belle, comme si l'on se repentait d'avoir pu oublier quelques instants qu'on était en face l'un de l'autre pour se faire le plus de mal possible. Ces premiers coups de canon après une trêve m'ont toujours laissé dans l'âme une profonde impression de tristesse. Dure nécessité de la guerre ! A peine le drapeau parlementaire a-t-il disparu, voilà les hommes dans leurs embuscades, le fusil au poing, et guettant la première tête qui se montrera par-dessus le parapet ; ils l'ajustent, au risque peut-être de tuer celui à qui ils viennent de donner la main, et qu'ils ont quitté, le sourire d'adieu sur les lèvres !

Les réflexions ne peuvent être de longue durée dans les tranchées, et les nôtres furent assez vite interrompues, car, au moment où nous arrivions à la batterie n° 2, armée de six mortiers de 27, nous entendîmes le cri : « Gare la bombe ! » lancé par le guetteur de la batterie. On appelle ainsi un canonnier choisi, toujours placé sur le revers d'une batterie de mortiers, et chargé de signaler le départ et la direction des bombes lancées par l'ennemi ; il les suit de l'œil à travers les airs, aisément, le jour avec un peu d'habitude, plus facilement, la nuit, grâce au feu de la fusée. A ce cri d'avertissement, tous, dans la batterie et aux environs, deviennent attentifs ; si le projectile n'est pas menaçant, « trop à droite » ou « trop à gauche ! » dit le guetteur, et chacun de reprendre son travail ou son repos interrompus ; mais, si la bombe paraît se diriger sur les intéressés, à cet avis terrible : « Pour nous ! » qui équivaut à un vrai sauve-qui-peut, tous se réfugient vers l'abri le plus voisin, sous les pièces de canon, derrière un gabion, ou derrière des traverses construites *ad hoc;* là, couchés à plat ventre, ils attendent que le redoutable ennemi, qui vient de s'enfoncer en terre, en ressorte, et qu'il ait distribué ses éclats autour de lui, si déjà il ne les a lancés avant d'atteindre le sol. Tout le monde se relève alors, pour recommencer le même mouvement dans quelques instants peut-être, et continuer cette vie d'émotions pendant les vingt-quatre heures que dure chaque garde de tranchée.

Le temps redevint, tout à coup, fort beau ; nous nous trouvions sous un climat où la température ne ménage pas ses transitions et ne les laisse guère prévoir ; de la tempête et du froid de neige le plus glacial, nous passions brusquement en un jour, à une chaleur relativement gênante, sous un ciel sans nuages. Les vents seuls persistaient à souffler, à peu près périodiquement, avec une force excessive, mais ils empêchaient sans doute le retour de ces diverses épidémies, dont nos armées avaient déjà tant souffert.

Le bois avait été rare pendant l'hiver ; cependant il avait à peu près suffi à nos besoins, non sans nous donner quelque peine, car il fallait l'extraire à la pioche d'un sol tout rempli de souches de chêne et de charme ; c'étaient les restes d'un bois taillis que nous avions coupé aux premiers jours de notre installation, et qui s'étendait depuis la route Voronzof jusqu'aux ponts d'Inkermann. Nous fûmes en pleine abondance lorsqu'on put envoyer des corvées pour exploiter successivement, de la même façon, les monts Fédioukine et les bois de Baïdar. Le vieux siège était moins bien partagé que nous ; il avait d'abord trouvé des ressources dans la forêt, d'ailleurs peu étendue, qui avoisine le monastère de Saint-Georges[1] ; mais, ces ressources épuisées, on dut fournir au premier corps du bois et du charbon de terre débarqués à Kamiesh, qui était

---

1. Notons, en passant, que, pendant tout le cours de la campagne, nous avons laissé ce monastère aux moines grecs, qui l'occupaient, et qui, assurément, par leurs précieux avis, n'ont pas été inutiles aux Russes.

heureusement à proximité de cette partie de nos campements.

Si je rappelle tous ces détails, que je retrouve notés jour par jour, c'est qu'ils sont l'objet ordinaire des grandes et justes préoccupations du commandement dans une armée bien conduite, et qu'ils peuvent faire comprendre une partie des difficultés de toute espèce que nos chefs, même en dehors de la question militaire, rencontraient à chaque instant sous leurs pas. On a bientôt fait de dire et d'écrire qu'une armée de cent mille hommes peut tout, et qu'elle doit être jetée sans retard sur l'ennemi ; mais l'on ne songe guère à ces cent mille rations de vivres, d'eau, de bois, qu'il faut assurer chaque jour ; on oublie trop aisément que, si dure et si résignée qu'elle soit aux privations et aux fatigues, une armée a pourtant besoin de se reposer et de manger.

La fin du mois de mars et le commencement d'avril se passèrent sans événements notables ; de part et d'autre, on perfectionnait les travaux, et nous terminions devant Victoria la deuxième parallèle, qui, partant de la gauche de la première, se dirigeait, à droite, vers l'embuscade de l'Éperon. A l'extérieur, comme on avait vu paraître des patrouilles ennemies sur les monts Fédioukine, le général Bosquet, de concert avec les généraux Camou et Dulac, ordonna, le 4 avril, « une organisation de postes plus solides ; chacun de ces officiers généraux dut avoir un bataillon de garde sur les lignes de circonvallation, et, dans ce bataillon, une première petite réserve : celle du général Dulac, près de la route, entre la redoute Canrobert et le Télégraphe ; celle du général Camou, près de la queue d'hironde. Chacun d'eux désigna encore un bataillon, avec ordre de coucher la cartouchière au flanc, et, outre le chef de bataillon de garde, un colonel ou lieutenant-colonel, de jour, pour les avant-postes. » Ces sages précautions étaient complétées par l'établissement d'une ligne de clairons et de sonneries, pour avertir les postes, ou faire accourir le bataillon de réserve ; enfin, par de petites patrouilles rôdant au pied des mamelons, « indépendamment des factionnaires doubles avancés, qui avaient, dans la plaine, l'oreille contre terre [1] ». Les grand'gardes continuaient d'ailleurs leur service ordinaire. Ces mesures indispensables nous prenaient beaucoup de monde sur un effectif relativement faible, car avec ses quatre divisions, notre deuxième corps devait à la fois faire face à la plaine et à Malakof ; de ce dernier côté, il fallait particulièrement un solide déploiement de forces, et le général Bosquet se préoccupait de l'insuffisance des siennes. En effet, dans ce même rapport du 4 avril, il signala au commandant en chef une demande du général de Failly, de service aux tranchées, indiquant « que les travaux de contre-approche de l'ennemi et les facilités que lui donnaient ses larges débouchés pour se masser, rendaient la défense de nos ouvrages plus difficile en cas d'attaque, et qu'il faudrait, dès lors, un plus grand nombre de troupes de soutien à la disposition des généraux de tranchée. Je suis à peu près au bout de mon rouleau, surtout avec les patrouilles extérieures, qui indiquent un danger auquel il faut faire face. » De leur côté, nos camarades des autres divisions ne rencontraient pas

---

1. Rapport du général Bosquet.

de moindres difficultés, et, pour y subvenir, l'effectif général de l'armée ne s'élevait, au 1ᵉʳ avril, qu'à 91,366 hommes, sur lesquels 77,200 seulement étaient valides, et sous les armes; la part de notre deuxième corps était, dans ce nombre, d'environ 24,000 hommes.

NOUVELLE OUVERTURE DU FEU.

L'ASSAUT EST ENCORE AJOURNÉ.

Depuis le 14 mars, on songeait à ouvrir le feu ; mais nos alliés n'étaient pas encore en mesure de nous seconder. « J'attends depuis le 14, écrivait le général Canrobert, que les Anglais soient prêts à entrer en action » ; et, le 20, il ajoutait : « Les Anglais ne peuvent encore me dire quand ils seront prêts. » On put enfin fixer au 9 avril, lendemain du jour de Pâques, ce moment impatiemment attendu par l'armée ; c'était six mois après l'ouverture de la tranchée. Le but principal que l'on se proposait était de permettre au génie de pousser en avant ses approches ; mais le général en chef espérait pouvoir faire davantage, car il écrivait le 31 mars : « Ce feu facilitera le cheminement des alliés vers la place ; il diminuera les difficultés que nous offre l'enlèvement de vive force de certaines de ces approches, et son effet permettra à une ou deux colonnes d'assaut de se loger sur quelques points de Sébastopol, et d'y planter notre drapeau. » Le 10, il écrivait encore : « Les généraux en chef sont convenus de mener ce feu sans précipitation, mais aussi sans hésitation, et de profiter des chances favorables qu'il pourrait amener, soit contre la place, soit contre l'armée de secours. » La pensée d'une opération à l'extérieur, on le voit, n'était pas du tout abandonnée, et empêchait de tenter contre la ville une action décisive ; des instructions venues de Paris indiquaient, en effet, contre l'armée de secours un mouvement auquel devait concourir le corps de réserve qui se réunissait à Constantinople.

Le général Canrobert donna l'ordre du jour suivant, avant ce feu terrible, que le prince Gorchakof qualifie dans son rapport de bombardement infernal : « Au moment où les travaux préparatoires du siège touchent à leur terme, le général en chef fait acte de justice en remerciant l'artillerie et le génie des efforts qu'ils n'ont cessé de déployer pour leur exécution. Ces travaux ont été entrepris dans une saison et au milieu d'épreuves qui semblaient les rendre impossibles. Les armes spéciales n'ont reculé devant aucune difficulté, aucun péril, pour accomplir une œuvre qui dépasse en grandeur tout ce qu'on pouvait attendre de l'habileté et du dévouement. De beaux exemples de fermeté et de constance ont été donnés, et, si le général en chef ne signale en particulier aucun officier, sous-officier ou soldat, à l'attention de l'armée, c'est qu'il considère que tous ont bien mérité. » Louanges aussi justifiées qu'honorables, car les deux armes n'ont cessé de rivaliser de science, de persévérance et de bravoure, au milieu des périls de ce siège si difficile.

Le 9 avril, dès le matin, la canonnade retentissait sur tout le développement de nos attaques, garnies de trois cent quatre-vingt-huit bouches à feu, dont quatre-vingt-douze en face de Malakof ; les Anglais mirent en action de cent trente à cent quarante pièces, ce qui donnait du côté des alliés plus de cinq cents bouches à feu, qui tirèrent chacune, en moyenne, cent coups dans la première journée ; les canons russes ne s'élevaient pas à moins de mille à douze cents. Sur les pièces françaises, quatre-vingt-quatre étaient servies par nos marins ; les trois cent quatre autres, par l'artillerie de terre, aidée de douze cents auxiliaires pris dans cette infanterie qui, non seulement est l'arme essentielle des batailles rangées, mais qui se prête encore à tous les services. Que des difficultés d'exécution se présentent, on peut toujours compter sur le modeste fantassin, et l'on est souvent obligé de recourir à lui, les autres armes ne pouvant suffire à certains cas exceptionnels de guerre. C'est à l'infanterie qu'on demande des boulangers, des botteleurs, des ouvriers de toute espèce, et aussi des travailleurs pour les tranchées, et jusqu'à des auxiliaires pour servir les canons. L'infanterie, c'est la masse inépuisable dans laquelle on va prendre sans cesse.

Par malheur, le jour où s'ouvrait le feu, une horrible tempête succédait aux vingt jours de beau temps que nous avions eus ; non seulement le vent et la pluie ne cessèrent pas, mais un épais brouillard gênait notre tir, et nous permettait à peine de voir les ouvrages de l'ennemi[1]. Enfin, nos tranchées étaient remplies d'eau ; on dut travailler sans relâche à faire partout des rigoles de dérivation, et établir des passerelles. La gauche de nos

1. « J'arrive du poste de l'Observation, où j'ai toujours d'ailleurs un officier de choix, écrivait le général Bosquet ; il paraît que la place a été prise au dépourvu ; elle répond peu, mais je crois que les canonniers alliés perdent beaucoup de leurs coups, tant le brouillard, la pluie et le vent de tempête font obstacle à un tir étudié et précis. Nous sommes bien parés partout, chacun la cartouchière au flanc et abrité, bien entendu ; mais les eaux de pluie nous inondent dans les batteries. »

parallèles Victoria était transformée en un véritable lac ; le commandant Castex, ne pouvant passer de ce côté pour gagner le centre de la tranchée, où l'appelait son service, crut pouvoir marcher à découvert ; il fut atteint dans le trajet par un boulet qui lui enleva le poignet droit. Nous eûmes d'ailleurs, à nos attaques de Malakof, pendant cette journée du 9 avril, trente-trois hommes hors de combat, dont sept tués ; c'était à peu près le double de nos pertes habituelles dans les vingt-quatre heures.

Vers la plaine, une patrouille, partie de nos grand'gardes pour descendre au pied du mamelon, eut toutes les peines du monde à regagner nos positions, tant le terrain était détrempé et glissant : « Si les Russes viennent, disait gaiement un de nos hommes, il faudra leur donner la main pour les faire monter. » Mais tout n'était pas à notre désavantage dans ce contre-temps, car la Tchernaya ayant débordé pendant la nuit, nous assurait contre toute attaque de l'extérieur. Cependant, notre feu avait obtenu le résultat qu'on s'était proposé ; il avait éteint les batteries ennemies ; il avait également réduit au silence et bouleversé les deux Ouvrages blancs du 22 et du 27 février ; mais sur le Mamelon Vert et à Malakof, les dégâts produits par notre artillerie n'avaient pu être aussi considérables, à cause de la distance.

Par contre, pendant cette journée, nos approches du Carénage avaient été exposées, presque sans défense, au feu des batteries russes du nord de la rade. Les pièces de la batterie du fond du Port, destinées à les contrebattre, devaient être servies par les Anglais, sur la demande expresse qu'ils en avaient faite eux-mêmes, en nous remettant la garde de cette partie des lignes, et nos alliés, là comme sur d'autres points, n'étaient pas encore en mesure d'agir. De là une suite de mécomptes, que le général Bosquet dut signaler plusieurs fois dans sa correspondance officielle : « Vous n'apprendrez pas sans étonnement, écrivait-il, le 9, au général en chef, que les Anglais, malgré nos précautions d'hier soir, n'ont point paru à leurs batteries de canons du fond du Port : chez nous, un fait pareil entraînerait un conseil de guerre. Heureusement nos mortiers du fond du Port, amenés et armés hier soir, ont réduit au silence ceux du Phare de l'ennemi. La batterie n° 6 est presque seule contre la rive droite de la rade, par suite de cette absence des Anglais. Nous nous en tirerons malgré ce mécompte, que Sa Seigneurie lord Raglan regrettera profondément, je n'en doute pas. » Il ajoutait le 10 avril : « J'éprouve une véritable peine à vous faire savoir, mais j'y suis forcé, que les ordres de Sa Seigneurie lord Raglan, relatifs à la batterie de canons du fond du Port, ont été méprisés ; ni hier soir, ni dans la nuit, ni ce matin à huit heures, on n'a tiré de cette batterie un seul coup de canon. » Plusieurs jours se passèrent dans la même inaction, malgré ces instantes réclamations de nos chefs. La seule conclusion à en tirer, c'est que nos alliés avaient une façon d'opérer toute différente de la nôtre, et à laquelle nous ne pouvions nous faire[1].

1. Ici, j'ai besoin de m'autoriser de citations pour rendre compte d'incidents qui ne sauraient être passés sous silence, parce qu'ils expliquent bien des difficultés qui ne venaient pas de nous, et auxquelles il nous fallait cependant pourvoir. Entre autres faits, qui ne sauraient se produire dans une armée française, en voici un que je retrouve dans une dépêche du général Bosquet, à la date du 6 avril : « Hier soir, à la nuit tombante, les gardes des tranchées anglaises

On supposait que notre terrible canonnade déterminerait les Russes à livrer une bataille à l'extérieur, et, dans cette prévision, on avait fait venir comme réserve, d'Eupatorie et de Constantinople, deux divisions turques présentant un effectif de 15,000 hommes ; elles s'étaient établies, le 13 avril, au col de Balaclava, sous le commandement du généralissime Omer Pacha. Déjà, depuis le mois précédent, les brigades Cœur (4ᵉ chasseurs à pied, 86ᵉ et 100ᵉ de ligne) et Lafont de Villiers (49ᵉ, 91ᵉ) de la division de réserve (Brunet) étaient venues renforcer le deuxième corps, et avaient apporté au siège de Malakof le concours de régiments éprouvés. Mais les Russes ne parurent pas du côté de la plaine.

Le feu continuait, se ralentissant, toutefois, de jour en jour ; dès le soir du 9 avril, nous ne tirions plus que quarante coups de canon par pièce pendant les vingt-quatre heures, et quinze jours plus tard, ce nombre se réduisait à dix. Du 9 au 15 avril, nous mîmes hors de combat 2,382 hommes dans la place, sans toutefois produire sur les ouvrages de l'ennemi tout l'effet que nous attendions ;

n'étaient pas relevées, et plusieurs soldats, abandonnant leurs créneaux, étaient descendus dans notre parallèle, au fond du ravin. Il a fallu y envoyer deux de nos compagnies, jusqu'à l'arrivée de la garde montante, que je n'ai rencontrée que très tard dans le ravin ; mais cette garde montante a profité de ce qu'une partie de sa parallèle était occupée, pour s'étendre à gauche, et nous laisser ainsi chargés d'une portion de ses tranchées. La difficulté de s'entendre est trop grande pour que tout cela puisse s'arranger sur place. Je demande que le chef des tranchées anglaises soit prévenu que la droite de ses gardes est à un endroit fixe, où notre gauche doit être appuyée ; et qu'enfin il doit aviser à laisser toujours du monde sur ce point. »

car, la crainte d'épuiser nos munitions nous obligeant à modérer notre action, l'adversaire avait toutes facilités pour réparer promptement les dégâts occasionnés par notre tir. Toutefois, notre feu avait permis au génie de s'étendre à gauche, au vieux siège; dans la nuit du 10 au 11, il avait fait enlever des embuscades au sud-est du Cimetière, et une tranchée avait été commencée en avant de la troisième parallèle. Une sortie des Russes les ayant remis en possession de ces embuscades, nous les reprîmes la nuit suivante; mais, au matin, l'ennemi les reprit à son tour, avec d'autres que nous avions précédemment occupées à la droite du T[1]. Pour en finir, le commandant du siège chargea les généraux Rivet et le Breton d'attaquer : le premier, avec dix compagnies, les embuscades du Cimetière ; le deuxième, avec six compagnies, celles qui étaient placées en avant du bastion Central. Ces deux entreprises, effectuées dans la nuit du 13, eurent un égal succès, et nous mirent à même de constater que l'ennemi avait bien l'intention de relier tous ces petits postes par des parallèles, dont il eût été fort difficile de s'emparer ultérieurement.

Le 15, à sept heures du soir, le génie donna le feu à plusieurs fourneaux destinés à former la quatrième parallèle, qui se trouvait ainsi à quatre-vingt-dix mètres de la troisième et à soixante-dix mètres de la contrescarpe du bastion du Mât. Il poursuivait ces travaux difficiles et périlleux, sans se laisser ébranler par les pertes cruelles qu'il subissait chaque jour : les commandants Masson et

---

1. Terme technique, employé pour désigner des portions de tranchée ayant la forme de la lettre T. Le T, dont il est fait mention ici, était situé devant le bastion Central.

de Saint Laurent avaient été mortellement atteints, le 1ᵉʳ avril, aux attaques de Malakof ; ce dernier, qui semblait appelé au plus bel avenir, fut frappé d'une balle à la tête, et ne succomba à sa blessure qu'au bout de quelques jours, sans avoir toutefois pu reprendre connaissance. Enfin, quinze jours plus tard, les généraux en chef étaient réunis autour de la tombe du général Bizot, blessé à mort dans les tranchées anglaises. Cette perte était particulièrement sensible : aussi le général Bosquet écrivait-il : « La grande tristesse de la journée, c'est la blessure du général Bizot. Je viens de le voir, à l'instant, à l'ambulance de la quatrième division, où l'on s'empresse de soins autour de lui. Il ne peut pas parler. C'est notre seul accident aux attaques Victoria ; mais il en représente plus de mille. » Son corps fut déposé auprès de ceux des officiers du génie enterrés non loin du Moulin.

Chaque jour, les cimetières établis çà et là sur le plateau, et entourés d'un simple mur en pierres sèches ou d'un fossé, recevaient ainsi le triste tribut de la journée ; les yeux se mouillaient de larmes lorsque ces vaillants hommes étaient descendus dans la tombe, loin de la patrie, loin de la famille ; ils étaient entourés, il est vrai, de camarades qui redisaient leurs belles actions et les gravaient d'une date sur la pierre ; mais, le plus souvent, ils étaient oubliés dès le lendemain, parce que le lendemain apportait de nouveaux combats et de nouvelles victimes. Depuis, avec une pieuse sollicitude, le gouvernement français a fait l'acquisition d'un terrain sur le théâtre de ces sanglantes luttes ; on a réuni dans ce champ sacré, avec le plus grand ordre, les restes des braves morts pour le pays, et l'on a confié à un officier la garde de cet ossuaire. Ainsi, comme Turenne à Salzbach, et Marceau à Altenkirchen, ceux qui ont succombé devant Sébastopol reposent désormais sur une terre française.

Dans la nuit du 15 au 16, les Russes tentèrent de pénétrer, par surprise, dans les tranchées anglaises. Selon le rapport du général de Lavarande, qui avait pris ses renseignements auprès des Anglais eux-mêmes, vers neuf heures du soir, huit à dix hommes s'étaient présentés à la droite de ces tranchées, près du ravin de Karabelnaya, en criant : « Ne tirez pas, nous sommes Français ! » Accueillis par un feu roulant, ils s'étaient rejetés, avec les quatre cents hommes qui les suivaient, dans le ravin, où ils avaient été fort rudement accueillis de notre côté par une compagnie de grenadiers du 50e ; puis, l'éveil étant ainsi donné, et le *garde à vous* ayant retenti dans toutes nos parallèles, ils s'étaient hâtés de rentrer dans la place[1].

Bien que l'assaut présentât toujours de grandes difficultés, on avait résolu, toutefois, de le livrer le 28 ou

---

1. Le 17, un incendie éclata dans la ville par l'effet de nos projectiles. En temps ordinaire, on accourt, de toutes parts, sur le lieu du sinistre pour éteindre le feu ; mais, à la guerre, c'est tout autre chose : « Je vais tâcher de faire tirer des fusées pour l'activer », écrit aussitôt le général Bosquet au général en chef. On en lança, en effet, un certain nombre, à onze heures du soir, et l'on réussit à allumer un second incendie, qui fut accompagné de lueurs subites et d'explosions, comme si le feu avait pris à des magasins de liqueurs alcooliques.

le 29 avril, et les dispositions à cet égard avaient été arrêtées en conseil. « L'assaut sera donné dans quatre ou cinq jours, écrivait le général Canrobert le 24, à moins de ces événements imprévus qui sont inhérents à l'état de guerre. Nous eussions désiré retarder cette opération jusqu'à l'arrivée en Crimée de l'armée de réserve ; mais nous sommes si rapprochés des Russes, qu'il y aurait danger à attendre, d'autant plus que l'armée ennemie reçoit journellement des renforts. Les officiers généraux des armes spéciales des deux armées, les chefs de nos corps d'armée ont été unanimes pour céder, dans cette circonstance, au cri de nos soldats français et anglais demandant l'assaut. Lord Raglan partage fermement leur avis. J'ai pensé que mon devoir était de m'y joindre. » Le général anglais s'était, en effet, prononcé pour l'assaut et combattait vivement le projet d'une expédition à l'extérieur. Tout était prêt, lorsque l'on reçut l'avis que l'armée de réserve devait arriver en Crimée le 10 mai ; dans ces circonstances, on pensa qu'il fallait éviter une lutte hasardeuse et attendre nos troupes. C'étaient la dixième division (Herbillon), la onzième (d'Aurelle), et une division de la garde ; elles devaient former, dans l'origine, sous les ordres du général Regnaud de Saint Jean d'Angely, un corps destiné à opérer séparément ; mais bientôt, réunies à Constantinople, elles apprirent, de leur côté, que ces projets étaient changés et qu'elles allaient composer, en Crimée, le corps de réserve de l'armée d'Orient.

Le général en chef, en passant, le 26 avril, une revue de quarante-cinq bataillons, soixante-douze pièces et quatre régiments de cavalerie du deuxième corps, nous avait annoncé l'arrivée de ce renfort, de 30,000 hommes, qui devait nous permettre de tenter un effort décisif sur la ville : « Il n'est pas trop tôt », murmuraient les soldats, employant ainsi une locution qui leur est familière. Cependant, plus de quatre mois devaient s'écouler encore, et plusieurs sanglants combats se livrer, avant que le résultat pût être obtenu. Toutefois, ces paroles de notre chef encourageaient les espérances que l'arrivée de troupes nouvelles et la fin de la mauvaise saison faisaient naître dans tous les rangs de l'armée. Les privations d'un hiver rigoureux avaient été bien vite oubliées, dès que l'abondance nous était venue ; on déplaçait les grandes tentes ; on installait quelques baraques ; les camps étaient assainis et égayés par de petits jardins. Des marchands, attirés par l'appât du lucre, construisaient, près de la route de Voronzof, quelques petits hameaux appelés officiellement le *Village,* mais baptisés par le troupier des noms de Friponville, Canaillopolis, etc., etc., et ses spéculateurs réalisaient, en peu de temps, des bénéfices considérables. De son côté, l'armée anglaise commençait enfin à se reconstituer ; elle avait reçu des renforts d'hommes et attendait de la cavalerie des Indes. Ses soldats étaient habillés de neuf, chaudement, et étaient installés, pour la plupart, dans de confortables baraques ; les vivres leur étaient largement distribués, et, n'ayant qu'une seule attaque, celle du Grand Redan, ils n'éprouvaient que peu de fatigues et peu de pertes.

Depuis le commencement de février, et surtout pendant le mois d'avril, la guerre souterraine avait pris une certaine activité. Il faut lire, dans l'ouvrage du maréchal

Niel, les détails pleins d'intérêt et fort peu connus de cette lutte, d'un caractère tout dramatique, et qui demande des courages solidement trempés. Elle fut admirablement conduite par nos ingénieurs, cela dit sans faire tort à l'habileté de l'ennemi, que l'ouvrage russe exalte en ces termes, un peu plus vifs peut-être qu'il ne conviendrait : « D'après le rapport du prince Menchikof, Todleben et ses adjoints étaient tellement supérieurs dans l'art du mineur, qu'ils surpassèrent même les ingénieurs français, si réputés » ; et, plus loin : « Les contre-mines furent dirigées de telle façon, que toutes les batteries françaises qui se trouvaient dans le voisinage furent bouleversées. » Il y a là quelque exagération, car aucune de nos batteries ne sauta, et la prétendue supériorité des mineurs russes n'empêcha pas les nôtres d'établir, comme ils l'avaient projeté, une quatrième parallèle à l'extrémité de leurs galeries.

Le combat à ciel ouvert et en plein soleil ne paraît plus qu'un jeu, en comparaison de ce travail dans les entrailles de la terre et des dangers qui l'accompagnent ; là, le mineur, entendant tout autour de lui les coups de pioche du mineur ennemi, s'étudie à le surprendre, quand il n'est pas surpris lui-même, et à détruire le travail de l'adversaire avec des *camouflets*. Sans cesse, il est exposé à manquer d'air, à tomber asphyxié par les gaz des mines ennemies, ou par d'autres émanations[1], à sauter en l'air ou à se voir enterrer vivant. Dans ce travail pénible et dangereux, on se propose un double but : contrebattre

---

1. « Le 15 mai, dit le maréchal Niel, en arrivant sous l'entonnoir du fourneau 20, nos mineurs donnèrent dans un amas de chair humaine en putréfaction, qui les força à abandonner le rameau. »

les approches souterraines de l'ennemi, qui pourrait arriver jusqu'aux parallèles, et les faire sauter avec leurs défenseurs ; puis, créer aussi près que possible de la place, par conséquent à une distance où l'on ne peut, sans trop de péril, cheminer à ciel ouvert, des excavations destinées à loger des soldats, et à former, lorsqu'elles ont été reliées, une parallèle avancée. La position des hommes de garde eux-mêmes n'est guère plus enviable, car, outre qu'ils sont exposés plus que personne aux éclats de projectiles creux que l'ennemi lance à profusion dans ces entonnoirs, ils sont placés au-dessus des fourneaux de mine des deux adversaires, c'est-à-dire sur de véritables volcans toujours prêts à faire éruption. Pour éviter ce dernier danger, nous prîmes le parti, au commencement de mai, d'établir nos gardes sur le bourrelet intérieur des entonnoirs, qui formaient ainsi, en avant de nos soldats, un fossé, battu de leurs feux, et que, par conséquent, l'ennemi, dans ses sorties, ne pouvait traverser sans risque.

Par suite de l'ajournement de l'assaut, et pour utiliser les premiers renforts, jusqu'à l'arrivée totale du corps de réserve, les amiraux Bruat et Lyons demandèrent qu'une expédition fût dirigée sur Kertch et Iénikalé, afin d'ouvrir aux flottes alliées l'entrée de la mer d'Azof, d'où venaient, en partie, les approvisionnements de l'armée russe de Crimée. Cette opération ne nous paraissait pas opportune, car, d'un moment à l'autre, on pouvait avoir besoin de toutes les troupes et de tous les vaisseaux ; mais le général Canrobert, dont on connaît le caractère conciliant, était désireux de conserver de bons rapports avec nos alliés, et, voyant combien ils avaient à cœur cette entreprise, il y consentit, quoique à regret. En conséquence, le 3 mai au soir, une division anglaise (celle du général Brown, qui devait commander l'expédition comme le plus ancien), une division française (général d'Autemarre), et la brigade égyptienne furent embarquées et firent voile vers Kertch. Quelques heures après le départ, arrivait une dépêche télégraphique de l'Empereur, enjoignant au général Canrobert de réunir tous ses moyens pour se préparer à attaquer l'ennemi à l'extérieur, et de concentrer, à cet effet, toutes ses forces, même celles qui avaient été laissées à Constantinople. L'ordre fut porté immédiatement aux flottes de rentrer à Kamiesh, et l'amiral Bruat dut aller chercher notre armée de réserve avec ses vaisseaux. Ces dispositions nouvelles, qui contrariaient les projets de lord Raglan, mirent entre les deux commandements une certaine froideur, qu'augmenta bientôt le refus du général anglais de coopérer au projet d'expédition extérieure.

Depuis deux ou trois mois, nous l'avons déjà vu, la défense avait montré une énergie vraiment remarquable, et elle avait pris, en réalité, le rôle de l'assaillant. Nous avons dit avec quelle audace l'ennemi franchissait, en février, le ravin du Carénage, le laissait résolument derrière lui, en construisant et occupant les redoutes Séléghinsk et Volhynie, puis couronnait le Mamelon Vert par la redoute de Kamtchatka. Nous l'avons également vu, au commencement de mars, envelopper ce mamelon d'une parallèle formée d'embuscades, dont il doublait le nombre après chaque attaque, et relier cette parallèle avec tous les ouvrages situés en arrière. Il venait de compléter cette défense avancée des fronts de Malakof par la construction de l'Ouvrage blanc du 2 mai, placé comme en réserve, en arrière de celui du 22 février; et il nous fallut un assaut, une vraie bataille, pour enlever, le 7 juin, tout cet ensemble de travaux que nous avions dû laisser construire sous nos yeux. Pouvions-nous faire autrement? Je laisse à d'autres le soin de répondre, me bornant à exposer les faits et nos appréciations du moment, telles que je les retrouve dans mes notes; elles n'étaient point favorables à une inaction, dont chacun de nous sentait tous les périls, sans en comprendre les raisons.

Après avoir ainsi occupé tout le terrain en avant de Malakof, les Russes étendirent leur système au vieux siège, et se portèrent également au dehors de ce côté, devant le bastion Central, par l'ouvrage du 2 Mai[1], dans le Cimetière[2], par la gabionnade du 22. Cette dernière, descendant de la lunette de droite du bastion Central, coupait perpendiculairement le ravin qui longe le mur de l'enceinte, et la possession de ce ravin, si on le leur avait

---

1. Il y avait donc deux ouvrages russes, dits du 2 mai; c'étaient : 1° l'Ouvrage blanc placé à la pointe du mont Sapone; 2° les travaux construits par l'ennemi en avant du bastion Central, et enlevés le 2 mai par nos troupes.

2. Il y avait également deux cimetières : l'un, au vieux siège, était, avant notre arrivée, celui de Sébastopol; l'autre, situé sur la rive nord de la rade, recevait toutes les victimes faites dans la ville depuis l'ouverture du siège, et s'agrandissait à vue d'œil chaque jour. Des batteries russes, dites du Cimetière, placées à proximité, nous faisaient beaucoup de mal sur le mont Sapone.

laissé, était un danger permanent pour nos tranchées, car il pouvait leur servir de place d'armes avancée pour réunir de formidables colonnes et les jeter à couvert sur nos travaux.

Ainsi, les Russes nous devançaient sur tous les points que nous avions l'intention d'occuper ; sans doute, ils étaient habiles, mais il convient d'ajouter qu'ils étaient surtout bien servis par leurs espions. « Il semble vraiment que l'ingénieur russe réponde jour par jour à toutes nos idées, à tous nos projets, écrit le général Bosquet, le 30 avril, comme s'il avait assisté à nos conférences (il s'agissait de la construction, par les Russes, de l'Ouvrage blanc du 2 mai du Carénage). Sans faire tort à son intelligence trop bien prouvée, je pense, aujourd'hui particulièrement, à des espions, parce que, au moment où l'on relevait les gardes, vers midi, dans les postes voisins de la redoute Canrobert, deux hommes recouverts de capotes grises à capuchon, ayant des pantalons sombres, et qui étaient cachés au pied des contreforts les plus rapprochés de la Tchernaya, juste vers le point où les Anglais font assez souvent du bois, deux hommes, dis-je, que personne n'a reconnus, se sont élancés vers des Cosaques, qui les attendaient de l'autre côté de la rivière. On les a accompagnés d'un grand nombre de coups de fusil, un vrai feu roulant, et ils ont eu la chance de n'être pas touchés. La consigne est bien de ne laisser absolument personne au delà des factionnaires avancés, et de faire feu sur ceux qui les dépassent ; mais il est très difficile d'obtenir que les Anglais reviennent comme on le leur dit ; on se relâche alors de la sévérité de la consigne, et il arrive ce qui est arrivé aujourd'hui[1]. »

1. Au mois de janvier, pour aller de Balaclava à leur camp du Moulin, nos alliés, au lieu de passer par le col, avaient pris l'habitude d'aller au plus court, par la plaine, et ils pénétraient par nos avant-postes à la queue d'hironde. Pendant longtemps, les réclamations journalières du général Bosquet n'y firent rien, et l'on était souvent exposé la nuit, ou bien à tirer sur les Anglais, qu'aucune recommandation ne pouvait faire passer en arrière de nos sentinelles avancées, ou bien à laisser pénétrer les Cosaques. Cette licence alla à ce point que le général Bosquet écrivait, le 16 février (après une autorisation qui avait été donnée momentanément) : « Les Anglais ont absolument abusé, pendant ces derniers temps, de l'autorisation qui leur avait été donnée sur un point unique bien désigné. Ils ont renversé plus de 400 mètres de fortifications, gâché tout le terrain environnant, et pratiqué plus de trente rampes et passages qui serviraient merveilleusement à l'ennemi, le jour où il s'avancerait dans la plaine de Balaclava. J'y fais mettre aujourd'hui, toute affaire cessante, 400 travailleurs. »

OFFENSIVE DES ALLIÉS.

LE GÉNÉRAL PÉLISSIER.

———

Heureusement, l'heure de la revanche était venue, et chacun allait reprendre son véritable rôle ; nous allions, par une suite de vigoureuses offensives, enlever, l'un après l'autre, tous les ouvrages extérieurs, et l'ennemi, refoulé enfin dans l'enceinte, d'où il n'aurait dû jamais pouvoir sortir, serré de près par les quatre têtes de sape françaises devant les bastions Central, du Mât, de Malakof et du Petit Redan, allait se trouver dans l'impossibilité d'exercer d'autre action au dehors que celle de son armée de secours.

On commença par attaquer au vieux siège l'ouvrage que nous appelâmes du 2 mai, après l'avoir enlevé ; il se composait des embuscades commencées en avant de la batterie n° 40, dans la nuit du 25 au 26 avril ; nous les avions détruites, mais l'ennemi en avait repris possession à la faveur d'un épais brouillard, après la retraite des nôtres. De cet ensemble, il avait fait bientôt un ouvrage formidable, qu'il était venu placer plus près de nos tranchées que de la place, et il allait le garnir de pièces de canon, lorsque le général Pélissier demanda au général en chef l'autorisation de le faire enlever. Le général Canrobert, qui avait la responsabilité des deux sièges, hésita ; il appréhendait d'engager une action meurtrière devant la Ville, tandis qu'à ses yeux, tous nos efforts devaient se concentrer sur le Faubourg. Le général Pélissier insista : il représenta qu'il était urgent de ne pas laisser l'ennemi se consolider dans cette position dangereuse pour nous, que le moment était favorable pour l'enlever, que les parapets avaient assez de consistance pour nous abriter et nous permettre de nous approprier l'ouvrage, que sa prise nous faisait faire un grand pas en avant, tandis que, quelques jours plus tard, l'assaut serait beaucoup plus meurtrier et d'une issue fort douteuse, dès que l'ennemi aurait eu le temps de s'y armer et de s'y fortifier ; enfin, le général Pélissier ajoutait : « S'il m'était donné de décider, je n'hésiterais pas », et, devant cette affirmation et cet insistance, l'autorisation d'agir lui fut donnée. Le général Dalesme, depuis la mort du général Bizot, avait le commandement du génie de l'armée, qu'il devait remettre, quelques jours plus tard, au général Niel ; il fit déterminer avec le plus grand soin, par le lieutenant-colonel Guérin, la position de l'ouvrage, et le tracé des travaux à y exécuter. L'opération, préparée par le général Pélissier, fut conduite avec un entrain et une vigueur incomparables par le général de Salles, secondé des généraux Bazaine et de la Motte Rouge ; le chef d'attaque de l'artillerie (commandant de Laumières) prit, de son côté, d'excellentes dispositions pour seconder le mouvement, et cinq bataillons vinrent renforcer les gardes de tranchée. Dans la nuit du 1ᵉʳ au 2 mai, à dix heures et demie du soir, par un brillant clair de lune, l'assaut fut donné sur trois colonnes, et, après une lutte fort vive, mais assez courte, l'ennemi fut délogé de la position, et poursuivi jusque dans les fossés du bastion Central ; puis, l'ouvrage fut immédiatement relié à nos travaux, sous l'habile et énergique direction du lieutenant-colonel Guérin. L'ennemi ne laissa pas de nous inquiéter par un feu des plus nourris, auquel répondit avec vivacité notre artillerie, conduite très heureusement, comme toujours, par le général Le Bœuf. Cette brillante affaire nous coûta 118 tués, dont le colonel Viennot, de la première légion étrangère, et 482 blessés, mais elle nous fit faire un pas de cent cinquante mètres vers la place, et mit entre nos mains neuf petits mortiers trouvés dans l'ouvrage. A trois heures de l'après-midi, 2,000 Russes tentèrent de reprendre cette position ; mais nous étions décidés à la conserver, et ils furent repoussés ce jour-là, comme aussi dans la nuit du 13 au 14, où ils firent deux sorties près du Cimetière et de l'ouvrage du 2 Mai.

Quelques jours plus tard, le 7, le général Bosquet signalait au général en chef un fait d'intrépidité qui se reproduisait souvent et valut à ses auteurs la citation à l'ordre de l'armée, une croix ou une médaille. « Une bombe tombe sur un magasin destiné aux chargements de projectiles creux ; les lambourdes du toit s'écartent, et laissent passer des morceaux de sacs à terre enflammés dans l'intérieur du magasin, tout près et tout autour d'un tonneau de poudre découvert. Un canonnier, nommé Levillain, se précipite dans le magasin, arrache et éteint ces débris enflammés, et réussit ainsi à préserver la batterie. Ce brave garçon est canonnier de deuxième classe (5ᵉ batterie du 1ᵉʳ régiment), tout jeune ; je le propose pour la médaille militaire. » Souvent aussi, des hommes saisissaient des obus ou des bombes fumant dans la tranchée, et, au péril de leur vie, les jetaient par-dessus le parapet, sauvant ainsi bon nombre de leurs camarades par leur courage et leur présence d'esprit.

Le 19, l'armée apprit que le général Canrobert se démettait du commandement en chef, et qu'il était replacé, sur sa demande instante, à la tête de son ancienne première division. Je n'ai pas à porter un jugement sur les causes qui ont déterminé cette retraite ; ce que je puis dire, c'est que nous n'avons pas vu avec indifférence le général d'une grande armée descendre volontairement du haut rang, où il était placé, pour y reprendre une position secondaire. L'histoire impartiale dira la fin héroïque du vainqueur de l'Alma, qui entreprit et commença avec tant de bonheur l'expédition de Crimée ; elle dira l'audace heureuse de celui qui, d'un effort violent, a terminé un siège long et difficile par la prise de Malakof ; mais elle ne pourra passer sous silence la noble conduite du général qui eut la lourde tâche du commandement pendant un hiver rigoureux, au milieu des plus rudes épreuves, et qui remit ses troupes entre les mains de son successeur dans un état si florissant, qu'avec elles on pouvait tout entreprendre. Avare du sang du soldat, sans cesse préoccupé de son bien-être, il avait mis tous ses soins à conserver les meilleurs rapports avec nos alliés, qui ne lui en tinrent pas toujours assez de compte. Aussi n'hésita-t-il pas, devant certaines difficultés, à résigner les hautes fonctions qui lui avaient été confiées, aussitôt qu'il le jugea nécessaire à la chose publique ; et il vint reprendre, avec une grande dignité, le commandement de la première division du deuxième corps, sous les ordres du général Bosquet, naguère son subordonné.

Au moment où le général Pélissier prenait le commandement en chef, l'armée comptait 120,000 hommes, dont 100,000 disponibles, 8,700 chevaux de selle, et 12,000 de bât ou mulets. Le premier corps fut placé sous les ordres du général de Salles, et continua à être chargé du vieux siège. Il était toujours formé des : première division (d'Autemarre)[1] ; deuxième (Levaillant) ; troisième (Paté) ; quatrième (Bouat) ; et on lui adjoignit la division de cavalerie Morris, composée des quatre régiments de chasseurs d'Afrique. Le deuxième corps, auquel incombait encore la lourde tâche de faire le siège de Malakof et d'observer l'armée de secours, avait été renforcé d'une division d'infanterie, et comprenait 46,000 hommes, dont 37,000 disponibles, en cinq divisions : première (Canrobert) ; généraux de brigade Espinasse et Vinoy ; deuxième (Camou), de Wimpffen et Vergé ; troisième (Mayran), de Lavarande et de Failly ; quatrième (Dulac), de Saint-Pol et Bisson ; cinquième (Brunet), Cœur et Lafond de Villiers ; enfin, une division de cavalerie (d'Allonville), composée des 1er et 4e hussards, 6e et 7e dragons, faisait partie de ce corps d'armée.

Un troisième corps, dit de réserve, sous les ordres du général Regnaud de Saint-Jean-d'Angely, comprenait : une division de la garde (général Mellinet) ; une première division d'infanterie (Herbillon) ; une deuxième (d'Aurelle de Paladines), et la brigade de cuirassiers du général de Forton (6e et 9e régiments). Enfin, l'ensemble des forces alliées, en y comprenant les Piémontais et les Turcs, présentait alors un effectif de 200,000 hommes environ.

1. Le général Forey était rentré en France.

À mesure que les divisions d'Aurelle et Herbillon débarquaient à Kamiesh (fin de mai), elles commençaient autour de ce port des travaux de défense qui ne devaient pas avoir moins de sept kilomètres; ils consistaient en huit redoutes établies à deux mille mètres en avant de Kamiesh, et reliées entre elles par une ligne continue. Cette ligne entourait l'emplacement d'un camp, qui pouvait permettre à une faible armée de s'y défendre, dans le cas où nous aurions opéré au dehors. On construisit également, plus en arrière, le réduit des lignes de Kasatch, que six à huit mille hommes pouvaient garnir, dans la prévision d'un rembarquement forcé avant la conclusion de la paix.

Le général Pélissier était connu du soldat pour son énergie : on savait qu'il ne reculait devant aucun obstacle; aussi, en voyant arriver au commandement celui que, dans le langage familier des camps, on appelait *la Tête de fer-blanc*, autant pour caractériser sa volonté que par allusion à ses cheveux blancs, chacun pressentit que l'on allait riposter avec vigueur aux entreprises audacieuses de l'ennemi. En effet, la lettre du 20 mai (n° 214) du général en chef au commandant du deuxième corps, lettre dont voici les extraits les plus importants, indiquait nettement les nouvelles opérations que le nouveau commandant voulait entreprendre :

« Mon cher Général, en prenant le commandement et la conduite des opérations, je me suis trouvé en présence de deux systèmes ; l'un consistant en de grandes manœuvres à l'extérieur et dans des mouvements très excentriques, pour arriver à un investissement complet de la ville, après avoir battu l'armée russe sur ses communications de Sébastopol avec la capitale de la Crimée ; l'autre, consistant dans la poursuite à fond du siège, pour arriver, en premier lieu, à la destruction de la partie sud de Sébastopol, et disposer ensuite nos forces pour agir au dehors.

« La difficulté évidente du terrain, vu de nos positions ou déjà parcouru par l'armée en venant sur la Chersonèse, l'absence de cartes et de documents précis sur le haut pays, l'ignorance où nous sommes des positions et des effectifs de l'armée russe, le danger de mouvoir, sur de longs défilés, plusieurs divisions, et l'embarras de les déployer militairement sur des terrains inconnus pour nous, et qui sont un champ de bataille préparé à l'avance par l'ennemi ; les périls de la retraite en cas d'insuccès, et beaucoup d'autres raisons, qui n'échapperont pas à votre tact militaire ; enfin l'impossibilité, sans le concours efficace de nos alliés (concours qui n'est pas accordé), de faire par le Tchatir-dagh, une diversion qui soit suffisamment décisive, et qui se protège par ses propres forces, toutes ces considérations m'ont fait rejeter sans regret le premier système, ou du moins l'ajourner.

« Mon plan est donc de m'attaquer à la place corps à corps, et de conquérir, pièce à pièce, sa partie sud à tout prix. Je crois la chose possible, tout en établissant sur la Tchernaya et étendant vers Baïdar la fraction de l'armée inutile au siège, et en tentant à l'extérieur des opérations secondaires ou des reconnaissances dans le haut pays, qui prépareront l'avenir pour l'époque où nous serons en mesure de commencer la guerre de campagne. Je suis très déterminé à ne pas me lancer dans l'inconnu, à fuir les aventures, et à n'agir qu'en connaissance de cause et avec les documents et renseignements nécessaires à la conduite rationnelle d'une armée.

« Aujourd'hui, j'ai constitué nos forces, et, de concert avec lord Raglan, j'ai décidé une nouvelle tentative sur Kertch, mais qui, cette fois, sera poussée à fond. Vous en comprenez tous les avantages ; l'opération peut être terminée, et les forces actives que nous y consacrons (la division d'Autemarre) rendues au siège, en temps utile. J'ai résolu, en outre, de placer deux divisions (première et cinquième) de votre corps, que j'ai grossi de la division Brunet, avec les Turcs en deuxième ligne et toute la cavalerie, dans la plaine de la Tchernaya. Le général Canrobert commandera ces forces, qui seront appuyées de l'armée de Sardaigne. Nous aurons ainsi de l'air, de l'eau, de la santé, par conséquent des fourrages, une situation plus dégagée et aussi sûre, et la possibilité, par des reconnaissances sérieuses, d'étudier le pays, d'aguerrir notre cavalerie et d'obliger les Russes à s'étendre, sans être obligés de les suivre dans leurs mouvements d'extension.

« Mais tout cela n'est que le prélude d'une opération bien plus importante et plus décisive à mes yeux, *l'enlèvement et l'occupation* du Mamelon Vert et du mont Sapone, préface obligée de nos efforts sur le corps de la place. Je ne me dissimule pas que cette conquête des contre-approches de l'ennemi nous coûtera certains sacrifices ; mais, coûte que coûte, je veux les avoir. Ce n'est pas à vous, mon cher Général, qu'il est nécessaire de développer l'importance d'un pareil résultat. Par les efforts qu'il a faits pour les élever, l'ennemi nous a démontré surabondamment l'importance de ces ouvrages ; il nous les faut. Tout cela peut être épineux, mais c'est possible, et il est irrévocablement arrêté dans mon esprit de l'entreprendre. Telle est du reste aussi l'opinion des autres généraux en chef.

« En conséquence, je vous prie, de concert avec le général Frossard et le colonel de La Boussinière, d'examiner à fond, et sous toutes les faces, les deux positions dont il s'agit. Combinez l'action la plus efficace de vos batteries, dans le temps le plus bref possible, avec l'obligation de travailler à la transformation du Mamelon Vert, de manière à en faire un ouvrage qui nous reste, comme nous est resté l'ouvrage du 2 Mai, qui, conquis à moins de cent mètres de la place et travaillé par plus de soixante pièces russes, n'en est pas moins demeuré entre nos mains.

« Voyez, en un mot, ce qui peut être tenté. Présentez-moi, après l'avoir étudié à fond et à loisir, un dispositif de troupes de nature à profiter immédiatement de ce qu'auront produit nos batteries, et qui, au besoin, nous permettrait de pousser nos avantages, si la fortune nous souriait, au delà d'un premier effort. Si avares que nous devions être du sang de nos braves troupes, comme il faut arriver, établissez nettement ce qu'il faudrait ajouter de réserves à ce que vous prendrez dans vos deuxième, troisième et quatrième divisions. Je donnerai la main, autant qu'il dépendra de moi, à ce qu'aucun moyen ne vous manque.

« Je compte sur votre méthode et sur votre énergie, qui m'est depuis longtemps connue. Sébastopol sud enlevé, nous laisserons sur la Chersonèse quinze à vingt mille hommes, et, avec 130,000 soldats, nous ferons une campagne d'automne en toute liberté, et, s'il plaît à Dieu, avec quelque gloire. »

Dès le 22 mai, le général Pélissier commençait l'exécution de ce programme décisif par l'attaque de la gabionnade russe du Cimetière. L'ennemi, repoussé ainsi que nous l'avons vu, dans la nuit du 13 avril, des embuscades qu'il occupait devant le bastion Central, en avait créé d'autres en arrière, à l'extrémité nord-est du Cimetière, sur la croupe qui est entre le ravin du Cimetière et celui de la Quarantaine. Son intention évidente était de les relier entre elles, et d'établir ainsi un nouvel ouvrage avancé, plus important que tous les autres, puisqu'il aurait des vues d'écharpe très dangereuses sur nos attaques. On résolut de le prévenir et d'occuper solidement cette position, après l'en avoir chassé. Le général Dalesme, demeuré commandant du génie du premier corps, chargea encore le lieutenant-colonel Guérin de cette importante opération ; on ouvrit, dans la nuit du 21 au 22, le cheminement qui devait conduire vers les embuscades, et l'on s'étonnait de l'inaction apparente de l'ennemi ; mais, au jour, le mot de l'énigme était donné : les Russes avaient profité de la même nuit pour s'établir, par une forte gabionnade, sur le point vers lequel nous voulions nous porter pied à pied, afin de perdre le moins de monde possible.

On ne pouvait hésiter à enlever ces travaux, qui auraient rendu nos tranchées intenables, car « ils avaient un tel développement qu'ils constituaient un camp retranché en avant de la Quarantaine plutôt qu'un ouvrage de contre-approche[1]. » Le général de Salles confia cette attaque au général Paté, avec huit bataillons de 400 hommes, conduits par les généraux de la Motte Rouge à droite, et Beuret à gauche. Des voltigeurs de la Garde, récemment débarqués en Crimée, devaient y concourir et recevoir, dans cette nuit, un sanglant baptême de feu. La colonne de gauche enleva presque du premier coup les embuscades russes, et le parapet fut immédiatement retourné contre l'ennemi ; mais, à droite, la lutte fut acharnée ; la gabionnade, prise et reprise cinq fois, ne nous demeura qu'au jour, et nous n'eûmes que le temps de nous y établir. Cette première nuit nous avait coûté 512 tués et 1,264 blessés ; de leur côté, les Russes, commandés par le général Chroulef, comptaient 765 tués et 1,426 blessés.

Le général en chef ayant résolu de compléter la première attaque dès la nuit suivante, le général Levaillant fut chargé de la direction de cette nouvelle offensive avec les généraux Couston et Duval, placés à la tête de dix bataillons. L'opération réussit complètement et nous fit faire un très grand pas en avant ; il est vrai que nous perdîmes encore 60 tués et 402 blessés ; mais l'ennemi, après ces rudes rencontres, fut décidément rejeté dans la place au vieux siège, et, notre offensive se dessinant enfin, la confiance revint promptement à tous. Le rapport du général en chef sur ces affaires attribua une bonne part de nos succès à notre artillerie : « Sous la direction du général Le Bœuf, dit-il, elle a fait preuve d'une habileté et d'une vigueur rares ; elle a balayé constamment

---

1. Maréchal Niel.

par ses feux le ravin où l'ennemi rassemblait ses réserves, et nos projectiles n'ont cessé de tracer de sanglants sillons dans les masses russes, toutes les fois qu'elles s'organisaient pour un nouvel assaut. Je ne saurais trop louer le courage et le sang-froid du général Le Bœuf. »

Le 22 également, l'expédition de Kertch[1], entreprise pour la seconde fois, amenait la prise de cette ville et d'Iénikalé. Le corps qui en était chargé se composait de 14,800 hommes, sous les ordres du général anglais sir G. Brown, savoir : 6,800 Français (division d'Autemarre renforcée du 14ᵉ chasseurs à pied), 3,000 Anglais (division Brown), et 5,000 Turcs avec le général Reschid Pacha. L'embarquement se fit sur trente-quatre bâtiments anglais, commandés par l'amiral Lyons, et vingt-quatre bâtiments de la marine française, commandés par l'amiral Bruat, dont le chef d'état-major était M. Jurien de la Gravière, alors capitaine de vaisseau. Les Russes, au nombre de 6,000 hommes, sous les ordres du général Wrangel, ne s'opposèrent pas au débarquement; mais ils incendièrent eux-mêmes toutes leurs provisions, enclouèrent quatre-vingts canons, et coulèrent à fond trois bâtiments à vapeur de guerre. A la suite de ce succès, qui mettait entre nos mains quatre-vingt-dix pièces de gros calibre, une flottille de quatorze navires à vapeur légers entra dans la mer d'Azof, y détruisit cent six bâtiments ennemis, et bombarda la forteresse d'Arabat. Vers le 1ᵉʳ juin, ce corps expéditionnaire fut renforcé de 3,000 hommes, et l'on accomplit des coups de main sur plu-

[1]. Voir l'ouvrage de *l'Artillerie*, Iᵉʳ volume, p. 286, pour tous les détails de l'embarquement.

sieurs postes de la côte d'Asie, pour détruire les établissements des Russes dans cette partie de la mer Noire ; un des plus importants, Anapa, fut trouvé ruiné et abandonné. On mit ensuite Iénikalé en état de défense vers la terre, et on n'y conserva qu'une garnison de sept mille Turcs, un régiment français et un anglais ; quant aux flottes, elles rejoignirent Kamiesh et Balaclava le 15 juin, avec le reste de l'expédition.

Le 25 mai, le général Canrobert descendit, à minuit, dans la plaine de la Tchernaya, avec les première et cinquième divisions du deuxième corps, la division d'Allonville, la division de chasseurs d'Afrique du général Morris, et cinq batteries à cheval de la réserve, sous le commandement du colonel Forgeot. A la pointe du jour, nos cavaliers franchirent le pont de Traktir, et se lancèrent sur les bataillons russes et l'escadron de Cosaques campés de l'autre côté de ce débouché. L'ennemi battit précipitamment en retraite, abandonnant la redoute qu'il avait construite pour la défense du pont, à la suite de nos projets d'attaque du 19 février ; il laissait entre nos mains soixante à quatre-vingts prisonniers.

Ce mouvement devait être appuyé, sur le flanc droit, par la cavalerie anglaise et par l'armée sarde, arrivée récemment en Crimée. Cette petite armée, qui comprenait 15,000 hommes en deux divisions, et une brigade de réserve, sous le commandement du général de la Marmora, était adjointe à l'armée anglaise, en vertu de conventions passées entre le Piémont et l'Angleterre. Les Sardes, dont l'esprit nous était fort sympathique, s'établirent sur le mont Hasfort, entre Tchorgoun et Kamara ;

ils formaient ainsi l'avant-garde des Anglais, désormais paisiblement groupés autour de leur port de Balaclava, qui était couvert de toutes parts par le mouvement du général Canrobert.

L'armée ottomane, avec Omer Pacha, avait suivi en seconde ligne nos troupes et s'était établie au bivouac, sur l'emplacement des redoutes turques, dont il a été parlé dans le récit de la bataille de Balaclava. Notre infanterie se posta sur les monts Fédioukine, notre cavalerie dans la plaine, près du pont de Traktir, entre ces hauteurs et le mont Hasfort. La Tchernaya couvrait le front de nos nouvelles positions, qui avaient ainsi doublé d'étendue ; plus près de nous encore, l'aqueduc qui conduisait les eaux à Sébastopol, et que nous avions coupé le 26 septembre 1854, nous offrait une autre ligne de défense. On s'empressa de réparer cette coupure à Tchorgoun, pour donner de l'eau à nos nouveaux campements, ainsi qu'à tous nos avant-postes, et l'on fit une saignée à Inkermann, au-dessous des ponts, afin de priver en même temps la ville[1] de cette précieuse ressource. Nous vîmes cette extension de nos lignes avec un véritable plaisir ; durant tout l'hiver, enfermés sur le plateau, nous y avions gratté le sol de toutes façons pour y établir nos bivouacs, dont il fallut changer plusieurs fois les emplacements, par mesure de salubrité ; nous étions littéralement les uns sur les autres depuis les nouveaux arrivages des troupes ; nos ressources en bois, déjà presque épuisées, étaient devenues tout à fait insuffisantes ; il en était de même de l'eau ; on n'en

---

1. Cet aqueduc, contournant le mont Sapone, le long de la rade, allait alimenter les docks dans le faubourg de Karabelnaya, après avoir donné de l'eau à cette partie de Sébastopol.

pouvait trouver qu'en creusant des puits, heureusement à une faible profondeur.

Vers la fin de mai, pendant une reconnaissance ordonnée par le général Canrobert dans la vallée de Chouliou, où l'on apercevait de nombreux feux de bivouac, la redoute des camps russes de la rive droite de la Tchernaya fut rasée sans que l'ennemi s'y opposât. A la suite de cette expédition, le général Canrobert, qui avait déjà refusé de prendre le commandement du premier corps, et qui n'avait accepté qu'à regret celui des troupes de la Tchernaya exprima de nouveau le désir de reprendre la simple direction de sa division; sur cette demande, qui fut agréée, le général Morris, comme le plus ancien, prit le commandement de cette aile droite de l'armée.

PRISE DU MAMELON VERT

ET DES OUVRAGES BLANCS.

Pendant que ces diverses opérations, indiquées dans la dépêche du général Pélissier, s'accomplissaient, le commandant du deuxième corps s'occupait du point capital, en préparant l'attaque du Mamelon Vert et des Ouvrages blancs. Le général Bosquet avait passé vingt ans en Afrique, et sa vie militaire est assez connue pour qu'il ne soit pas nécessaire de s'y arrêter longuement ici ; il faut cependant rappeler qu'il possédait une qualité bien précieuse dans un chef : il était toujours prêt. Son esprit, continuellement en travail, recherchait, pendant les moments de repos, ce qu'il y aurait à faire, si telle ou telle éventualité se produisait, en sorte que, le moment venu d'agir, il n'avait plus qu'à exécuter des dispositions prises par avance dans sa pensée. Tous les jours, à cheval aux avant-postes, ou en reconnaissance dans les tranchées, il causait avec chacun, se renseignait sur tout, et résumait avec une grande clarté la situation dans des rapports journaliers, qui sont d'un grand intérêt pratique.

Il s'arrêtait fréquemment à la batterie Lancastre, pour regarder silencieusement et avec attention les positions ennemies ; et, parfois, il laissait percer l'objet de sa principale préoccupation par quelques mots adressés à ses officiers, qu'il traitait comme des amis : « Voyons, quelles dispositions prendriez-vous pour enlever ce Mamelon Vert ? » disait-il un jour à l'un d'eux en souriant, et en prenant une longue prise de tabac. Il écoutait alors attentivement la réponse de son interlocuteur, répondait peu, allait causer encore avec les chefs de service sous ses ordres, puis, dès qu'il fallait une solution, il la trouvait nettement écrite dans sa tête, grâce à cette préparation de plusieurs jours, et il la dictait d'abondance à ses deux aides de camp. C'est ainsi qu'il arrêta les deux plus importantes opérations de notre siège de droite, la prise du Mamelon Vert et celle de Malakof. On peut lire ces projets adressés au général en chef plusieurs jours à l'avance, et, en les comparant aux rapports écrits après l'opération, on est frappé de la ressemblance des deux documents, de la précision des mesures prescrites et du soin extraordinaire avec lequel tout avait été prévu. C'est qu'en effet la prévoyance était sa qualité dominante : que l'on fît une longue route comme en Turquie, ou que l'on dût attaquer l'ennemi, il pensait à tout[1] ; puis, à l'heure du combat,

[1]. Il suffirait de lire plusieurs de ses lettres officielles ou de ses instructions pour s'en convaincre ; en voici une prise au hasard ; elle était écrite au colonel Cler, le 31 janvier : « Il paraît que les jeunes grands-ducs Michel et Nicolas sont de retour à Sébastopol depuis trois jours, et les déserteurs russes parlent de projets de sortie. Il convient de nous tenir en mesure. En conséquence, vérifiez si toutes vos troupes ont leurs cartouches au complet et si elles peuvent les emporter *toutes*, sans sac, un jour d'affaire ; faites visiter les armes ; assurez-vous que tout ce qui peut marcher est bien chaussé et sera prêt au premier signal. Surtout, donnez les ordres les plus précis pour qu'aucune corvée ne quitte le camp le matin, jusqu'à ce que les rapports de nos grand'gardes nous aient avertis qu'il n'y a pas d'attaque probable dans la matinée. » Des

le courage exceptionnel, presque calme, de ce bouillant soldat, lui permettait de tout voir, de tout apprécier avec sang-froid, et de parer sur l'heure aux difficultés, quand il s'en présentait.

C'est le 26 mai qu'il écrivit au général Pélissier la lettre n° 375, destinée à faire connaître la façon dont il entendait conduire l'assaut projeté ; qu'on me permette d'en citer quelques passages, afin de justifier les éloges qui précèdent.

« Dans le dispositif des troupes que j'ai étudié avec les généraux de division, je prends pour base que l'artillerie aura ouvert et continué suffisamment son feu avec les moyens demandés ; que le génie aura bien calculé ses tracés de communication et ses moyens de les exécuter ; enfin qu'il est question d'enlever et d'occuper définitivement, d'une part, le Mamelon Vert, de l'autre, les deux ouvrages des 22 et 27 février sur le mont Sapone.

« Comme l'ennemi aura naturellement grand intérêt à défendre ces ouvrages, et qu'il peut sortir de ce côté par de larges ouvertures, avec des forces imposantes, sans autre inquiétude pour sa retraite, que celle de voir entrer avec lui l'assaillant pêle-mêle dans la ville, je crois qu'il convient d'échelonner trois brigades sur chaque attaque. Les deux attaques seront prononcées à la même heure, un peu après midi. De cette manière, si l'ennemi avait réparé, pendant la nuit, une partie de ses avaries et rétabli quelques défenses, particulièrement sur les ou-

prescriptions militaires complètent cette longue dépêche, qui se termine par ces mots : « Avisez à ce que la soupe ou le café du matin soient préparés et mangés de très bonne heure. »

vrages menacés, l'artillerie, dans la matinée, aurait le temps de les ruiner de nouveau. Cinq ou six heures de jour suffiraient pour les enlever, et entamer, en voyant clair, les premiers travaux d'appropriation contre l'ennemi. Enfin, comme les Russes peuvent rendre ces attaques très rudes, il me semble utile que chacun combatte au grand jour et sous les yeux de ses chefs.

« L'emplacement des troupes a déjà été reconnu pour un cas semblable, il y a quelque temps, lors du projet d'un assaut général. Les mêmes dispositions seront prises. Enfin, il est évident que nous devons rester sur place, pendant quarante-huit heures, c'est-à-dire jusqu'à ce que nos travaux soient consolidés, et l'ennemi repoussé un assez grand nombre de fois, ou assez vertement une ou deux fois, pour qu'il renonce définitivement à ses positions. Relever les gardes d'une manière absolue et complète avant vingt-quatre heures serait impossible avec nos effectifs.

« J'aurai soin que le service des ambulances, et particulièrement celui de l'eau, soient assurés. Je n'ai plus qu'une précaution à indiquer, mais que je ne saurais assurer personnellement. Le Mamelon Vert n'est battu sur sa face droite que par les batteries anglaises ; si ces batteries le veulent, je sais par expérience que leur tir peut être très vif, très exact, et que, combiné avec celui de nos batteries du Carénage et de Victoria, il peut assurer la ruine de l'artillerie du Mamelon. Je demande, en conséquence, que le concours des Anglais nous soit loyalement prêté. Je calcule aussi que les Anglais auront essayé de ruiner avec leur artillerie les batteries du Grand Redan (sans négliger les faces qui ne les voient pas, eux, mais qui voient en plein le Mamelon Vert), et que leurs colonnes d'attaque appelleront sur leur centre une partie de l'attention de l'ennemi. »

Par suite de ces dispositions, approuvées par le commandant en chef, et complétées par une dépêche du 31 mai (n° 380), on se mit vigoureusement à l'œuvre de notre côté pour se préparer à l'assaut ; la deuxième parallèle du Carénage fut terminée dans la nuit du 26, et nous rapprocha de deux cent cinquante mètres de l'Ouvrage blanc le plus avancé. Au milieu de tous ces préparatifs de combat, on fit une découverte heureuse : dans la journée du 30, pendant une reconnaissance dirigée par les généraux Niel et Frossard, le long du ravin du Carénage, dans le but d'étudier les communications entreprises dans ce fossé naturel, le commandant du génie Boissonnet, chef d'attaque ce jour-là, découvrit une ligne de vingt quatre caisses de poudre, formant barrage dans la largeur du ravin ; au dessus de ces caisses, se trouvait, à fleur de terre, un tube de verre enveloppé de cuivre ; il devait être écrasé par les colonnes en marche, et laisser échapper une composition fulminante destinée à communiquer le feu à la poudre des caisses. A la suite d'un petit engagement, seize de ces engins de destruction furent enlevés et portés au grand parc d'artillerie.

Le 3 juin, le général Pélissier fit une reconnaissance dans la vallée de Baïdar, avec 4,000 hommes d'infanterie, dix escadrons de cavalerie, deux batteries à cheval et une de montagne, sous le commandement du général Morris. Cette colonne s'avança jusqu'à Ourkousta, au delà de Baïdar, et, à droite, jusqu'au passage Phoros, sur la route de Yalta ; elle fut rejointe par un détachement piémontais, qui avait suivi les hauteurs, sous le commandement du général de la Marmora ; à la nuit, toutes ces troupes étaient rentrées au bivouac, sans avoir rencontré de résistance.

Enfin le 6 juin, à trois heures de l'après-midi, le feu devint général au vieux siège et de notre côté ; la place y répondit vigoureusement, tandis que nous prenions les dernières mesures pour l'importante opération que nous devions entreprendre le lendemain.

Elle devait se faire en plein jour ; c'est l'attaque française par excellence, car les grands combats de nuit, nous l'avions constaté plus d'une fois pendant le siège, ne convenaient pas, en général, à nos soldats ; le 22 février, par exemple, l'action des troupes avait été sans ensemble, molle même, sur certains points, malgré l'entrain et la valeur bien connus des chefs qui les dirigeaient. C'est que la bravoure nationale aime à se montrer au soleil ; elle veut voir l'ennemi en face, et ne dédaigne pas d'en être vue, pour en être admirée ; faiblesse et vanité, si l'on veut, mais qui nous ont valu nos plus beaux triomphes, et dont il faut dès lors tenir compte.

On décida que l'assaut serait livré à six heures et demie du soir, à une heure telle que l'on pût combattre de jour, et travailler de nuit, pour s'établir dans les ouvrages conquis, sans être écrasé par le feu de l'ennemi. Le général Bosquet, après avoir pris toutes ses dispositions pour cette grande entreprise, la fit précéder d'un ordre du jour qui fut lu aux troupes au moment où elles allaient prendre leurs emplacements de combat : « Officiers et soldats du deuxième corps, leur disait-il, le général en chef a jugé que le moment était venu de frapper l'ennemi au cœur, et le deuxième corps aura l'honneur de porter les premiers coups, en enlevant, en plein jour, le Mamelon Vert et les Ouvrages blancs du mont Sapone ; nous les enlèverons à la française, et aux cris de vive l'Empereur ! mais que chacun se souvienne que, là où nous mettons le pied, nous restons avec fermeté. » On achevait cette lecture aux bataillons sous les armes, lorsque le général Bosquet, parcourant rapidement le front des troupes, leur jeta quelques chaleureuses paroles, qu'elles accueillirent partout avec les plus vives acclamations.

Il était quatre heures et demie, lorsque les quatre divisions désignées pour l'assaut entrèrent dans les tranchées, chaque homme muni de deux jours de vivres et de quatre-vingts cartouches. La droite de nos parallèles du Carénage fut occupée par la première brigade de la division Mayran, commandée par le général de Lavarande[1] ; cette colonne était chargée d'attaquer l'ouvrage du 27 Février. A sa gauche était placée la deuxième brigade de la même division, sous les ordres du général de Failly[2] ; elle devait enlever l'ouvrage du 22 Février. L'ensemble des opérations contre les Ouvrages blancs était confié au général Mayran ; il avait comme soutien la division Dulac, dont la première brigade, avec le général de Saint-Pol, devait occuper la parallèle du Carénage dès que le mouvement offensif se prononcerait, tandis que la brigade Bisson

---

1. Partie du 19ᵉ chasseurs à pied, commandant Caubert ; 2ᵉ zouaves, colonel Saurin, et 4ᵉ d'infanterie de marine, lieutenant-colonel de Cendrecourt.

2. Reste du 19ᵉ chasseurs ; 95ᵉ de ligne, colonel Danner, et un bataillon du 97ᵉ.

formerait une deuxième réserve plus en arrière, et que la division turque d'Osman Pacha occuperait le plateau d'Inkermann.

Le général Camou dirigeait le mouvement en face du Mamelon Vert avec sa division, soutenue de la division Brunet, rappelée de la Tchernaya, pour prendre part à l'assaut, et, enfin, de deux bataillons de la Garde, qui formaient une dernière et vigoureuse réserve. La première brigade de la deuxième division, sous le commandement du général de Wimpffen, occupait les parallèles devant la redoute Victoria avec les tirailleurs algériens (colonel Rose) à droite, le 50ᵉ de ligne (colonel de Brancion) au centre, et le 3ᵉ zouaves (colonel Polhès) à gauche. Elle devait être remplacée dans les tranchées par la brigade Vergé, massée dans le ravin de Karabelnaya, en avant de la division Brunet, qui était destinée à former la réserve de ce côté. Enfin, deux bataillons du 97ᵉ et du 61ᵉ, sous le commandement du lieutenant-colonel Larrouy d'Orion, du premier de ces corps, devaient, entre les deux attaques, descendre jusqu'au fond du ravin du Carénage, afin de tourner l'ennemi, et de le couper dans sa retraite des Ouvrages blancs sur le corps de place.

D'après les ordres du général Frossard, qui dirigea l'ensemble des travaux du génie avec une grande habileté, les colonnes d'assaut étaient accompagnées et souvent précédées de brigades de sapeurs, portant à la ceinture, ainsi qu'une compagnie d'infanterie de chaque colonne, des outils à manche court ; ces brigades, conduites par des officiers du génie, étaient destinées à retourner contre la place ses ouvrages de contre-approche. Enfin, l'artillerie, commandée par le général Beuret, après avoir bien préparé la journée par un feu de vingt-quatre heures[1], devait appuyer le mouvement, en changeant le tir de toutes les batteries du Carénage et de Victoria, pour le diriger sur les points où l'ennemi pouvait se porter en force. Des détachements de canonniers allaient marcher en outre avec chaque tête de colonne, pour tourner contre les Russes les pièces de leurs ouvrages, et reconnaître les travaux à effectuer.

A six heures trois quarts du soir, le général Bosquet, établi à la batterie Lancastre pour suivre tous les détails de l'attaque, donna le signal, qui était impatiemment attendu ; on le transmit aussitôt à toutes les troupes par un bouquet de six fusées de guerre, lancées de la redoute Victoria, où le général en chef s'était placé avec tout son état-major. Aussitôt, les têtes de colonne s'élancent en dehors des tranchées ; la brigade de Lavarande, son général en tête, franchit les trois cents mètres qui la séparent de l'ouvrage du 27 Février, et, malgré la mitraille et la mousqueterie qui lui font perdre beaucoup de monde, « pénètre dans la batterie par les embrasures et par les brèches. Une lutte corps à corps, à la baïonnette, s'engage sur tous les points ; une partie des défenseurs est tuée sur place, et bientôt nous sommes maîtres du retranchement[2]. » De son côté, la brigade de Failly gagne au pas de course l'Ouvrage blanc du 22, placé à une distance double, et, sans se laisser arrêter, ni par les difficultés

---

1. Les alliés avaient, à ce moment, environ 600 pièces en batterie, dont 442 françaises, savoir : 117 devant Malakof, et 325 au siège de gauche.

2. Rapport du général Bosquet.

de terrain, ni par les feux du premier ouvrage, qui la prend en flanc, elle arrive « en masse compacte sur la batterie, escalade le parapet, sous un feu meurtrier, et bientôt l'héroïque résistance de l'ennemi est brisée[1] ». Les Russes se retirent en désordre, partie vers le pont de la baie du Carénage, partie vers l'ouvrage du 2 Mai ; mais ils sont suivis sur ce dernier point par de vaillants soldats, qui s'en emparent, refoulent à la baïonnette un retour offensif des défenseurs, et leur font soixante prisonniers, dont trois officiers ; toutefois, ne pouvant conserver cet ouvrage, éloigné de cinq cents mètres de celui du 22 Février, et enveloppé de feux de toutes parts, ils enclouent les pièces et se retirent dans cette dernière redoute.

En même temps, le lieutenant-colonel Larrouy d'Orion descendait, avec ses deux bataillons, le ravin du Carénage, et, gravissant la berge droite de ce ravin, il coupait dans leur retraite les Russes chassés des Ouvrages blancs. Cette opération, qui nous valut quatre cents prisonniers, fut conduite, dit le rapport, « avec une remarquable bravoure et une énergique prudence, et fit le plus grand honneur à son chef[2] » qui, malheureusement, devait être tué le 18 juin.

A l'attaque Victoria, les troupes avaient obéi avec la même ardeur au signal donné de la batterie Lancastre, et, sans s'occuper de la mitraille du Mamelon Vert, des feux convergents du Grand Redan et des batteries situées à gauche de Malakof, elles avaient gravi avec un entrain irrésistible la pente qui menait à leur objectif,

---

1. Rapport du général Bosquet.
2. *Ibid.*

situé à quatre cent cinquante mètres du point de départ. En un instant, les postes avancés du Mamelon Vert furent balayés, et leurs défenseurs tués ou mis en fuite ; puis, les zouaves, tournant par la droite l'ouvrage russe, y pénétrèrent avec impétuosité, tandis que la batterie de quatre pièces, placée à la gauche de cet ouvrage, était enlevée avec la même vigueur par les tirailleurs algériens. De son côté, le 50ᵉ marchait droit sur le centre ; et, tout à coup, au milieu de la fumée, un drapeau français apparut planté sur le parapet et fut « salué de mille cris ; c'était celui du 50ᵉ, soutenu de la main même du chevaleresque colonel de Brancion, qui tomba aussitôt sous la mitraille ennemie, glorieusement enseveli dans son triomphe[1]. »

Le Mamelon Vert était conquis, et le génie s'occupait à faire, avec les gabions russes trouvés sur place, un logement en arrière d'un bourrelet de terre qui existait à la gorge ; il s'efforçait en outre d'ouvrir le parapet de notre côté. Là devait se borner l'effort de nos troupes, qui, d'après les ordres reçus, n'avaient plus qu'à s'y maintenir contre les retours offensifs des Russes ; malheureusement, nos soldats, entraînés par leur ardeur, s'acharnèrent à leur poursuite, franchirent les quatre cents mètres qui les séparaient de Malakof, arrivèrent aux fossés de la place et tentèrent d'y pénétrer avec l'ennemi. A leur tête était cet intrépide officier que l'on trouvait partout où, en Europe, retentissait le canon[2], et qui paraissait ignorer le danger, tant il le bravait ; je veux parler du colonel d'état-major de la Tour du Pin,

---

1. Rapport du général Bosquet.
2. Il avait assisté à la campagne de Danemark de 1849.

qu'une infirmité cruelle avait éloigné du service actif ; il s'en vengeait en parcourant en volontaire tous les champs de bataille, un long cornet acoustique placé dans ses fontes de pistolets. De façons distinguées, causeur spirituel et aimable, il était accueilli volontiers partout, et nous avions le plaisir de le voir souvent à la table du général Bosquet ; il interrogeait tout le monde, s'informait sans cesse des projets d'attaque, et courait du vieux siège au nouveau, selon qu'on devait se battre à l'un ou à l'autre. Presque chaque jour, on le voyait dans les tranchées, les traversant parfois à ciel ouvert, sans souci des avertissements, non plus que du sifflement des balles, qu'il n'entendait pas d'ailleurs. A Inkermann, il avait été blessé ; il devait l'être encore plus grièvement à la prise de la ville, et trouver enfin, au moment où il mettait le pied sur le sol de France, une mort qu'il m'a toujours paru, sinon chercher, du moins ne jamais éviter. Au 7 juin, il devançait donc les soldats aventureux qui arrivèrent jusqu'aux fossés de Malakof, mais il fut forcé de revenir avec eux, puisque aucune disposition n'avait été prise pour un assaut définitif. Cette retraite ne se fit pas sans de grandes pertes, car l'ennemi, faisant sortir de fortes réserves, reprit possession de la lunette du Kamtchatka, secondé dans son mouvement par l'explosion accidentelle d'un magasin à poudre ou d'une fougasse, qui blessa gravement le commandant Tixier, du 3ᵉ chasseurs à pied, et tua sur place huit ou dix hommes. Il vint à la pensée de nos soldats que le sol était miné sous leurs pas, ainsi que les Russes l'avaient souvent répété, et, pris de panique, la plupart se rejetèrent en arrière, laissant le champ libre aux Russes ; quelques-uns même regagnèrent en désordre nos tranchées, qu'ils encombrèrent. C'est ainsi que l'ennemi occupa de nouveau la Lunette, reprit le tir de son artillerie, qu'on n'avait pas eu le temps d'enclouer, et s'avança même assez près de nos contre-approches.

A cette vue, le général Camou, dominant les soldats de sa haute taille, donna l'ordre au général Vergé de porter sa brigade en avant, tandis que le général Bosquet, qui suivait avec inquiétude le mouvement rétrograde, envoyait un aide de camp au général Brunet pour lui prescrire d'appuyer la deuxième division. La brigade du général Vergé, battant la charge, monta rapidement la pente, en ralliant les troupes de la première brigade, et, après avoir enlevé le Mamelon Vert, que nous ne devions plus abandonner, se jeta à la poursuite de l'ennemi. Pour l'appuyer, le colonel Duprat de la Roquette, du 100ᵉ de ligne, qui commandait la première brigade de la division Brunet, vint occuper l'ouvrage et disposer en avant, dans une coupure, le 4ᵉ bataillon de chasseurs à pied (commandant de Fontanges), qui, bien que sous un feu très vif, protégea efficacement le ralliement de la brigade Vergé. Ce ralliement effectué, « la brigade Vergé s'établit dans le Mamelon, et la brigade de Wimpffen dans la parallèle russe allant de ce Mamelon au Carénage, où elle se reliait à la brigade Bisson, de la division Dulac. A gauche, vers le ravin de Karabelnaya, une partie de la première brigade de la division Brunet et la deuxième (Lafont de Villiers) restèrent en réserve dans ce ravin [1] ». Il était sept heures et demie du soir ; les

---

1. Journal de la 2ᵉ division.

Russes, convaincus désormais que nous étions décidés à nous maintenir sur les points occupés par nous, nous les abandonnèrent avec soixante-sept bouches à feu de gros calibre et six mortiers portatifs; puis ils rentrèrent dans la place, et commencèrent un feu terrible d'artillerie pour nous écraser et empêcher les travaux du génie. Celui-ci n'en poursuivit pas moins son œuvre, établissant des gabionnades du côté de l'ennemi, des communications en arrière, et nous mettant ainsi en mesure de rester au jour dans les ouvrages enlevés la veille.

Les résultats de cette brillante journée furent décisifs et produisirent, des deux côtés, un grand effet moral. Les Russes y avaient perdu leur première ligne de défense, et ils durent alors regretter d'avoir relié leurs embuscades par des parallèles si éloignées du canon de la place, puisqu'il nous avait suffi d'un seul combat et d'une seule nuit de tranchée pour nous en emparer, et faire un pas de trois cents à quatre cents mètres environ vers Sébastopol. Le général Pélissier témoigna sa satisfaction au deuxième corps par l'ordre du jour suivant, daté du 15 : « L'enlèvement de vive force des redoutes russes en avant de Sébastopol, gage assuré du succès de nos opérations prochaines, restera l'un des faits les plus considérables de cette campagne. Il est, pour le deuxième corps d'armée, un titre d'honneur que le général en chef est heureux de proclamer, et dont il consacre le souvenir, en citant les corps qui ont pris une part active à ce glorieux fait d'armes et les noms des militaires, de tous grades, que leur bravoure et leurs services ont fait particulièrement remarquer. » Le général de Cissey se trouvait aux premiers rangs de cette glorieuse liste : « C'est un devoir de conscience pour moi, avait dit dans son rapport le général Bosquet, de vous citer mon chef d'état-major, qui était au Mamelon Vert, assistant à la fuite des Russes, et qui s'est occupé avec la plus grande activité de l'organisation défensive de la position enlevée à l'ennemi. Nous avons fait des pertes sensibles, ajoutait le général ; nous avons à regretter de braves soldats, mais ces pertes ne sont pas trop considérables, si l'on tient compte des troupes engagées, de la durée du combat, et de l'importance des résultats obtenus. Les troupes ont dû rester pendant quarante-huit heures dans leurs positions d'attaque, et une partie des chefs de corps a été mise hors de combat. Au nombre des tués se trouve le brave général de Lavarande, emporté par un boulet, le 8 au matin, dans l'ouvrage du 27, qu'il avait conquis ; sa perte est un deuil pour l'armée. Le colonel Hardy, du 86e, blessé très grièvement à la tête de son régiment, vient aussi de succomber. »

Nos pertes s'élevaient à 69 officiers tués et 203 blessés, 628 hommes de troupe tués et 4,160 blessés.

Parmi les morts, se trouvaient, avons-nous dit, le général de Lavarande et le colonel de Brancion, dont le général en chef voulut honorer la mémoire, en donnant leurs noms aux ouvrages qu'ils avaient emportés ; belle et touchante pensée, qui ne put cependant prévaloir contre les anciennes dénominations habituelles d'Ouvrages blancs et de Mamelon Vert. De leur côté, les Russes, qui, d'après l'ouvrage d'Anitschkof, n'avaient engagé que seize bataillons, durent faire de plus grandes pertes que nous ; ils n'accusèrent toutefois que 2,500 hommes hors de combat ;

mais, au nombre des morts, se trouvait le brave et habile général Timoféïef, qui avait si vigoureusement dirigé la sortie de la place contre nos travaux de siège le jour de la bataille d'Inkermann.

Au moment où nous prenions possession de la lunette du Kamtchatka, les Anglais s'étaient portés, ainsi qu'il était convenu, sur l'ouvrage des Carrières, placé entre leurs tranchées et le Grand Redan ; ils en avaient chassé vigoureusement les Russes, et ceux-ci n'avaient fait aucune tentative pour reprendre cette position, que les Français, maîtres du Mamelon Vert, prenaient de flanc. Malheureusement, les Anglais avaient cédé, comme nous, à la tentation de la poursuite en se portant sur le Grand Redan, et, comme nous, ils avaient été ramenés avec de grandes pertes.

La journée du 8 se passa sous les armes et dans les redoutes conquises ; le soir, l'ennemi évacua la batterie du 2 Mai, qu'il était venu occuper après notre retraite, et rompit le pont du Carénage, nous abandonnant ainsi définitivement tout le mont Sapone. Pour profiter de nos nouvelles positions, nous nous hâtâmes de retourner les mortiers russes pris dans l'ouvrage du 27 Février, et nous les employâmes à éloigner les bateaux à vapeur de l'ennemi, qui se retirèrent dans la baie de l'Artillerie. Par suite de l'extension de nos lignes, le service des gardes dut être modifié ; il ne fut relevé que le 9, et organisé par division, au bout de quelques jours ; la division Brunet, redescendue dans la plaine après l'assaut, fut rendue au siège le 15 juin, sur les instances du général Bosquet ; elle remplaça, à droite, les huit bataillons turcs qui avaient succédé à la division d'Osman Pacha, et qui ne fournissaient pas plus qu'elle d'assez actifs travailleurs. Les Turcs s'étaient même refusés, dans les premiers jours, à manier la pioche, et il avait fallu recourir à Omer Pacha pour les contraindre au travail. Devant ces difficultés, le général en chef jugea que quatre divisions françaises, soutenues de trois bataillons de voltigeurs de la Garde bivouaqués au Moulin, et de deux autres bataillons de la même Garde, venant en réserve chaque nuit du quartier général, permettraient une exécution des travaux plus sûre et plus prompte. Il était temps d'ailleurs de nous soulager dans notre service, car, avant l'arrivée de la division Brunet, le général Bosquet écrivait : « La bonne volonté et l'énergie de tous sont complètes ; personne ne se plaint et ne se plaindra, je l'espère ; je dois cependant avertir le général en chef qu'il y a fatigue très grande à cause du faible effectif. »

Il y avait fatigue, en effet, et cependant, entre deux gardes de tranchée, nos hommes trouvaient encore assez de forces et de gaieté pour aller se divertir au petit théâtre du Moulin. Plusieurs fois dans ce travail, j'ai eu l'occasion de faire remarquer l'entrain et la bonne humeur toute française de nos soldats, pendant ces longues et dures épreuves ; jamais ces heureuses qualités, dont nos armées seules peut-être donnent l'exemple, ne se manifestèrent mieux que dans ces singuliers divertissements. Au milieu de leur camp, des soldats du 2ᵉ zouaves avaient construit un petit théâtre, et ils y jouaient des pièces comiques dans lesquelles les plus imberbes, ou les moins barbus, jouaient les rôles de femmes, avec des vêtements empruntés aux cantinières. Plusieurs jours à l'avance, pour s'assurer d'un nombreux public, ils répandaient dans les camps des programmes lithographiés avec une verve bouffonne, et dont la collection est vraiment curieuse. Ceux que leur service ou la fatigue ne retenaient pas à la tranchée, ou sous la tente, accouraient avec empressement à cet appel, et assistaient, non sans y éprouver des accès de folle gaieté, à ces représentations, auxquelles le bruit du canon de la place donnait un caractère particulier; parfois même, une sortie des Russes venait les interrompre, et contraignait acteurs et spectateurs à courir à la défense de nos parallèles. Au premier rang de ces spectateurs, on était certain de rencontrer invariablement bon nombre d'officiers anglais; ils paraissaient prendre un goût très vif à une représentation, dont leurs soldats n'avaient pas même l'idée, et, malgré leur habituelle gravité, le rire étant contagieux, ils riaient comme nous[1].

Ce petit théâtre était placé cependant à bonne portée de la batterie que les Russes avaient établie à la droite[2] du Piton-Blanc, situé au nord de la Tchernaya; mais, comme ses projectiles n'arrivaient que rarement à leur adresse, les soldats l'avaient appelée par plaisanterie *la batterie Gringalet*, et les acteurs ne se faisaient pas faute, dans leurs programmes comme dans leurs propos, de tourner en dérision son impuissance; ce premier souvenir de la

---

1. « Les Anglais, écrivait le général Bosquet, restent tout étonnés de voir nos soldats rire et s'égayer par tous les temps, et ils viennent demander qu'on les aide à rire eux aussi et à s'installer. »

2. Droite des Russes.

fameuse pièce des *Saltimbanques* avait conduit tout naturellement nos joyeux troupiers à baptiser des sobriquets de *Bilboquet* et *Zéphirine*, deux autres batteries russes qui s'élevèrent, plus tard, entre la première et la route de Mackenzie. Une quatrième fut bientôt surnommée *Flageolet;* enfin, le poste russe du Piton-Blanc, qui était pourvu d'un signal et d'un observatoire, reçut le nom de *Guignol*, et ces facétieuses appellations devinrent officielles dans l'armée.

Le dimanche 10 juin, il devait y avoir représentation : les prospectus avaient été lithographiés le 6, et allaient être distribués dans les divers corps, lorsqu'on apprit dans les camps les grands projets du lendemain. Il y avait *relâche* inévitable, et force fut aux acteurs de changer de costumes et de rôles. Les soubrettes du théâtre du Moulin durent déposer leurs jupes d'emprunt pour saisir le mousquet, et le feu ne ménagea pas plus les artistes que leurs admirateurs. Deux jours après, le programme, que l'on n'avait pas eu le temps de recommencer, parcourut les camps : je l'ai sous les yeux[1], et j'avoue que je ne puis jamais le regarder sans une profonde émotion ; car derrière ces comédies, il y a tout un drame ; ce programme, raturé en plusieurs endroits, parce qu'on avait dû changer quelques pièces, débute ainsi : « *Lundi* 11 *juin* 1855. *Au bénéfice des blessés du* 7 *au* 8 *juin. Représentation extraordinaire.* » Puis suivent ces simples et bien touchantes lignes : « Deux amateurs ayant été tués, et plusieurs blessés, on a été obligé de changer le spectacle qu'on se proposait de donner. »

---

1. On peut voir ci-contre un fac-simile de ce programme.

Au Bénéfice des blessés du 7 au 8 Juin 1855.

Représentation Extraordinaire

Deux amateurs ayant été tués et plusieurs blessés on a été obligé de changer le spectacle qu'on se proposait en donner.

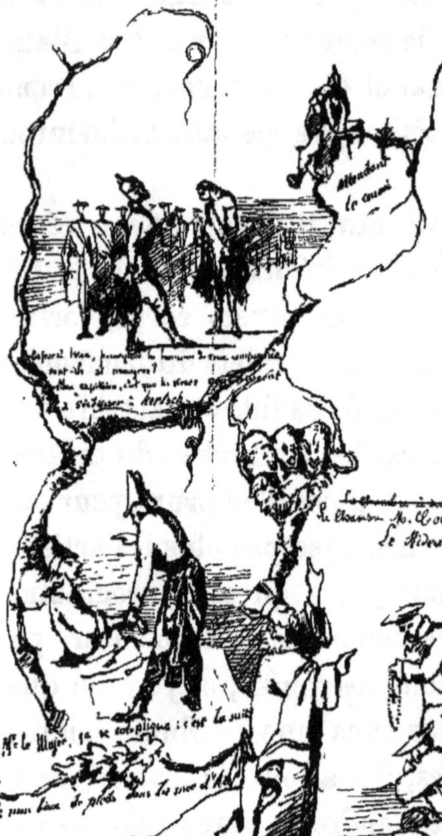

~~Dimanche~~ Lundi ~~11~~ 11 JUIN 1855.

MM. les Amateurs du 2e régt de Zouaves donneront le Spectacle suivant.

1r

Une Chansonnette Comique

2e

La Chambre à deux Lits

vaudeville en un acte

3e

Intermède Comique.

4e

Les Mésaventures de M. Coquart

~~La Permission de dix heures.~~

vaudeville en un acte

5e

Intermède Comique.

6e

~~Les Dames sans culottes.~~

~~Le Vieux Loup de Mer.~~

~~Intermède Comique~~

~~vaudeville en un acte~~

Qui se terminera par la gêne

Ordre.

~~La Chambre à deux lits, la permission de dix heures, le vieux loup de mer~~

La Chambre, M. Coquart, les 2 sans culottes. Qui se terminera

Le Rideau sera levé à 7h ½.

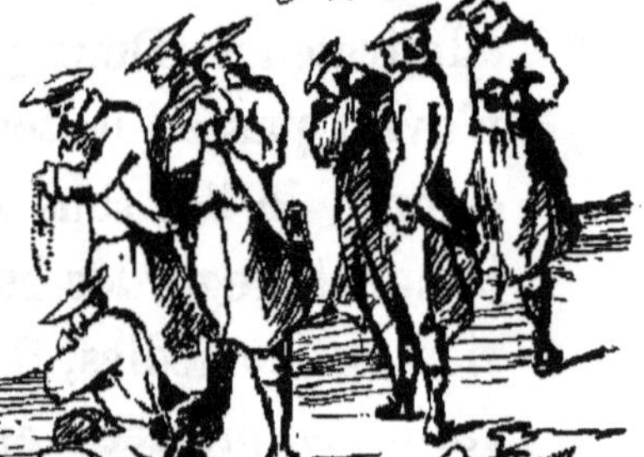

Enfans de l'Église orthodoxe, fuyez ces spectacles profanes; appliquez-vous de préférence à recevoir le knout avec componction ainsi que les balles françaises; c'est le vrai moyen d'arriver au ciel.

La sortie que les Russes avaient entreprise le 9 eût fort gêné cette représentation à bénéfice, si elle se fût faite deux jours plus tard ; ils avaient quitté, vers dix heures, Malakof, pour se porter sur nos positions du Mamelon Vert, dont ils s'étaient approchés jusqu'à deux cents mètres, en poussant leurs hourras habituels. Le colonel Picard avait aussitôt lancé sur eux trois compagnies du 91e, qui les avaient abordés en battant la charge, et les avaient rejetés en arrière, dans un tel désordre, qu'ils avaient abandonné les outils dont ils s'étaient munis, sans doute pour l'établissement de travaux de contre-approche. « Les batteries restant silencieuses, contre l'habitude de l'ennemi, j'ai dû croire, écrit le général Bosquet, que sa première tentative serait suivie de démonstrations plus sérieuses. Je me persuadais aussi qu'il avait grand intérêt à couvrir de défenses les approches de Malakof, et que, selon son habitude, il ne perdrait pas de temps pour entreprendre et pousser ses travaux. Je voulais m'assurer que nous étions prêts pour le gêner, et prêts aussi pour repousser toutes attaques, et j'ai passé la nuit en conséquence à la batterie Lancastre, prenant les mesures nécessaires, et m'assurant par moi-même que chacun savait bien son rôle. » L'ennemi, soupçonnant que nous étions sur nos gardes, n'entreprit rien, et nos soldats, qui avaient dû reprendre les armes, bien qu'ils eussent été relevés le matin seulement de leurs deux jours de combat et de tranchée, purent enfin aller prendre un peu de repos.

Malgré ces alertes presque incessantes, on s'occupait activement à consolider nos ouvrages et à construire de nouvelles batteries. « Le général Frossard a bien vu le terrain hier pendant la suspension d'armes [1], écrivait le général Bosquet, le 10, et il tirera parti de ses observations. Il a spécialement étudié le terrain en avant et à droite du Mamelon Vert, où il est nécessaire d'occuper par de fortes embuscades certains points essentiels. Ce travail sera entamé cette nuit. »

---

1. La suspension d'armes dura de midi à cinq heures, et l'on releva près de 800 cadavres français ou russes.

ASSAUT DU 18 JUIN.

Le travail projeté fut poussé avec la plus grande activité, car le succès du 22 mai et surtout celui du 7 juin ayant ranimé toutes les espérances, les généraux en chef avaient résolu de tenter un assaut définitif contre Malakof ; en effet, bon nombre d'entre nous, découragés naguère par la lenteur du siège, avaient passé tout à coup à une confiance extrême, disant à haute voix que l'entreprise audacieuse des têtes de colonne, le jour de la prise du Mamelon Vert, n'eût pas manqué de réussir complètement, si elle eût été prévue, admise et soutenue ; ils en concluaient qu'un assaut nouveau et prochain devait nous mettre infailliblement en possession de cette place, que, suivant eux, l'ennemi démoralisé ne pourrait défendre. Je ne sais si l'on aurait pu, le 7 juin, occuper définitivement le bastion Kornilof[1], et si l'enlèvement des trois formidables redoutes qui le précédaient n'était pas un poids assez lourd pour une seule journée ; mais ce qui est évident, c'est que l'on n'était pas fondé à tirer de l'audace de quelques braves officiers et soldats de pareilles conséquences. En effet, il fallait au moins dix jours pour améliorer les nouvelles parallèles, construire des batteries destinées à contre-battre l'enceinte de Malakof ; et nous

1. Le nom de Kornilof était donné au bastion en terre qui enveloppait la tour Malakof.

savons les travaux que les Russes pouvaient y opposer, car nous avions appris, par expérience, ce qu'en dix jours ils peuvent remuer de terre; de plus, l'éveil leur était donné; ils n'ignoraient pas que notre objectif n'était plus du côté de la Ville, mais du côté du Faubourg : aussi, le 7 juin, nous n'avions trouvé devant nous que seize bataillons vers ce dernier point, et le 18, nous devions en rencontrer trente-sept. Ces nouvelles dispositions de l'ennemi ne pouvaient nous étonner; il était facile de les prévoir, et il est dès lors évident qu'il fallait y regarder à deux fois avant de livrer un nouvel assaut dans ces nouvelles conditions. Quant à nous, qui avions passé par toutes les difficultés de ce siège, cette résolution nous paraissait prématurée; il est vrai que le génie avait, en quelques jours, terminé la cinquième parallèle[1] qui enveloppait le Mamelon Vert, mais elle était encore à quatre cents mètres du saillant Malakof; l'artillerie avait également fait des merveilles de rapidité, en élevant, à gauche du ravin du Carénage, les batteries n°^{s} 15, 15 bis, 16 et 17; à droite du même ravin, les n°^{s} 18 et 19, dans l'Ouvrage blanc du 22, et la batterie n° 20, dans celui du 27; mais ces moyens étaient encore insuffisants pour éteindre le feu de Malakof, aussi bien que de la branche qui descendait à la batterie de la Pointe, et pour permettre à des colonnes d'assaut de franchir, sans être écrasées, la longue distance qui les séparait de l'enceinte. Quoi qu'il en soit de ces considérations, toujours est-il que l'assaut fut résolu et

---

1. La 3ᵉ parallèle avait été formée avec la tranchée russe qui enveloppait le Mamelon Vert, et la 4ᵉ avec celle qui se trouvait au saillant de la lunette du Kamtchatka, et passait par la batterie de quatre pièces, enlevée par les tirailleurs algériens le 7 juin.

que le général Pélissier, faisant entrer dans ses plans la possibilité d'une action vigoureuse à l'extérieur, décida que la conduite en serait donnée au général Bosquet, tandis qu'il réservait au général Regnaud de Saint Jean d'Angély et à lui-même l'honneur et la tâche difficile d'enlever Malakof.

Cette décision attrista notre général; il se vit avec regret éloigné de ce champ de bataille, qu'il avait étudié sous toutes ses faces, depuis plusieurs mois, et sur lequel, pour cette raison, il lui était peut-être plus facile qu'à tout autre de diriger une entreprise si importante. Je n'ai jamais cru, pour mon compte, qu'il en eût surmonté toutes les difficultés, et j'ai toujours considéré comme un signe de sa bonne fortune qu'il ait été écarté de l'action le seul jour où il aurait, à mon sens, forcément échoué. Il avait la réputation de général heureux; à l'Alma, en effet, il s'était acquitté avec le plus grand bonheur de la rude tâche d'escalader les positions russes; à Inkermann, chacun sait comment il avait réussi; je viens de dire ses succès au 7 juin, et l'on pourra voir bientôt, à la prise de la ville, que son étoile ne lui manqua jamais.

« Le projet, écrivait le général Pélissier au général Regnaud de Saint Jean d'Angély [1], serait, avec le concours des Anglais, et en faisant jonction avec les armées sarde et turque, de marcher sur Batché Seraï. C'est à cette éventualité postérieure à l'assaut qu'il y a lieu de se préparer complètement en organisant à l'avance convois, munitions et ambulances pour les troupes qui devront prendre part à ce mouvement. » Suivait le détail de la

1. Dépêche du 15 juin.

répartition des troupes, et la dépêche se terminait ainsi :
« En conséquence de ces dispositions, je vous invite à vous mettre immédiatement en mesure de connaître le terrain sur lequel vous aurez à agir, pour me soumettre, *le 17 au matin*, le projet d'action. C'est une question que le général Bosquet a été en position de préparer, et dont il vous remettra les données. Vous irez recevoir de ce général le commandement demain, à deux heures de l'après-midi, et vous vous installerez au quartier général du deuxième corps, dont l'emplacement est connu ; vous enverrez demain, de très bonne heure, votre chef d'état-major s'aboucher avec le général de Cissey, afin d'en recevoir tous les renseignements qui devront assurer l'heureuse continuation des attaques et de tous les services. Le sous-chef d'état-major du deuxième corps, le commandant Henry, restera avec le colonel de Vaudrimey Davoût jusqu'après le succès de l'assaut. »

En vertu de ces nouveaux ordres, le général Bosquet descendit dans la plaine le 16, et prit le commandement d'un corps d'environ 25,000 hommes, composé des divisions Canrobert, Camou, Herbillon, Dulac, de toute la cavalerie, et de quatre batteries à cheval de la réserve ; il devait être soutenu par les Piémontais et les Turcs. Avec son activité ordinaire, il alla visiter, sans délai, les emplacements de ses troupes et fit une reconnaissance un peu au delà de la position piémontaise, pour connaître les débouchés du côté de Mackenzie. De son côté, le général Regnaud de Saint Jean d'Angély prenait connaissance des travaux avec les généraux Frossard et Beuret, et arrêtait le projet d'attaque, de concert avec les généraux de division Mayran, Brunet et d'Autemarre, qui devaient, le 18, avec la division de la garde, livrer l'assaut au faubourg de Sébastopol.

Afin de le préparer, le feu fut ouvert de toutes parts dans la journée du 17, pour la quatrième fois, depuis le commencement du siège [1]; et, dans la plaine, pour détourner l'attention de l'ennemi, les Turcs et les Piémontais allèrent s'établir en avant sur les deux rives du Chouliou; une brigade de chasseurs d'Afrique se porta à leur hauteur, sur la demande du général de La Marmora, pour appuyer le flanc gauche des Sardes, et rentra la nuit dans son camp.

L'assaut devait être donné à Malakof dans la matinée du 18, tandis qu'au vieux siège on garderait les tranchées, sans prononcer de mouvement offensif. Les Russes, avertis par leurs patrouilles et par une petite sortie, faite de deux heures à deux heures et demie, « de la concentration extraordinaire de nos troupes dans les parallèles, prirent dans la nuit les positions de combat qui leur étaient assignées d'avance. Ils avaient neuf bataillons devant les Anglais, douze à Malakof, pareil nombre pour la défense des bastions n° 2 et n° 1, outre quatre bataillons de réserve, ce qui formait pour le faubourg de Karabelnaya trente-sept bataillons avec dix-huit pièces de campagne, sans compter les équipages de la flotte affectés au service des pièces de position [2]. » Le général Chroulef dirigeait en chef la défense du faubourg.

De notre côté, les dispositions d'attaque étaient ainsi prises : la division Mayran, partant des Ouvrages blancs,

1. 17 octobre, 9 avril, 6 juin et 17 juin.
2. Ouvrage du capitaine Anitschkof.

devait descendre dans le ravin du Carénage et attaquer la branche de la Pointe, depuis le bastion n° 1 jusqu'au bastion n° 2 ; elle se massait, dès dix heures du soir, sur le mont Sapone et devait avoir pour réserve deux bataillons du 1ᵉʳ voltigeurs de la garde (colonel Boudville). La division Brunet, réunie à droite du Mamelon Vert, devait se lancer sur la courtine qui reliait le Petit Redan à Malakof, et aborder cette dernière position par la gauche, tandis que la division d'Autemarre, revenue de Kertch, le 15 juin, avec le corps expéditionnaire, s'établissait en avant et à gauche de la redoute Brancion, avec mission d'aborder la batterie Gervais pour tourner la redoute Kornilof par la droite. La division de la garde formait une réserve générale, unique, et placée trop loin, car elle était en arrière de la redoute Victoria, avec deux batteries attelées de canons-obusiers de 12 préparés pour être traînés au besoin, et cinq batteries à cheval, dont deux du régiment d'artillerie de la garde. Enfin, les Anglais, qui s'étaient avancés à deux cent cinquante mètres du Grand Redan, devaient marcher également sur ce bastion, en partant de leur ouvrage des Carrières avec les deuxième, quatrième divisions, et la division légère, en trois colonnes, sous les ordres du général Brown.

Quelques instants avant le signal qui devait se donner, comme le 7 juin, avec des fusées tirées à trois heures du matin, *sur l'ordre exclusif du général en chef*, une bombe à traces fusantes, ainsi qu'il en avait été jeté plusieurs pendant la nuit, fut lancée de la redoute Brancion sur la ville. Le général Mayran, se méprenant, crut le signal donné ; vainement on lui objectait autour de lui que l'heure n'était pas encore sonnée : « C'est le signal ! aurait répondu ce vaillant soldat ; d'ailleurs, quand on va à l'ennemi, il vaut mieux être en avance qu'en retard. » Et il dirigea son monde sur la place. La division Brunet, qui s'établissait, non sans difficulté, dans les tranchées, n'était pas prête à se porter en avant ; elle dut donc laisser la troisième division engagée seule et aux prises avec l'ennemi, qui l'écrasa de feux de mousqueterie et de mitraille, de la place, des bateaux à vapeur embossés à l'entrée de la baie du Carénage, et des batteries du nord de la rade. « Malgré le tir meurtrier de nos pièces, dit Anitschkof, les braves Français tentèrent deux fois de reprendre leurs rangs et de se lancer à l'assaut des batteries ; mais, chaque fois, ils furent repoussés avec pertes. » Ces pertes furent, en effet, bien sensibles : le général Mayran fut frappé à mort ; le colonel Saurin, commandant la 1re brigade, fut blessé, et cette brigade, privée d'une grande partie de ses officiers, dut revenir en arrière, ainsi que celle du général de Failly, malgré l'appui des voltigeurs de la garde, dont la vigoureuse intervention ne put rétablir le combat. Ainsi, l'action de ce côté commençait mal pour nous, lorsque le général Pélissier, arrivant sur le terrain, donna le signal attendu ; les deux autres divisions, sortant des parallèles, franchirent alors les quatre cents mètres qui les séparaient de l'enceinte, et s'avancèrent sous une pluie de projectiles lancés par l'ennemi, qui garnissait les parapets et avait fait avancer ses réserves. Toutefois, ce terrible feu ne put arrêter la marche du général d'Autemarre, qui parvint à enlever la batterie Gervais, avec le 5e bataillon de chasseurs à pied (commandant Garnier) et un bataillon du 19ᵉ de ligne, conduit par le colonel Manèque. « Sans se laisser arrêter par la mitraille, dit Anitschkof, ces braves troupes se précipitèrent sur la batterie, et commencèrent un combat à la baïonnette avec le régiment d'infanterie de Poltaw, qui se vit forcé, après une rude mêlée, de céder devant la supériorité de l'ennemi. » Cette vaillante colonne, poursuivant son mouvement, s'empara des maisons et des ruines qui sont situées sur le versant est de la hauteur de Malakof, et ses chefs mandèrent au général d'Autemarre qu'ils avaient un pied dans la place, et qu'ils n'avaient besoin que de quelques renforts pour s'y maintenir.

Malheureusement, le général Brunet, qui n'était pas appuyé par la troisième division alors en retraite, avait été écrasé sous le feu de l'ennemi, et frappé mortellement, dès les premiers coups. Ses têtes de colonne, après des efforts inouïs, avaient été dans l'impossibilité d'atteindre la courtine, et avaient dû enfin regagner nos tranchées. A gauche, les Anglais avaient échoué également dans l'assaut du Grand Redan, malgré leur bravoure habituelle, et ils y avaient perdu 1,570 hommes, parmi lesquels le général John Campbell.

Cependant la division d'Autemarre, se trouvant dégarnie sur ses deux flancs, par suite de l'insuccès de nos têtes de colonne et de celles de nos alliés, le général Chroulef dirigea aussitôt sur elle des troupes fraîches; alors commença une lutte effroyable, dans laquelle une poignée d'hommes héroïques, commandée par des chefs intrépides, défendit pied à pied chaque maison, et dut enfin, écrasée par le nombre et décimée dans sa retraite, rentrer dans nos positions, après avoir un moment forcé l'entrée de Sébastopol. Il était huit heures et demie ; le général en chef jugea qu'une attaque nouvelle n'aurait pas plus de succès, et il enjoignit de ne pas tenter l'épreuve. Toutefois, sur son ordre, les généraux Mellinet et Uhrich s'étaient portés au secours du général de Failly, mais sans pouvoir reprendre l'offensive, tandis que les zouaves de la garde avaient été envoyés en réserve derrière le général d'Autemarre.

Du côté de la plaine, nous avions attendu toute la matinée, sous les armes, le résultat de l'assaut, sans que l'ennemi fît un mouvement en face de nous. Nous écoutions, avec une anxiété facile à comprendre, les échos du canon et de la mousqueterie, qui se répétaient tout le long de la vallée de la Tchernaya ; nous recueillions avec avidité les nouvelles que les officiers dépêchés au siège nous transmettaient au passage, et nous apprenions enfin avec douleur, par une lettre du major de tranchée, notre insuccès et les pertes cruelles que nous avions éprouvées dans cette journée. Cruelles en effet, car elles s'élevaient pour notre armée à 33 officiers tués et 249 blessés, 1,340 hommes de troupe tués et 1,520 blessés.

Ces pertes étaient inférieures à celles que nous avions faites le 7 juin ; mais il faut remarquer que nos troupes, engagées plus à fond le 18, eurent deux fois plus de morts. Parmi ceux-ci, outre les deux généraux de division, que l'armée regretta vivement, se trouvait un brillant officier, estimé de tous, le lieutenant-colonel d'artillerie de La Boussinière, dont il a été souvent parlé dans le cours de ce récit. Quelques jours auparavant, le génie avait eu à déplorer la perte du lieutenant-colonel Guérin, d'une capacité aussi incontestable que sa bravoure, frappé le 13, d'une balle à la tête, dans cet ouvrage du 2 Mai, à la conquête duquel il avait si grandement contribué.

Les Russes accusèrent de leur côté 797 tués et 4,127 blessés, soit : 4,924 hommes hors de combat.

Après cet échec, qui avait relevé le moral de l'ennemi, on se décida à reprendre l'attaque pied à pied, et à s'avancer par les moyens réguliers vers les saillants des bastions Kornilof et n° 2. Le 21, le général Bosquet, rappelé sur le plateau, abandonna le commandement des troupes de la Tchernaya au général Herbillon, et vint reprendre la direction du siège de Malakof avec trois divisions du deuxième corps (Dulac, Brunet devenue de la Motte Rouge, et Mayran devenue Faucheux[1]) ; la deuxième division du corps de réserve (D'Aurelle), la première brigade de la première division (Herbillon) du même corps, et quatre bataillons de la garde.

A droite, la fin du mois de juin fut employé à consolider nos conquêtes du 7, et à construire de nouvelles batteries ; la batterie n° 21 entre autres, établie dans l'ouvrage du 2 Mai, et celle n° 22 un peu plus bas, principalement destinées à atteindre les vaisseaux, ne purent être terminées qu'avec de bien grandes difficultés. Aux attaques de gauche, tout l'intérêt étant concentré devant Malakof depuis le commencement du mois, on s'était contenté d'inquiéter l'ennemi par des travaux de sape et par la guerre de mines ; dans cette lutte souterraine, « l'en-

---

1. La division Faucheux, considérablement affaiblie, fut remplacée au siège, le 5 juillet, par la division Canrobert, forte de 6,000 hommes.

nemi, pour répondre à nos fougasses, ajoutait à ses projectiles ordinaires des galets de mer, lancés par des mortiers. Pour nous, nous avions soin, dans le bourrage des puits, de mettre des sacs à terre du côté des tranchées et des pierres du côté de la place; au moment de l'explosion, les pierres retombaient dans le bastion du Mât, et nos soldats ne risquaient pas d'être blessés par les débris de sacs à terre qui étaient lancés du côté des tranchées[1] ».

Deux jours après la mêlée, les Russes faillirent perdre le savant ingénieur que la défense de Sébastopol a immortalisé; le général Todleben fut blessé d'une balle qui lui traversa le mollet; quelque temps encore, il put diriger de ses conseils les opérations des assiégés; mais sa blessure s'étant aggravée, il dut être transporté sur la rive nord de la rade, et il avait quitté Sébastopol déjà depuis plusieurs semaines, lorsque les alliés s'emparèrent de la ville.

Dans les derniers jours de juin et les premiers de juillet, la chaleur devint très grande et même accablante à la tranchée; elle fut, toutefois, sans action sur l'état sanitaire de l'armée, qui demeura généralement bon, malgré quelques cas de choléra. Une des victimes de la terrible maladie fut le général en chef de l'armée anglaise : la journée du 18 juin avait produit, dit-on, sur son esprit, une émotion douloureuse; il s'était toujours opposé à tout projet à l'extérieur, et avait poussé de toutes ses forces à la continuation du siège direct et régulier; après notre échec, lord Raglan retourna à son quartier général, sous le poids de tristes impressions qui réagirent sur sa santé, et donnèrent une prise plus re-

---

1. Maréchal Niel.

doutable au fléau ; il mourut le 28 juin, dans la soirée.
De grands honneurs funèbres furent rendus à ce général,
dont le caractère et la loyauté étaient appréciés de tous.
Le 3 juillet, le cercueil, couvert du drapeau national et
traîné par huit chevaux d'artillerie, passa entre deux
haies de soldats français et anglais, jusqu'à Kazatch, où
le corps devait être embarqué pour l'Angleterre. Les
quatre généraux en chef des armées alliées l'entouraient à
cheval, et étaient suivis de tous les officiers que leur service
laissait disponibles. Ainsi, les deux généraux qui avaient
préparé l'entreprise de Crimée étaient morts tous deux
loin du champ de bataille, laissant à leurs successeurs
l'honneur d'entrer dans Sébastopol. Ce successeur fut
pour lord Raglan le général Simpson, le plus ancien des
généraux de l'armée anglaise.

Le mois de juillet fut employé avec activité à l'exécution de nos travaux de cheminement, que l'on dut tracer
péniblement dans un sol de roc. Après l'assaut du 18 juin,
on avait commencé l'établissement d'une nouvelle tranchée, dite *place d'armes des Carrières :* les carrières dont
il s'agit s'étendaient principalement entre la cinquième
parallèle et la route des Sapeurs, qui, venant des ponts
d'Inkermann, passait au col, entre Malakof et le Mamelon Vert, pour entrer ensuite dans le faubourg par la
batterie Gervais. Le génie déboucha des deux extrémités de cette place d'armes ; à droite, il établit la sixième
parallèle, à trois cents mètres en face du Petit Redan,
puis, poussant deux cheminements, l'un de l'extrémité
de cette parallèle, l'autre du fond du ravin du Carénage,
il parvint, à la fin de juillet, à s'établir à cent dix mètres

environ de cet ouvrage. Il s'approchait en même temps à cent trente mètres du saillant de Malakof, en partant de l'autre extrémité de la place d'armes des Carrières, et en pénétrant dans des carrières nouvelles, placées en avant et à gauche de la route des Sapeurs. Nous leur donnâmes le nom de *Carrières de gauche*, par opposition à *celles de droite*, situées au milieu de la sixième parallèle[1]. Enfin, le 13 juillet, il amorça de ce côté par une embuscade, à cent soixante dix mètres du bastion, la gauche de cette sixième parallèle, dont le centre, bouleversé chaque matin par le canon de l'ennemi, ne put être terminé que vers le milieu du mois d'août. Ces difficultés tenaient à la forme concave du terrain, qui empêchait de relier les deux cheminements dirigés ainsi, sans troupes d'appui et en pointe, vers Malakof et le Petit Redan, tandis que l'ennemi pouvait garnir ces deux points de nombreux défenseurs.

L'artillerie, de son côté, n'avançait également qu'avec peine dans la construction de ses batteries, et l'ennemi, qui n'avait rien entrepris sur nos lignes depuis quelque temps, vint encore ajouter à ces difficultés par quelques sorties effectuées au milieu de juillet. Déjà, le 11, une cinquantaine d'hommes étaient partis de Malakof pour prendre position près de notre poste avancé des Carrières de gauche ; mais ils avaient été reçus à bout portant par un détachement de vingt-cinq voltigeurs du 86e, commandé par le lieutenant Ragot, que le général de la Motte Rouge cita avec de justes éloges, ainsi que le ser-

---

1. Ce fut dans ces carrières de droite, au centre de la 6e parallèle, que le général Bosquet s'établit, le jour de l'assaut, pour diriger les mouvements de troupes, et qu'il fut blessé.

gent Gascon. Ce régiment, dont le colonel avait été tué le 7 juin, fit dans cette même nuit une perte nouvelle ; son nouveau chef, le colonel David, fut frappé à mort d'un éclat d'obus dans la tranchée.

Mais, dans la nuit du 14 au 15, l'ennemi fit une tentative plus importante du même côté. Après avoir attaqué les tranchées anglaises et en avoir été repoussé, il se porta, avec trois ou quatre bataillons, par le ravin de Karabelnaya, contre l'embuscade établie le 13 sur le glacis de Malakof ; elle n'avait pu encore être reliée avec les carrières de gauche, dont elle était distante de soixante mètres. Le général Uhrich, de la garde, était de tranchée avec le lieutenant-colonel de Chabron, du 86e, et des troupes de la division de la Motte Rouge ; grâce aux habiles dispositions prises, l'ennemi fut accueilli par une fusillade très nourrie, et, après de vains efforts pour tourner l'embuscade par la gauche, il dut se retirer, non sans avoir essuyé de notables pertes par le tir de notre mousqueterie et celui de nos batteries nos 15 et 16 du Mamelon Vert.

Dans l'impuissance de nous faire reculer à gauche, les Russes entreprirent, le 16 au soir, de se jeter sur trois embuscades que nous avions établies à droite, en face du Petit Redan ; le général Vinoy était de service ce jour-là ; trois fois ils vinrent se heurter contre nos travailleurs, soutenus d'un détachement de zouaves de la garde, accouru du fond du ravin du Carénage, et trois fois ils furent repoussés. « Dans ces sorties, l'ennemi ne néglige point l'usage des ruses de guerre, écrit le général Bosquet ; il adopte nos sonneries et crie très bien, en français, les ordres de cesser le feu quand cela peut lui être utile ; mais toutes ces ruses ont eu peu de succès cette nuit. »

Les assaillants durent battre en retraite, en effet, et, comme d'habitude, le feu d'artillerie de la place fut aussitôt porté « à une intensité extrême. Toutes leurs batteries faisaient rage, même celles du Cimetière, de l'autre côté de la rade, et l'on ne voyait que projectiles enflammés se croiser sur tout le front de notre attaque. Malgré cette rude canonnade et une mousqueterie très serrée, nos pertes n'ont pas été très considérables, et j'estime celles de l'ennemi, assurément, à quelques centaines d'hommes hors de combat[1]. » Quant à nous, pendant les vingt-quatre heures, nous avions perdu vingt-trois tués et soixante-dix-sept blessés ; le chiffre des tués de notre côté était d'habitude de huit à dix ; mais il devint plus considérable (plus du double), à mesure que nous approchions de la place, moins encore par le feu de l'artillerie, que par celui de la mousqueterie, qui était « enragé et excessivement meurtrier », écrivait le général.

Malgré la vivacité de cette fusillade, nous avancions toujours vers les saillants des deux bastions ; aussi les Russes entreprirent-ils encore, dans la nuit du 24 au 25 juillet, de bouleverser notre tête de sape devant le Petit Redan ; les fortes sorties leur étant impossibles depuis que nous étions à peu de distance d'eux, ils mettaient dehors cent cinquante hommes environ, et les envoyaient sur nos embuscades extrêmes de droite, qu'on essayait de relier. Elles étaient occupées par des travailleurs, qui les reçurent très vigoureusement ; les gardes de tranchée, dirigées par le général Bisson et le colonel de Taxis, leur vinrent en aide, et contraignirent les assaillants à ren-

---

1. Rapport du général Bosquet.

trer dans la place, après avoir perdu beaucoup des leurs et leur chef, le capitaine Bratkowski.

Pendant ce mois de juillet, il ne s'était passé rien de bien saillant au vieux siège, où l'on n'avait fait que réparer les dégradations produites par le feu de la place et continuer la guerre souterraine.

Le 28 juillet au matin, un violent orage éclata et détruisit la route du Carénage, au point d'interrompre la circulation pendant plusieurs jours et de nécessiter de grands travaux; les eaux inondèrent les tranchées et firent des dégâts, particulièrement aux fontaines et aux cimetières, que l'on se mit en devoir de réparer; ces orages, qui se reproduisirent au commencement d'août, rendirent les parallèles impraticables en plusieurs endroits; l'ennemi en profita pour redoubler son feu, « qui fut très vif dans tous les intervalles de calme laissés par l'orage[1] ». Ce feu provenait tant de la place que du nord de la rade, où la batterie du Cimetière, qui n'était pas contrebattue, nous faisait beaucoup de mal. Au milieu de ce déluge de projectiles, le génie ne pouvait parvenir à relier les deux parties de la sixième parallèle, l'ennemi détruisant chaque matin l'ouvrage de la nuit. « Le génie se plaint que l'artillerie ne tire pas assez, écrivait le général le 6 août; l'artillerie déclare faire tout ce qui est possible présentement. La vérité, c'est qu'il est difficile de faire des travaux à cent mètres de la place, sans que le feu d'artillerie de cette place soit éteint ou à peu près. » On avait bien essayé, à plusieurs reprises, de jeter des fusées de diverses espèces sur la ville et sur la partie nord

1. Rapport du 1er août.

de la rade ; quelques-unes touchèrent juste, paraît-il, mais cependant elles ne produisirent pas tout l'effet qu'on en attendait.

Le travail de la première quinzaine d'août consista particulièrement en réparations, améliorations, épaississements de parapets et approfondissements de tranchées ; ce travail était très important, car on avait été très vite, et il restait beaucoup à faire pour donner aux parallèles et aux places d'armes des *profils* assez forts pour les mettre en état de recevoir des troupes serrées. De son côté, l'artillerie achevait les batteries, blindages, réparations et armements.

Dans la nuit du 12, l'avis nous fut donné que l'ennemi avait l'intention d'entreprendre une attaque générale de nos lignes. De toutes parts on se tint sur ses gardes, et l'on fit un feu bien étudié, particulièrement vers le débouché du ravin d'Ouchakof, qui, situé en arrière de la *Maison en croix*, servait, d'après les déserteurs, à masser les réserves de l'ennemi ; mais le jour se fit sans qu'il eût rien tenté ni sur nous, ni sur les Anglais, qui avaient conduit des forces imposantes à proximité de leurs tranchées, pour soutenir le choc des assiégés.

Les avis d'attaque se renouvelèrent le 13, et nous obligèrent à une grande surveillance ; ils n'étaient pas à dédaigner évidemment, car c'étaient les bruits, vagues encore, mais précurseurs de l'assaut de nos lignes de la Tchernaya. Le 15, le général d'Allonville les recueillit d'une manière plus précise dans la vallée de Baïdar ; il y surveillait depuis quatre jours la rentrée des fourrages avec un petit corps d'armée mixte, formé du 3ᵉ bataillon de chasseurs à pied, d'un bataillon du 3ᵉ zouaves, de deux escadrons du 1ᵉʳ hussards, deux du 4ᵉ, huit de dragons, autant de cuirassiers et de deux batteries d'artillerie à cheval; dans la soirée, ce général donna, de tous côtés, avis par une dépêche télégraphique, dont la brume interrompit la transmission, que les Russes se préparaient à nous livrer bataille le lendemain, au moins sur deux points à la fois. Cet avis était catégorique; mais nous en recevions si souvent de semblables, qui n'étaient suivis d'aucun effet, que l'on se borna à faire les reconnaissances d'usage, sans ajouter une grande foi à ces rapports d'espions ou de déserteurs. Nous ne pouvions croire en effet que l'ennemi tentât de pénétrer par nos lignes de la Tchernaya, où il n'avait assurément aucune chance de succès définitif; il pouvait, comme il le fit le 16, profiter de la nuit et d'un épais brouillard pour arriver, sans être vu, sur nos lignes, alors fort étendues; il pouvait même les forcer au premier choc, puisqu'il était maître de lancer de nombreux bataillons sur le point qu'il choisirait; mais, quant à nous déloger de notre position, il n'y pouvait penser. Tout au plus, s'attendait-on à ce qu'il se jetât sur l'aile droite de notre armée, à Baïdar; toutefois la réussite même d'une entreprise de ce côté ne pouvait, évidemment, ni se changer en une action générale, ni retarder d'un jour notre marche sur la place. Du côté du siège enfin, les sorties importantes lui étaient devenues impossibles, car il était trop resserré de toutes parts pour ne pas craindre de voir les assaillants entrer pêle-mêle dans Sébastopol, en poursuivant les défenseurs, et enlever ainsi la place par un hardi coup de main.

BATAILLE DE LA TCHERNAYA

OU DE TRAKTIR.

Après l'arrivée de sa septième division d'infanterie, puis des quatrième et cinquième, le général Gorchakof avait cependant résolu de livrer bataille à l'armée d'observation. Il avait en conséquence réuni 51,000 hommes d'infanterie, 7,000 de cavalerie et 226 canons, répartis en trois corps : celui du général Read (septième et douzième divisions), à droite dans la plaine, celui du général Liprandi (sixième et dix-septième), à gauche sur les hauteurs en face des Piémontais, et un corps de réserve (quatrième, cinquième et onzième divisions) placé en arrière; les cinquième et dix-septième divisions comptaient seize bataillons, les autres n'en avaient que douze.

Les positions des alliés ayant été déjà en partie décrites, il suffira, pour l'intelligence du récit, de les rappeler sommairement. Le général Herbillon commandait sur la Tchernaya 18,000 hommes de troupes françaises, avec 48 canons; il occupait les monts Fédioukine. Ce corps comprenait la division Faucheux, très affaiblie, nous l'avons vu, par les deux assauts du mois de juin, et postée sur les deux côtés de la route de Traktir à Balaclava; la division Camou, placée à gauche, sur le mamelon le plus rapproché de notre plateau; enfin la brigade Cler, de la division Herbillon, qui campait en réserve et en arrière, tandis que la brigade Sencier, de la même division, était de notre côté, à mi-pente, entre le Télégraphe et la redoute Canrobert. Chacune de ces trois divisions ne pouvait atteler qu'une batterie ; mais une réserve d'artillerie de cinq batteries à cheval, sous les ordres du colonel Forgeot, était placée en arrière des monts Fédioukine ; dans ce groupe étaient comprises les troisième et quatrième batteries du régiment à cheval de la garde, dont l'une, la dernière, fut vivement engagée et éprouva des pertes sensibles dans la journée du 16 août. A notre droite, les Sardes, sous le général de la Marmora, occupaient le mont Hasfort, et, sur la rive droite de la Tchernaya, ils avaient fortifié le rocher dit des Piémontais ; ils avaient même des avant-postes en face, sur le mamelon dit des Zigzags. Cette petite armée comptait 9,000 combattants avec trente-six canons ; elle avait deux divisions d'infanterie ; la première, général Durando (brigades Fanti et Cialdini) ; la deuxième, général Trotti (brigades Montevecchio et Mollard) ; en outre, une brigade de réserve (général Giustiniani) et quatre escadrons de cavalerie. Plus à droite, dans un triangle formé par la Tchernaya, infranchissable en ce point, par le Kreutzen et par le village d'Alsou, les Turcs, commandés par Osman Pacha[1], occupaient, avec sept bataillons, une ligne fortifiée ; le reste de leur corps d'armée était à Kamara, d'où ils nous envoyèrent, pendant l'action, pour former une réserve, six bataillons dirigés par Séfer Pacha, Polonais de naissance et, de son nom, général Koscielski. A ce contingent turc, qui comprenait 10,000 hommes, il faut ajouter

---

1. Omer Pacha était parti, le 18 juillet, pour Constantinople.

enfin 3,000 sabres de cavalerie anglaise et nos propres cavaliers. Les alliés pouvaient ainsi disposer dans la plaine de 40,000 hommes avec cent vingt canons ; mais ils n'engagèrent sur ce chiffre que 16,000 hommes, tandis que les Russes en mirent en action 40,000.

L'Aqueduc et, plus en avant, la Tchernaya couvraient nos positions ; cette rivière était guéable sur plusieurs points à partir de Tchorgoun, et la route de Balaclava à Mackenzie la franchissait au pont de Traktir. En avant du pont, nous avions construit un petit redan qui devait servir d'appui à un poste de trois compagnies, commandé par un capitaine ; la ligne de la Tchernaya était en outre garnie de nos tirailleurs, soutenus de petits postes, mais elle pouvait être traversée facilement, ainsi que l'Aqueduc, sur des ponts portatifs, dont étaient munis quelques hommes à la suite des colonnes d'attaque ennemies.

Le 16 août, à la pointe du jour, une reconnaissance de chasseurs d'Afrique, envoyés dans la plaine, aperçut des troupes russes, mais sans pouvoir juger de leur force, ni de leur direction, à cause de l'épaisseur du brouillard. En ce moment, la division Liprandi s'avançait en face des Sardes ; la sixième division s'établissait sur les deux rives du Chouliou, avec des batteries destinées à prendre à revers les positions avancées de nos alliés, tandis que la dix-septième division, après les avoir canonnés de front, se portait en trois colonnes sur leurs avant-postes. Devant cette attaque subite, et malgré l'appui d'un bataillon de bersaglieri, les Piémontais durent abandonner le mamelon des Zigzags et ils se retirèrent lentement sur le rocher qu'ils avaient fortifié. Le général de la Marmora fit aussitôt avancer ses troupes sur les points indiqués d'avance par le général Herbillon, c'est-à-dire : la division Durando sur le mont Hasfort, la division Trotti, à sa gauche, vers les monts Fédioukine ; la brigade de réserve en arrière, et la cavalerie dans la plaine, à côté de celle des Français et des Anglais.

En face de Traktir, les compagnies de piquet étaient descendues au bruit du canon vers l'Aqueduc pour soutenir les grand'gardes, tandis que deux batteries, suivies chacune par un bataillon, se plaçaient : la 6e du 13e régiment à droite, et la 3e du 12e à gauche de la route de Balaclava à Mackenzie, pour en balayer les abords. Les autres troupes restèrent au bivouac, en attendant que les projets de l'ennemi, caché dans le brouillard, fussent déclarés. De notre côté, nous avions couru sur la crête, à l'Observatoire : nous y étions depuis quelque temps, regardant la fumée des canons vers les Piémontais, et cherchant à pénétrer la brume épaisse qui s'étendait devant nous dans la plaine, lorsque tout à coup, vers cinq heures, cette brume se leva comme un rideau, et nous pûmes apercevoir distinctement au débouché de la route de Mackenzie deux lignes de bataille placées sur les pentes de la redoute Flageolet ; elles étaient précédées de batteries d'artillerie et d'une ligne de tirailleurs étendue, quoique serrée. Soudain, ces tirailleurs se mirent en mouvement, et s'élancèrent au pas de course sur la rivière, tandis que d'autres masses, fort épaisses, sortaient du défilé et se répandaient dans la plaine.

Nous avions sous les yeux le corps russe du général Read ; il se portait en avant, sous la protection d'un feu formidable d'artillerie, dont la fumée, faute de vent pour la dissiper, enveloppa bientôt l'ennemi comme dans un nuage : aussi, sans être aperçues, la septième division put se diriger sur le centre des monts Fédioukine, et la douzième sur le pont. Le régiment d'Ukraine, de cette dernière division, attaqua le petit redan, dont le poste ordinaire de cent cinquante hommes venait d'être renforcé d'une compagnie du 2ᵉ zouaves. Aussitôt le général de Failly, chargé de la défense de cette importante position, appela à lui le 1ᵉʳ bataillon du 95ᵉ de ligne, de soutien derrière l'artillerie, tandis que le 2ᵉ zouaves se portait à droite ; mais, en dépit de leurs efforts, les défenseurs de la tête de pont furent débordés par la masse des assaillants, et obligés de se retirer jusqu'à l'Aqueduc, où le reste de la brigade de Failly, que ce général avait fait venir en toute hâte, vint enfin les appuyer.

Dans le même moment, à notre extrême gauche, deux régiments de la septième division russe traversaient la rivière, malgré la résistance de quatre compagnies de tirailleurs algériens, et marchaient vers la Maison-Blanche, placée près de l'Aqueduc ; mais le général de Wimpffen dirigeait aussitôt sur eux le 1ᵉʳ bataillon du 3ᵉ zouaves, qui les arrêtait court sous son feu et sous celui des grand'gardes du même régiment et des tirailleurs algériens, postés de flanc sur une éminence, entre le canal et la rivière.

Au centre, voyant le succès du régiment d'Ukraine, le régiment d'Azov s'était porté immédiatement en amont du pont, afin de tourner la droite du 2ᵉ zouaves, tandis qu'en aval de ce pont, une autre colonne russe, passant un gué situé entre Traktir et la Maison-Blanche, menaçait la gauche de la brigade de Failly. Par ce double mouvement sur ses ailes, la division Faucheux se trouva forcée de rétrograder, et l'ennemi s'avança, à sa suite, sur les hauteurs qui bordent la route de Balaclava. La situation devenait critique lorsque le général de Wimpffen, sur l'ordre du général Camou, lança avec vigueur le 50e de ligne contre la dernière colonne russe, et envoya en même temps le 1er bataillon du 82e de ligne en soutien du bataillon du 3e zouaves, qui luttait, ainsi que nous venons de le voir, en face de la Maison-Blanche; la 4e batterie du 13e vint efficacement en aide à ces deux derniers bataillons, qui rejetèrent l'ennemi au delà du canal et de la Tchernaya, le contraignirent à se rallier derrière les ulans et les cosaques, sous la protection des batteries Gringalet et Bilboquet, et à renoncer à toute nouvelle attaque. Aux abords du pont, à l'arrivée du 50e de ligne, le général de Failly reprit vigoureusement la marche en avant avec tout son monde, et parvint aussi à refouler les Russes; puis il établit le colonel Danner dans la tête de pont avec les 95e et 97e et une compagnie de grenadiers du 50e, tandis que le général Cler, après lui avoir envoyé deux bataillons du 73e de ligne en réserve, se portait, avec le 3e bataillon de ce régiment et tout le 62e, sur l'emplacement de la première brigade du général Faucheux. En même temps que le général de Failly reprenait l'offensive, une partie de cette première brigade[1], à laquelle s'était jointe une compagnie de voltigeurs du 95e, se précipitait, à droite, sur le régiment d'Azov et le contraignait également à repasser la Tchernaya. Il était un peu plus de six heures lorsque l'ennemi fut repoussé ainsi

1. Le 2e zouaves et quatre compagnies du 19e chasseurs à pied.

de toutes parts avec des pertes sensibles, car le général Read et son chef d'état-major, le général Weimarn, étaient au nombre des morts.

Malheureusement, notre artillerie n'était pas encore en mesure de battre les débouchés du pont vers la plaine; elle eût pu faire un grand carnage dans ce pêle-mêle d'hommes qui fuyaient et son intervention aurait peut-être prévenu tout retour offensif de l'ennemi; mais les cinq batteries de l'artillerie de réserve, s'établissaient à peine, à ce moment, sur les pentes des monts Fédioukine. Voyant que ses têtes de colonnes n'étaient pas poursuivies et que nos boulets ne les inquiétaient pas trop dans leur retraite, le général Gorchakof pensa que nous n'étions pas encore en mesure de nous opposer à une nouvelle attaque, et fit avancer, de la réserve, la cinquième division qu'il chargea d'opérer dans la plaine, tandis qu'à sa gauche trois régiments de la dix-septième, descendant à l'ouest du mamelon des Zigzags, menaceraient de passer la Tchernaya, en amont du pont, au gué de la cavalerie. La fumée du canon, qui cachait encore ces mouvements, se dissipa vers sept heures, au moment où ils se prononçaient; nous vîmes alors, de la hauteur, trois colonnes de la cinquième division, soutenues des régiments ralliés de la douzième, se diriger rapidement vers la tête de pont; celle de gauche échoua devant le feu du 2ᵉ zouaves et de notre artillerie, maintenant en position; mais celle du centre parvint à déloger le colonel Danner du redan, malgré son héroïque résistance, et assura ainsi le succès de l'attaque de droite contre le 50ᵉ. Déjà, ces deux colonnes ennemies gravissaient les pentes des monts Fédioukine, lorsque, d'un élan irrésistible, le colonel Danner reprit tout à coup l'offensive avec le 95ᵉ et le 97ᵉ, soutenus de deux bataillons du 73ᵉ, pendant que le 50ᵉ, appuyé d'un bataillon du 82ᵉ à gauche, se portait en avant avec la même vigueur ; les Russes ne purent tenir et furent définitivement rejetés en désordre au delà de la rivière. La brigade Sencier arrivait en ce moment ; ses régiments furent placés en réserve derrière la gauche, le centre et la droite de notre ligne. Sur ce dernier point, au moment où la lutte vers la tête de pont tirait à sa fin, les trois régiments de la dix-septième division russe avaient franchi la rivière au gué de la cavalerie, et avaient cherché à tourner le 2ᵉ zouaves ; mais ce solide régiment, secondé par le 14ᵉ bataillon de chasseurs à pied, par le 1ᵉʳ bataillon du 73ᵉ, par le 62ᵉ (brigade Cler) et par quatre compagnies du 14ᵉ chasseurs à pied (brigade Sencier), s'était jeté sur cette colonne, déjà fort maltraitée par notre artillerie, et l'avait culbutée. Le 62ᵉ s'élança à sa poursuite jusqu'à la Tchernaya, tandis que la brigade sarde du général Mollard s'avançait sur le flanc gauche des Russes, et les déterminait à la retraite. Le général Pélissier venait d'arriver sur le champ de bataille, après s'être assuré que le calme régnait de tous les autres côtés et avoir dirigé d'importantes réserves sur la Tchernaya.

Cet échec des Russes leur démontra l'inutilité de nouveaux efforts ; ils pouvaient voir, en effet, de leurs observatoires, nos réserves accourir. Le général Dulac venait d'entrer en ligne et de placer la brigade Bisson en avant de la tête de pont, la brigade de Saint-Pol en deuxième ligne, près du bivouac du 2ᵉ zouaves ; la garde, campée à une grande distance, ne devait arriver qu'un peu plus tard, en réserve au centre ; enfin, la journée paraissant gagnée, la division Levaillant, du vieux siège, à peine parvenue au col de Balaclava, recevait l'ordre de regagner ses bivouacs. Sur le plateau, le général Bosquet avait fait border la crête jusqu'à Inkermann par les divisions de la Motte Rouge et d'Aurelle, tandis que la division Espinasse[1] et quatre bataillons de la garde allaient en soutien des attaques de Malakof, où d'ailleurs l'ennemi n'entreprit rien.

Vers neuf heures, le général Gorchakof fit retirer ses troupes au fond de la plaine ; sa cavalerie s'étendit vers la droite, en avant du petit col situé entre Bilboquet et Flageolet, pour protéger la longue et laborieuse retraite des Russes, qui s'effectua par les défilés de Mackenzie et de Ionkara-Koralès ; deux batteries, établies sur les pentes ouest du mamelon des Zigzags, reliaient le gros de leur armée aux troupes restées sur ce mamelon. Durant toute la journée, deux pièces placées au bas de Flageolet avaient tiré « sur nos soldats pendant que, sans armes, ils s'occupaient de relever les blessés de l'ennemi avec les nôtres[2] ». Ces blessés étaient très nombreux ; les abords du pont surtout en étaient encombrés sur les deux rives, et l'on y recueillait à peu près un Français pour cinq ou six Russes ; cependant notre artillerie avait proportionnellement beaucoup souffert, l'ennemi ayant l'habitude de tirer plutôt sur nos pièces que sur nos troupes d'infanterie.

---

1. Le général Espinasse commandait la 1re division du 2e corps, depuis le départ du général Canrobert ; il en abandonna le commandement au général de Mac-Mahon, arrivé peu de jours après, et se mit à la tête de la division du général Faucheux, rentré en France (3e division du 2e corps).

2. Rapport du général Bosquet.

Les pertes des Russes furent donc considérables ; une dépêche du général Pélissier porte à 3,329 le nombre de leurs morts enterrés le jour de l'armistice, et à 1,664 celui de leurs blessés dans nos ambulances, ce qui ne permet pas d'évaluer à moins de 8,000 le chiffre total de leurs hommes hors de combat ; nous n'eûmes de notre côté que 1,747 hommes tués ou blessés, parmi lesquels 250 Sardes. Dans cette journée qui, en diminuant la confiance de l'ennemi, nous consolait de notre malheureuse tentative du 18 juin, nos troupes combattirent avec une brillante énergie, et le gouvernement anglais put, à bon droit, les féliciter « d'avoir montré qu'elles étaient aussi tenaces, aussi solides dans la défense, qu'elles s'étaient montrées valeureuses et audacieuses dans l'attaque ». Dans un ordre du jour, le général Simpson ajoutait encore à ces éloges : « Nos courageux alliés, disait-il, par leur intrépidité et leur audace, ont donné un nouveau lustre à nos armes, et, dans cette occasion, la première où l'armée sarde ait rencontré l'ennemi, elle s'est montrée digne de combattre à côté de la plus grande nation militaire de l'Europe. »

Cette bataille était évidemment un dernier enjeu ; les Russes, avant d'abandonner la partie, avaient voulu tenter encore une fois la fortune avec leur armée de secours ; mais, songeant dès lors à la retraite, ils avaient commencé, dès le 15 août, et terminé le 27, le pont qui traversait la rade en reliant les forts Nicolas et Michel. Ce pont, qui avait mille mètres de longueur, était éloigné de deux mille cinq cents à trois mille deux cents mètres de nos batteries les plus rapprochées ; il devait permettre aux assiégés de se retirer sans encombre sur la partie nord de la ville, et « achevait de faire de Sébastopol une véritable tête de pont[1] ».

De notre côté, pressentant le parti que les Russes allaient être obligés de prendre bientôt, nous avions hâte d'en finir, car nous voulions rester maîtres de la ville par un assaut, et non par l'abandon de ses défenseurs. Le général en chef fit donc ouvrir le feu d'une partie de nos batteries le 17 août ; les Anglais y joignirent le leur, afin de permettre au génie de poursuivre l'exécution de ses travaux et de terminer la sixième parallèle. Dans ce but, nous continuâmes à diriger le tir de notre artillerie sur le ravin d'Ouchakof, où se réunissaient les troupes de soutien des assiégés, et des ordres furent donnés pour que « les chasseurs à pied s'occupassent bien consciencieusement des embrasures de l'ennemi, et que des feux de mousqueterie plongeants fussent dirigés sans relâche, et avec grand soin, sur tous les points de rassemblement des travailleurs, ou des réserves de l'ennemi[2] ». Nos batteries, dont l'avantage ne fut pas très marqué dans la matinée du jour de l'ouverture, prirent une supériorité très réelle dès le lendemain ; « les Russes répondent à peine, écrivait le général, leurs embrasures étant en partie démolies, et deux magasins de projectiles chargés ont sauté hier dans les deux branches de Malakof ». De notre côté, un des jours suivants, deux magasins de chargements sautèrent également, atteints par les bombes de l'ennemi : ils appartenaient aux batteries 32 et 34.

Depuis la bataille du 16 août, les espions et les déser-

1. Maréchal Niel.
2. Rapport du général Bosquet.

teurs s'accordaient tous à dire que l'ennemi avait l'intention de tenter un effort désespéré dans la plaine, afin de réparer son échec. Cette rumeur devait être fausse, nous le pensions bien ; il fallait cependant en tenir compte pour ne pas être surpris. Le 20, à onze heures du soir, le général Herbillon fit prévenir le général Bosquet qu'une attaque des Russes paraissait imminente, et, comme ces avis devenaient plus pressants vers minuit, notre général, après en avoir averti les commandants de ses quatre divisions, prescrivit particulièrement aux généraux de la Motte Rouge et Dulac d'avoir « les sacs faits avec trois jours de vivres et le complet de cartouches ». Nous passâmes la nuit au poste d'observation de la redoute Canrobert, mais, n'apercevant rien à la pointe du jour, nous rentrâmes dans nos lignes.

Au siège, le génie travaillait à consolider la sixième parallèle et poussait ses cheminements sur le glacis de Malakof, aussi bien que devant le Petit Redan, dont il s'approchait chaque jour davantage. Ce travail était parfois gêné par les patrouilles ennemies, qui prenaient adroitement d'enfilade les cheminements entamés ; les gardes, qui sortaient pour la protection de nos travailleurs, y perdaient beaucoup de monde, et le génie dut, le 22, entreprendre la sape avec cuirasse et pot en tête. Pour seconder le travail, on désirait occuper, vers Malakof, un tas de pierres derrière lequel les Russes pouvaient arriver à couvert, et se postaient habituellement. Un petit canal ayant été tracé de jour pour permettre d'y glisser quelques hommes de garde, des voltigeurs du 86e tentèrent d'y prévenir l'ennemi, en s'avançant un à un au coucher du soleil; mais les Russes les avaient gagnés de vitesse et se tenaient silencieux et cachés dans cette espèce d'embuscade, lorsque le voltigeur Benazet, qui marchait en tête, arrivé près du tas de pierres, le franchit d'un bond et se trouva tout à coup au milieu des Russes; son lieutenant le suivait immédiatement : « N'avancez pas ! je suis prisonnier ! s'écria aussitôt ce brave soldat; les Russes sont en force ! C'est le cri du chevalier d'Assas; je voudrais bien apprendre qu'il a été épargné par l'ennemi[1]. »

Le lendemain 23 août, une lutte corps à corps s'engagea pour la possession de cette embuscade qui, prise par nous, reprise par les Russes, finit par demeurer en notre pouvoir. Ce combat, qui dura une heure et coûta cent hommes à l'ennemi, n'interrompit pas le reste de nos travaux; les sapes, marchant à merveille, nous conduisirent à soixante mètres de Malakof, à quatre-vingts mètres du Petit Redan, et le génie commença trois puits de mine dans l'embuscade circulaire de gauche, en face du saillant de Malakof, pour éventer les galeries que l'assiégé commençait de ce côté. Cette même nuit, nous avions reçu de nouveaux avis d'une attaque possible dans la plaine, et nous avions passé la matinée du 24 sous les armes, en face de la Tchernaya, sans que l'ennemi parût.

Mais au siège, vers neuf heures du soir, il se porta sur le glacis de Malakof, pour attaquer les deux embuscades que nous avions établies à droite et à gauche de la *capitale* de ce bastion; l'ennemi ayant été repoussé de toutes les deux, l'une d'elles fut aussitôt reliée à la tête de sape,

---

1. Rapport du général Bosquet. — (Ce voltigeur est rentré sain et sauf en France, après la guerre.)

et l'on résolut de faire une excellente place d'armes perpendiculaire à la capitale, en les unissant par une tranchée. Les Russes ne se bornèrent pas à cette entreprise, car, dans la nuit, vers une heure du matin, ils se jetèrent avec plus de résolution encore sur la tête de sape du Petit Redan ; mais, après un combat opiniâtre d'une demi-heure, ils furent également repoussés dans la place, grâce aux excellentes mesures commandées par le général Bisson, qui « mérita des éloges pour les dispositions qu'il sut prendre et la grande vigueur qu'il communiqua, comme toujours, à nos troupes [1] ». Nos pertes augmentaient à mesure que nous arrivions plus près de la place ; mais, cette fois, elles furent particulièrement sensibles, car elles s'élevaient à trente et un tués, dont un officier, et cent soixante-huit blessés, dont dix officiers ; parmi ces blessés, soixante-dix-huit l'étaient gravement [2].

On attendait encore les Russes la nuit suivante, et le colonel Picard, faisant les fonctions de général de tranchée, avait pris de très habiles précautions pour les repousser ; en effet, vers neuf heures, quelques centaines de Russes vinrent tâter le cheminement du Redan, mais ils trouvèrent tout le monde sur ses gardes, et furent reçus par une vive fusillade, partie d'ensemble au signal du « garde à vous » des clairons ; force leur fut alors de rentrer précipitamment par le centre de la courtine Malakof.

1. Rapport du général Bosquet.
2. L'ennemi, de son côté, obligé de tenir ses réserves à proximité, dans la crainte toujours présente d'un assaut, eut, de son aveu même, 1,000 hommes par jour hors de combat, du 15 au 20 août, 1,500 hommes dans les trois jours qui précédèrent l'assaut, et de 400 à 600 hommes dans l'intervalle.

Ces engagements se renouvelaient chaque jour ou chaque nuit ; ainsi, le 26 août au soir, nous avions pris possession d'un fond de carrières, qui se dirigeait transversalement vers la courtine entre Malakof et le Redan ; « la 3ᵉ compagnie de grenadiers du 20ᵉ de ligne s'y était rendue à découvert, avec un aplomb et une confiance parfaite[1] » ; une colonne de deux cents Russes s'étant alors présentée pour les en déloger, nos grenadiers l'attendirent avec le plus grand sang-froid, l'accueillirent à la baïonnette, et la rejetèrent définitivement dans le fossé.

Quelques jours plus tard, le 29, à une heure du matin, un accident, qui aurait pu avoir des suites funestes, vint bouleverser la redoute Brancion ; une bombe, partie en arrière de Malakof, tomba dans le magasin à poudre central de cette redoute, où se trouvaient 7,000 kilogr. de poudre et une forte réserve de cartouches ; l'explosion fut terrible ; elle creusa un entonnoir de trente mètres de long sur vingt mètres de large, et de trois à quatre mètres de profondeur ; mais, chose étrange, elle n'endommagea pas les batteries avoisinantes, de telle façon que « deux hardis canonniers, du nom de Gaubier et de Bescat, purent donner une grande preuve de leur sang-froid et de leur intelligence, en tirant à eux seuls, et aussitôt après l'explosion, toutes les pièces de la batterie 15[2] », ce qui dérouta l'ennemi et nous rassura en même temps. Les débris de l'explosion n'en allèrent pas moins frapper des hommes jusque dans le ravin de Karabelnaya ; et des poutres furent projetées

---

1. Rapport du général Bosquet.
2. *Ibid.*

dans la ville même, où elles produisirent des dégâts, ainsi que nous l'apprîmes plus tard ; enfin, cent trente des nôtres furent plus ou moins grièvement atteints, mais l'ennemi ne profita pas de cet incident pour tenter une sortie.

Le mois d'août s'était passé au vieux siège sans grands travaux à ciel ouvert ; mais, dans la matinée du 14 août, les Russes nous ayant avertis de l'existence de mines devant le bastion Central, en faisant jouer un fourneau, qui, heureusement, n'avait pas endommagé la batterie 53, contre laquelle il était dirigé, on s'empressa, de notre côté, d'ouvrir des puits pour protéger cette batterie, et l'on parvint ainsi à déjouer les projets de l'ennemi.

Le moment décisif approchait : pour le hâter, on tâcha d'entraver le plus possible les nouveaux travaux des assiégés, qui construisaient une seconde ligne de défense, allant de la gorge de Malakof au Petit Redan, et appelée par nous les *batteries Noires*. Nous avions transporté, à cet effet, deux petits mortiers à bras aux avancées, et, le 31 août, à cinq heures du soir, nous avions lancé dans le ravin d'Ouchakof un tonneau de 90 kilogr. de poudre qui eut un heureux effet. L'ennemi, de son côté, commença à faire jouer ses fourneaux en avant de Malakof, et, dans la nuit du 1er au 2 septembre, il en fit sauter deux, qui n'eurent pas plus de résultat sur nos tranchées que sur nos hommes de garde. Nous étions alors à trente mètres de Malakof et à cinquante mètres du Redan, et cette proximité de la place n'empêchait ni l'artillerie ni le génie de travailler sans interruption, dans la prévision d'un assaut qui devait être prochain ;

on préparait les communications de manière à bien défiler la marche des troupes dans les tranchées ; on établissait des banquettes de franchissement, tout en formant à droite de la redoute Brancion une large voie pour les réserves.

ASSAUT DU 8 SEPTEMBRE 1855.

Enfin arriva l'heure depuis si longtemps désirée : à la suite d'une grande conférence réunie au quartier général, le 3, nous apprîmes confidentiellement du général Bosquet que l'assaut serait définitivement donné à Sébastopol, le samedi 8 septembre, à midi. Le général Pélissier aurait désiré, paraît-il, attendre quatre cents mortiers, qui arrivaient de France, et dont l'effet devait être terrible; mais il s'était facilement rendu aux observations du général Niel, qui représentait la suprême épreuve comme nécessaire, afin d'empêcher l'ennemi de faire de nouvelles enceintes, et l'assaut fut définitivement résolu. Le vieux siège ouvrit, en conséquence, le feu, dans la journée du 5, avec une violence et un ensemble extraordinaires; la ville nous répondit tout d'abord avec vivacité, ce qui mit en jeu l'effroyable chiffre de deux mille bouches à feu tonnant à la fois, de part et d'autre. Parfois, notre artillerie s'arrêtait, puis reprenait soudain avec une nouvelle intensité ; « c'était, disait le général en chef russe, tantôt des salves, tantôt un feu roulant d'artillerie ; ce feu infernal, dirigé contre les embrasures et les *merlons*, indiquait clairement l'intention de l'ennemi de démonter nos pièces, de détruire nos ouvrages et de donner ensuite l'assaut à la place. » Pour masquer cependant nos projets d'attaque, on prit le parti de ralentir le feu chaque jour vers neuf heures du matin, et de le reprendre avec violence après midi, en le conduisant toutefois d'une manière très irrégulière. « Ce moyen nous a réussi, écrivait, le 6, le général Bosquet, car l'assiégé a répondu hier comme il a pu, cessant le combat dès que notre artillerie se taisait, et se laissant ainsi conduire; ce sera très utile et très heureux si cette méthode continue. » C'est que notre adversaire travaillait avec ardeur à l'établissement de la seconde enceinte, pour protéger sa retraite que les écrits russes représentent comme résolue dès lors. En effet, nos canons allaient le trouver maintenant de tous côtés, et lui rendaient impossible une occupation plus prolongée de la place ; plusieurs de nos bombes avaient même atteint déjà les vaisseaux russes, et, dans la journée du 5, une d'elles, partie de la batterie 37, armée de deux mortiers anglais de treize pouces, était tombée sur le pont du transport *le Donau*, et l'avait incendié; « le 7, une nouvelle bombe, partie de la même batterie, mit le feu à la frégate *Kavarna*, tandis que deux gros incendies se manifestaient dans Malakof, trois autres au centre de la ville, et qu'enfin un magasin de poudre faisait explosion dans le réduit même de Malakof[1] ».

Notre armée[2], constituée comme précédemment en trois corps, dont un de réserve, ne s'était grossie que de la brigade Sol, non endivisionnée, et qui fut chargée de la défense de Kamiesh ; nous avions, au commencement de septembre, un effectif de 120,000 hommes, dont 92,000

1. Rapport du général Bosquet.
2. Voir, à la fin de ce volume, le tableau de la *composition de l'armée d'Orient au 8 septembre 1855*.

présents sous les armes; celui de l'armée anglo-sarde s'élevait à 63,000 hommes.

Il fut résolu qu'à l'extérieur, le jour du combat, à midi, la division Herbillon, la brigade Vergé, de la division Camou, et la division Espinasse, se placeraient sous les armes; que la division de cavalerie Morris monterait à cheval et serait rejointe par la brigade de Forton, tandis que le général d'Allonville évacuerait Baïdar, et viendrait prendre position vers le pont de Kreutzen. Au vieux siège, le général de Salles, placé dans l'ouvrage du 2 Mai, disposerait les quatre divisions de son corps de la manière suivante : la division Levaillant dans les places d'armes de gauche de cet ouvrage, ayant la brigade Trochu en face du bastion Central et de la lunette Bielkina qu'elle devait assaillir, et, à droite, la brigade Couston placée devant son objectif, la lunette Schwartz. En arrière d'elle, occupant la droite de l'ouvrage du 2 Mai et la parallèle du ravin de la ville, étaient les brigades Niol et Breton, de la division d'Autemarre, laquelle devait suivre la deuxième division et s'emparer de la gorge du bastion du Mât et des batteries de la Terrasse; plus loin, en réserve, la division Paté, formée des brigades Beuret et Bazaine, s'étendait derrière la division Levaillant et le Cimetière. Sur la gauche, et en première ligne, la brigade Sol occupait l'ouvrage situé à l'angle de ce Cimetière, en face de la lunette Boutakof. Devant le bastion du Mât, la brigade sarde Cialdini, de trois bataillons, garnissait la quatrième parallèle; elle était suivie de la division Bouat, composée des brigades Lefèvre et de La Roquette, et devait attaquer le bastion du Mât par la droite, lorsque la division d'Autemarre aurait pénétré par la gorge. Enfin, les deux batteries de la première division, et une de la quatrième complétaient la défense de ce côté, où le général de Salles avait ainsi sous ses ordres cinquante-sept bataillons, comptant 20,580 hommes, dont 1,200 Sardes. Selon les plans arrêtés, la division Levaillant devait tout d'abord se jeter seule sur le bastion Central, au signal de fusées lancées de la batterie Lancastre, lorsque l'attaque de Malakof aurait réussi; il était convenu que ce signal serait répété derrière les Anglais, et à l'observatoire français pour avertir notre gauche.

Les Anglais, de leur côté, devaient agir, avec 10,700 hommes, dès que le général Pélissier ferait arborer le drapeau de la Reine, à côté du nôtre, sur la redoute Brancion et la batterie Lancastre. La division du général Markham à gauche, la division légère Codrington à droite, devaient s'élancer sur le Grand Redan, distant de cent soixante-dix mètres de leurs tranchées les plus avancées, et la division du général Eyre, ainsi que les highlanders de sir Colin Campbell devaient les soutenir.

Enfin l'attaque principale, outre les deux batteries à pied de la garde et les deux batteries de la cinquième division, comprenait 25,300 hommes en soixante et un bataillons. Le général Bosquet proposa au général en chef de disposer ses forces dans les tranchées, le jour de l'assaut, ainsi qu'il est indiqué dans la dépêche du 6 juin[1], adressée au général Pélissier, et dont voici les points principaux :

« Conformément à vos intentions, l'attaque se ferait sur trois directions, savoir : à gauche, sur Malakof et son

1. Dépêche de cabinet, n° 501.

réduit ; à droite, sur le Petit Redan ; au centre, sur le milieu de la Courtine, ces deux dernières attaques ayant pour but de s'emparer invariablement de la seconde ligne d'enceinte de l'ennemi, en même temps que l'attaque de gauche nous assurerait le système de Malakof. Ensuite, et suivant les facilités ou les obstacles qu'on rencontrerait, et suivant les ordres qui seraient la conséquence de l'ensemble de l'assaut, l'attaque de droite serait poussée, concurremment avec celle des Anglais, de manière que l'armée alliée restât maîtresse de tout le faubourg de Karabelnaya, jusqu'à la rive droite de la rade militaire.

« Les troupes dont je dispose pour cette opération sont :

Division de Mac-Mahon	5,900 hommes.
— Dulac	4,600 —
— de la Motte Rouge	4,300 —
Première brigade de la division Camou	3,000 —
Deuxième brigade de la division d'Aurelle	2,500 —
Infanterie entière de la garde impériale	5,000 —
Total de l'infanterie.	25,300 hommes.

Artillerie divisionnaire montée, 6ᵉ et 9ᵉ batteries du 10ᵉ régiment, douze bouches à feu (commandant Souty). Artillerie à pied de la garde impériale, douze bouches à feu (commandant Fiévet). Détachement d'artilleurs, quatre-vingts à cent hommes (en trois groupes). Troupes du génie, trois compagnies.

« L'attaque de gauche de Malakof serait confiée au général de Mac-Mahon, qui aurait en réserve la brigade de Wimpffen de la division Camou, et les deux bataillons des zouaves de la garde. L'attaque de droite sur le Redan serait confiée au général Dulac, ayant en réserve la brigade Marolles, de la division d'Aurelle, et le bataillon de chasseurs à pied de la garde. Enfin, le général de la Motte Rouge commanderait l'attaque du centre par le milieu de la Courtine, ayant en réserve les voltigeurs et les grenadiers de la garde, sous les ordres directs du général de division de la garde Mellinet.

« Pour le placement de ces troupes, j'ai décomposé nos tranchées en trois quartiers, dont chacun contiendra, dans sa partie avancée, la presque totalité de la division d'attaque, tête de colonne. Le développement et la largeur des fossés ont été étudiés avec grande précision ; les adjudants-majors et les officiers d'état-major reconnaîtront d'avance, et au moment opportun, l'emplacement bien marqué des différents bataillons ; enfin, les réserves s'établiront, tant dans les anciennes tranchées bien calculées pour les contenir, que dans les ravins de Karabelnaya et du Carénage. Avec ces précautions, chacun trouvera sa place sans confusion aucune, car tout sera bien prévu et étudié. De plus, pour mieux tromper l'ennemi, le général Frossard, du génie, a bien voulu faire suivre pas à pas toutes les lignes de communication conduisant à l'avancée, soit par les ravins, soit par les tranchées du plateau, et s'assurer que, partout où l'on pouvait être vu par l'ennemi en observation sur le plateau du nord, les crêtes couvrantes étaient assez relevées pour donner un défilement suffisant. Enfin, pour faciliter la marche en avant de la belle réserve de voltigeurs et grenadiers et celle de l'artillerie, tenue par moitié en réserve, les douze bouches à feu divisionnaires à Lancastre, et les douze bouches à feu de la garde à Victoria, le génie a préparé, vers le centre du système de nos tranchées, une large voie de vingt mètres, déjà prête pour le passage des réserves de l'infanterie, au moyen de banquettes de franchissement et d'enlèvement des revers de tranchées ; des travailleurs, au moment donné, feront des ouvertures dans les parapets, pour le passage de l'artillerie.

« En tête de chaque colonne d'attaque, se trouveront des détachements du génie et de l'artillerie, munis d'outils. Les sapeurs du génie, avec les auxiliaires d'avant-garde de chaque attaque, seront prêts à jeter les ponts dont ils ont appris la manœuvre, et dont les matériaux seront disposés d'avance en première ligne. Les canonniers seront munis de tout ce qu'il faut : dégorgeoirs, étoupilles, etc., pour être prêts à retourner, si cela est possible, contre l'ennemi, les pièces non enclouées que nous aurions conquises. Dans les premiers bataillons de chaque attaque, une vingtaine d'hommes seront munis d'outils à manches courts, pouvant se porter à la ceinture de la cartouchière, outils dont on peut avoir grand besoin.

« Afin d'avoir pour têtes de colonne d'attaque des troupes bien reposées, la brigade de Wimpffen relèvera demain la division de service, et, le jour suivant, elle sera relevée, aux heures ordinaires, par des bataillons de chacune des divisions d'attaque, de manière qu'en même temps, l'ennemi verra que les habitudes ne sont point changées, car on affectera de petites négligences ordinaires.

« Il est entendu que le feu de notre artillerie, qui

s'arrête depuis quelques jours à neuf heures du matin, s'arrêtera de même le jour de l'assaut pour reprendre un peu avant midi sur les réserves russes, en cas que l'ennemi soit en défiance, comme il lui est arrivé quelquefois. Cette reprise de feu déterminerait ces réserves à s'éloigner juste quelques moments avant celui désigné pour l'assaut.

« A l'heure où le signal de l'attaque sera donné, les généraux de Mac-Mahon et Dulac se jetteront sur Malakof et le Redan, le premier évitant la pointe du bastion et sa face droite, qui est trop bien battue par le Grand Redan. Le général de la Motte Rouge, qui a plus de trois cents mètres à parcourir pour arriver à la courtine, partira en même temps, franchira évidemment cette courtine avec facilité, et continuera droit vers les ouvrages de seconde ligne qui se lient au réduit de Malakof ; il essaiera ainsi d'aider le général de Mac-Mahon, qui devra avoir pour but d'atteindre le plus tôt possible l'extrémité du réduit, et de s'y loger invariablement. Pendant ce temps, le général Dulac aura poussé une de ses brigades le long des ouvrages de seconde ligne qui se relient avec le Petit Redan, l'autre brigade vers la Maison en Croix, pour déterminer l'ennemi à la retraite sur ce point, et la brigade de la division d'Aurelle se logera dans ce Redan.

« Une fois ce système du front de Malakof, du Redan et de la deuxième ligne en notre pouvoir, selon les allures de l'ennemi et celles des Anglais, il y aura des ordres nouveaux à donner. Je ne parle point du jeu des réserves, qui se comprend assez par la spécialité des groupes.

« Je me suis assuré que le service des ambulances sera fait (comme toujours d'ailleurs, et je me plais à le répéter à l'éloge de l'administration et des docteurs) avec très grand cœur et grande exactitude.

« Je ne crois pas devoir entrer dans une série de détails de précautions prises pour les vivres, les munitions et le départ des bataillons, que nous cacherons autant que nous pourrons à la vue des observatoires d'Inkermann et de Mackenzie ; je n'ajoute plus qu'un mot, mon général, c'est que tout ce qui m'entoure, soldats et officiers, sont pleins d'espoir et joyeux d'avance, comme si le succès était obtenu. »

Ce plan était parfaitement conçu ; on verra qu'il fut exécuté à la lettre, et qu'il réussit dans son point principal, la prise de Malakof, grâce au soin avec lequel les troupes assaillantes avaient été choisies de ce côté. Les dispositions prescrites étaient surtout heureuses en ce que, au lieu d'avoir, comme le 18 juin, une réserve générale placée à la redoute Victoria, chacune des trois divisions avait sa réserve distincte, immédiatement placée derrière elle, en soutien ; excellente mesure, qui nous permettait de diriger sans inquiétude tous nos efforts sur les trois attaques, et assurait à chacune d'elles l'assistance immédiate de troupes de réserve.

Le secret le plus rigoureux avait été recommandé sur le jour et l'heure fixés pour l'assaut, et l'on n'en donna communication aux généraux que le vendredi 7 septembre ; ce jour-là, dans un petit gourbi, construit sur un tumulus attenant au quartier général du deuxième corps, le général Bosquet réunit tous les commandants de division et de brigade, ainsi que les chefs de l'artillerie et du génie, et leur fit part des projets pour la journée du lendemain. Après avoir donné connaissance à chacun du rôle qui lui était assigné pour l'enlèvement de l'importante position formée par le Petit Redan, la ligne des batteries Noires, la Redoute et la Courtine de Malakof : « C'est cette position, messieurs, ajouta-t-il, qu'il nous faut absolument conquérir. Mais ce qui est indispensable surtout, c'est d'arracher la redoute de Malakof à l'ennemi, et de s'y maintenir à tout prix ; cette tâche décisive, je l'ai réservée au général de Mac-Mahon, dont la division, n'ayant pas eu de part au siège jusqu'à la fin de juin, compte un effectif plus considérable que celui des autres divisions. Pour première réserve, je vous donnerai, général, la vigoureuse brigade de Wimpffen, composée de soldats aguerris dans les tranchées ; puis, pour parer, à la dernière heure, aux retours offensifs en masse de l'ennemi, je vous ai désigné les zouaves de la garde, ces vétérans de l'armée d'Afrique, qui se feront tuer jusqu'au dernier, plutôt que d'abandonner à l'ennemi cette conquête de la première division[1]. » Tout cela était dit dans un langage plein de fermeté, qui fut chaleureusement applaudi : « Comptez sur nous, mon général ! » s'écriait-on de toutes parts, et, la conférence terminée, nos officiers généraux se séparèrent en se serrant la main avec confiance ; puis ils partirent au galop dans toutes les directions, pour aller reconnaître eux-mêmes l'emplacement assigné à leurs troupes dans les tranchées, et faire partager à ceux qu'ils devaient conduire à ce dernier assaut la résolution dont ils étaient animés.

Le lendemain, à huit heures du matin, le deuxième

---

1. Sur 627 hommes, les zouaves de la garde eurent 311 tués ou blessés.

corps prit les armes, et l'ordre du jour suivant du général Bosquet lui apprit que l'assaut allait être livré :

« Soldats du deuxième corps et de la réserve !

« Le 7 juin, vous avez eu l'honneur de porter fièrement les premiers coups, droit au cœur de l'armée russe ; le 16 août, vous infligiez sur la Tchernaya la plus honteuse humiliation à ses troupes de secours ; aujourd'hui, c'est le coup de grâce, le coup mortel que vous allez frapper de cette main ferme, si connue de l'ennemi, en lui enlevant ses lignes de défense de Malakof, pendant que nos camarades de l'armée anglaise et du premier corps commenceront l'assaut du Grand Redan et du bastion Central.

« C'est un assaut général, armée contre armée ; c'est une immense et mémorable victoire dont il s'agit de couronner les jeunes aigles de la France. En avant donc, enfants ! A nous Malakof et Sébastopol ! et vive l'Empereur ! »

Après cette lecture, qui fut accueillie par de longues acclamations, les soldats entrèrent résolument et en silence dans les tranchées, par un vent violent du nord, qui soulevait beaucoup de poussière, mais ne les dérobait qu'en partie à la vue de l'ennemi. Inquiet de certains déplacements de troupes observés par ses officiers, le général Gorchakof, qui s'attendait depuis la dernière ouverture du feu à un assaut général, avait fait signaler au général Osten Sacken que des mouvements assez nombreux étaient aperçus sur le plateau ; les Russes étaient donc prévenus, mais ils ignoraient l'heure à laquelle nous marcherions sur la place ; ils se trompaient même sur le point d'attaque, car la vivacité du feu du vieux siège et l'arrivée devant le bastion du Mât d'une brigade sarde leur avaient fait supposer que tous nos efforts se concentreraient du côté de la Ville, dont la défense était confiée au général Sémiakine, avec 17,000 hommes, tandis que le général Chroulef demeurait chargé de résister dans le Faubourg à la tête de 45,000 hommes. C'était, avec les réserves, d'après un ouvrage russe, un total de 75,000 hommes que nous allions rencontrer devant nous.

De notre côté, ainsi que le dit le général Bosquet dans son projet d'attaque, les tranchées avaient été divisées avec grand soin en trois zones parallèles, et les emplacements de chaque division avaient été marqués sur le terrain par le général Frossard, aidé d'officiers du génie et du commandant Besson, major de tranchée. A l'heure dite, deux bataillons de chacune des trois divisions d'attaque vinrent garnir les parallèles avancées comme à l'heure ordinaire du relevé des gardes; la brigade de Wimpffen, de la division Camou, qui avait fait le service depuis la veille, se retira alors des tranchées pour aller faire le café derrière la redoute Victoria. A neuf heures, le reste des trois divisions allait se grouper derrière les têtes de colonne, et les réserves se dirigeaient sur les points qui leur étaient assignés. Avant midi, tous étaient à leur poste; seulement, la brigade Bisson, faute de place dans les tranchées, dut rester dans le ravin du Carénage, ce qui la mit dans l'impossibilité de soutenir à temps la brigade de Saint-Pol, placée en avant du Redan; de là, une des principales causes de notre insuccès sur ce point.

Le général Pélissier avait été s'établir dans la redoute Brancion, avec les généraux Thiry, Niel, de Martimprey, le colonel Jarras, le lieutenant-colonel Renson et tous les officiers de l'état-major général. On avait renoncé à indiquer l'instant de l'assaut par des fusées, car l'erreur du 18 juin aurait pu se reproduire et elle nous avait été assez funeste ; mais tous les officiers généraux et tous les officiers d'état-major avaient pris une heure uniforme au grand quartier général, et, à midi, toutes les colonnes devaient s'ébranler.

A huit heures, le génie avait lancé dans Malakof, où ils firent explosion, deux tonneaux de poudre de cent kilogrammes ; il avait fait, en outre, sauter de ce côté trois fourneaux de cinq cents kilogr. chacun, afin de rompre les galeries des mineurs russes et de rassurer nos soldats, qui savaient le sol miné. Notre artillerie, qui ne tirait qu'à de rares intervalles, avait ralenti son feu comme les jours précédents ; toutefois, un peu avant midi, elle le reprit avec plus de vivacité encore, afin d'éloigner les réserves de l'ennemi, au moment où l'on songeait à aborder la place.

« Les mesures prises par les commandants en chef des armées alliées, afin de tenir secrète l'heure fixée pour l'assaut, méritent les plus grands éloges, dit Todleben. Ils avaient fort habilement choisi l'heure de midi, pour mettre à exécution cette importante entreprise, car nous n'étions aucunement préparés à recevoir l'ennemi à une pareille heure. Nos troupes se disposaient même à prendre leurs repas et ne se préoccupaient que de trouver un refuge contre l'effet meurtrier des projectiles de l'assiégeant. Il en résulta que les garnisons de Malakof, du bastion n° 2 et de la courtine furent prises au dépourvu ; ce qui le prouve, c'est que le général Chroulef, qui ne manquait jamais, au moment du danger, de se trouver à la tête de ses soldats dans les ouvrages menacés, fut, comme ses collègues, surpris par l'assaut au moment où il était encore dans son logement à la batterie Paul. Quant au chef de l'état-major de la garnison, jugeant qu'il pouvait s'absenter sans inconvénient, il était allé sur le côté Nord, pour visiter le général Todleben blessé, et se concerter avec lui sur les moyens d'évacuer le côté sud de Sébastopol.

« On avait bien aperçu, ainsi que cela arrivait fréquemment, des mouvements de troupes dans les tranchées ennemies ; mais on n'en avait pas conclu que les alliés pourraient, à cette heure de la journée, monter à l'assaut. Vers 11 heures et demie, ils avaient fait cesser la canonnade sur toute la ligne. De même que les jours précédents, on eût dit qu'ils voulaient reprendre haleine pour renouveler ensuite le bombardement qui recommençait bientôt avec violence ; puis tout à coup, le feu cessant de nouveau, l'ennemi se précipitait hors de ses tranchées pour nous livrer un assaut furieux. Les Français, leurs officiers en tête, se jetèrent en avant aux cris de « Vive l'Empereur ! » et, courant en lignes serrées, se ruèrent soudain sur Malakof, le bastion n° 2 et la courtine. »

Admirable spectacle ! Que l'on est heureux d'avoir pu le contempler et d'avoir senti, un jour, son cœur battre de l'émotion virile, que tout ce qui est grand y fait naître ! Chacun est en silence à son poste ; les tranchées regorgent de vaillants soldats, dont un grand nombre, hélas ! aura bientôt payé de sa vie le triomphe de nos armes. Au centre de la sixième parallèle, dans un espace un peu large, formé par les carrières de droite, le général Bosquet est établi avec son état-major, son fanion abaissé près de lui. A notre gauche, la tête de colonne du 4ᵉ bataillon de chasseurs à pied est appuyée au parapet, au-dessus duquel des armes impatientes se lèvent par intervalles : « Baïonnettes basses ! s'écrie le général Bosquet de sa voix mâle ; ne donnons pas l'éveil à l'ennemi ; patience, l'heure viendra. » A la tête de ce vigoureux bataillon, le commandant Clinchant, le cigare à la bouche, le sabre à la main, attend, avec une résolution calme le cri : « En avant ! » A deux pas de lui, ses clairons, les regards fixés sur leur chef, se tiennent prêts à sonner [1].

---

[1]. Naguère le public admirait le tableau saisissant : *Avant le combat*, qui offre bien une image exacte du spectacle que mes paroles sont impuissantes à rendre. Il est dû à l'habile pinceau de notre ami Protais, qui a passé près de nous, au deuxième corps, plusieurs mois, durant lesquels il a appris à connaître et à rendre la vie de nos soldats, avec autant de cœur que de vérité. Chacun a pu voir, au Salon de 1864, ce jeune sous-lieutenant blondin et presque imberbe, tout frais sorti de Saint-Cyr, qui attend, avec une résolution à la fois jeune et virile, le moment de faire ses preuves à la tête de sa section ; ce conscrit qui, derrière lui, tient son arme un peu convulsivement, mais sans faiblesse, et qui cherche à percer du regard l'obscurité, tandis que, à côté de lui, le vieux soldat, plus fait à ces émotions, examine tranquillement si la batterie de son fusil joue régulièrement, et que le sergent rattache sa guêtre avec le plus grand soin ; ce commandant à cheval, attendant avec calme le moment de marcher et de faire sonner les clairons ; ceux-ci, leur instrument à la bouche, le regard fixé sur leur chef, et prêts à donner le signal : tout cela fait remuer la fibre française et nous émeut profondément, parce que tout cela est vrai et simple ; et c'est bien la représentation fidèle de ce que nous avions sous les yeux dans la mémorable journée du 8 septembre.

Tout à coup, les huit cents pièces de canon qui tonnaient sur Sébastopol se taisent : « En avant ! » s'écrie le général Bosquet, et son guidon de commandement est aussitôt planté sur la parallèle par le maréchal des logis Rigodit. Une immense clameur retentit soudain ; les clairons jettent fièrement dans les airs les sons aigus et saccadés de la charge, les tambours la battent avec furie, et des tranchées françaises débordent à la fois et avec un élan irrésistible les flots de nos soldats ; en un instant, les têtes de colonne devant Malakof et le Petit Redan ont franchi le fossé et apparaissent sur les parapets. Les Russes, surpris, accourent au-devant d'elles ; la fusillade éclate, et la sanglante, mais enfin la dernière mêlée de ce long drame, s'engage avec une incomparable énergie.

La brigade de Saint-Pol, après avoir franchi les quarante mètres qui la séparaient du Petit Redan, se porte à droite, pour tourner la deuxième ligne de défense. Elle refoule les Russes et demeure en possession de l'ouvrage ; mais ceux-ci reviennent à la charge avec de fortes réserves placées dans les ravins, et ils amènent avec eux des pièces d'artillerie de campagne qui, se réunissant aux canons des batteries du nord et des bâtiments à vapeur, ouvrent un terrible feu de mitraille contre notre colonne ; malgré les efforts désespérés de ses officiers, elle est rejetée hors du Redan, partie dans la parallèle, partie dans les fossés de l'ouvrage. Les colonels du 57e et du 85e sont tués, ainsi que le lieutenant-colonel Magnan, chef d'état major de la division ; le général de Saint-Pol est frappé à mort, au moment où il tente un suprême effort, qui échoue devant les masses russes et le feu continu des bateaux à vapeur. Le général Bisson, après avoir gravi les pentes du Carénage, entre alors en ligne avec sa brigade, tandis que les chasseurs à pied de la garde et la brigade de Marolles se précipitent successivement sur la gauche de l'ouvrage, mais sont également écrasés, malgré des prodiges de fermeté et de bravoure. Le commandant Cornulier de Lucinière, des chasseurs de la garde, et le général de Marolles sont tués, ainsi qu'un grand nombre d'autres officiers ; le général Bisson est blessé, et les plus héroïques efforts ne peuvent nous maintenir dans le Petit Redan.

Au centre, la brigade Bourbaki, de la division de la Motte Rouge, a franchi le long espace qui la sépare de la courtine, laquelle était couverte, sur une partie de son front, d'une triple rangée de trous de loup ; la deuxième brigade, commandée par le colonel Picard, du 91e, vient la relever sur la première enceinte, tandis qu'elle s'avance jusqu'à la seconde et l'occupe tout d'abord. Plusieurs hommes intrépides du 82e, avec leur lieutenant-colonel de Chabron, vont même au delà, jusqu'à l'entrée du faubourg, où pénètre également le général Bourbaki, avec son audace accoutumée ; mais les Russes, revenus de leur première stupeur, se jettent au-devant d'eux, reprennent la ligne des batteries Noires, la garnissent de pièces de campagne, et refoulent la brigade Bourbaki sur la courtine ; ils obligeaient du même coup la deuxième brigade, qui l'occupait, à rétrograder sur la sixième parallèle. Le général de Failly accourt en ce moment critique avec sa brigade, et repousse l'ennemi sur la deuxième enceinte, tandis que la brigade de Pontevès, dont le général est frappé bientôt mortellement, est conduite par le général Mellinet sur le champ de bataille. La portion de la courtine, qui avoisine Malakof, nous étant assurée par nos succès dans cette redoute, ce général, qui devait recevoir dans cette journée une grave, mais magnifique blessure au visage, appelle à lui le 2ᵉ grenadiers et organise une vigoureuse attaque à droite, du côté du Redan. Malheureusement, sur ce point, la grosse artillerie des bâtiments à vapeur russes faisait de cruels ravages parmi nos troupes ; pour essayer d'éteindre ou de ralentir leur feu, le général Bosquet envoie l'ordre au commandant Souty de venir s'établir avec ses pièces en avant de la sixième parallèle. Les deux batteries de la cinquième division accourent de la redoute Victoria, par la large tranchée que l'on a préparée pour leur passage, et commencent une lutte bien inégale contre les gros calibres ennemis : aussi, en un moment, le commandant est tué, quatre-vingt-quinze hommes et cent trente et un chevaux sont frappés, sur cent cinquante hommes et autant de chevaux qui composaient les deux batteries ; elles n'en continuent pas moins à faire feu avec les faibles ressources qui leur restent.

Non loin de là, vers deux heures et demie, le général Bosquet recevait une blessure, que l'on crut d'abord mortelle. Un éclat d'obus l'ayant atteint à l'omoplate droite, il dut remettre le commandement au général Dulac, et consentir enfin à se laisser emporter hors du champ de bataille, vers la batterie Lancastre, où les premiers soins lui furent donnés[1]. Mais notre général, avant d'être éloigné ainsi de l'action, qu'il avait si bien pré-

---

1. Le tableau d'Yvon représente, d'une façon saisissante, ce douloureux épisode, qui faillit « jeter un grand deuil sur notre victoire », dit le général en chef dans son rapport.

parée, avait eu la joie de suivre les progrès du général de Mac-Mahon, et de donner les ordres nécessaires pour assurer, au moyen des réserves, le succès de cette marche en avant.

« Les Français, dit Todleben, attaquèrent le mamelon avec la division Mac-Mahon. Des masses compactes de combattants, fournis par le 1er zouaves et le 7e de ligne, sortant des cheminements avancés, traversèrent au pas de course l'intervalle d'une douzaine de sagènes, qui les séparait de la contrescarpe, et surgirent subitement sur le parapet, avant même que nos soldats eussent eu le temps d'occuper les banquettes. Il s'ensuivit une mêlée confuse et terrible. Les Français s'introduisaient à travers les embrasures, sautaient en grand nombre à bas du parapet, et engageaient une lutte acharnée avec la poignée de soldats qui défendaient le mamelon. Les artilleurs cherchaient à défendre leurs pièces avec leurs écouvillons et les autres engins qu'ils trouvaient sous leurs mains. Ce qui restait du régiment de Modlin essaya, à diverses reprises, de charger l'ennemi dix fois plus fort ; et ils mouraient en héros, après avoir perdu le plus grand nombre de leurs chefs. »

A midi, en effet, le 1er zouaves, ayant à sa tête le colonel Collineau, et le 7e de ligne, conduit par le colonel Decaen, commandant de la première brigade, avaient escaladé Malakof sans attendre le pont d'échelles, que le commandant du génie Ragon établissait, quelques instants après, au saillant de l'ouvrage. La redoute avait été enlevée par des prodiges d'agilité avant que l'ennemi eût pu se reconnaître, et, l'aigle du 1ᵉʳ zouaves ayant été plantée sur le rempart, nos deux régiments avaient enveloppé la tour et pénétré jusqu'aux premières traverses de l'ouvrage. Une centaine de Russes s'étaient réfugiés dans les casemates de cette tour, et avaient commencé sur nous un tir des plus meurtriers; sur leur refus de se rendre, et, comme il était impossible en ce moment de les y contraindre par l'emploi des moyens ordinaires, on eut l'idée d'allumer des fascines pour les enfumer et les obliger ainsi à mettre bas les armes; mais ces fascines étaient à peine enflammées, qu'on se souvint du propos si souvent tenu par les espions, à savoir que tous les bastions devaient être minés. Il fallut se hâter d'éteindre le feu; pour y parvenir, on creusa quelques tranchées à côté de la tour, en rejetant la terre sur les flammes, et c'est en faisant ce travail qu'on eut le bonheur de rencontrer les fils préparés par l'ennemi pour faire sauter tous les bastions au moment où nos troupes y pénétreraient; c'était pour nous une découverte toute providentielle[1]. Cependant, quatre compagnies du 1ᵉʳ bataillon de chasseurs à pied, avec le commandant Gambier, avaient directement gagné la batterie Gervais et l'avaient occupée. Débordés sur leur droite par le 7ᵉ de ligne, attaqués de front par le 1ᵉʳ zouaves, les défenseurs abandonnent les premières traverses et se réfugient en arrière des secondes, placées au milieu de la redoute. Tous nos efforts échouent contre ce difficile obstacle, derrière lequel l'ennemi s'est massé,

---

[1] D'après la *Défense de Sébastopol*, Malakof fut préservé de la ruine parce qu'une bombe ennemie avait brisé la pile de Volta, destinée à mettre le feu aux poudres du bastion conquis. Il y aurait donc eu deux causes de salut pour les vainqueurs de Malakof.

et ne peut même être contenu que par l'arrivée de la brigade Vinoy. Le 27ᵉ de ligne a longé le fossé, à partir de la courtine, tandis que le reste de la brigade a pénétré par le point où sont entrés les zouaves. Ces premiers renforts nous permettent un instant de maintenir notre position, mais le nombre des Russes établis derrière les secondes traverses va grossissant, et ils reprenaient l'offensive lorsque, à l'appel du général de Mac-Mahon, accourent ses solides réserves : le 1ᵉʳ bataillon des zouaves de la garde les précède, son colonel Jannin en tête, et se poste derrière les premières traverses ; arrivent ensuite, dans le rentrant de la courtine et du bastion, le 1ᵉʳ bataillon du 3ᵉ zouaves, le 2ᵉ des zouaves de la garde et le 3ᵉ du 2ᵉ voltigeurs de la garde avec le colonel Douai, tandis que le général de Wimpffen franchit le pont d'échelles avec le reste de sa brigade (tirailleurs algériens et 50ᵉ). Ainsi appuyée et enlevée par ses intrépides chefs, la première division s'élance ; les Russes, débordés sur leurs flancs par les 7ᵉ et 27ᵉ de ligne, pressés de front par cette attaque impétueuse, reculent de traverses en traverses, et sont rejetés en dehors de la redoute, qui nous reste définitivement acquise, malgré plusieurs retours offensifs vaillamment repoussés par le 7ᵉ de ligne et la brigade Vinoy, qui eut l'honneur d'arriver la première à la gorge.

Le général de Mac-Mahon, qui, dans toute cette opération, avait été activement secondé par son chef d'état-major, le colonel Lebrun, profite du répit momentané que nous donnent les Russes après cette lutte opiniâtre, pour faire relever les régiments qui ont le plus souffert par ceux qui viennent d'entrer en ligne, et il organise la défense de cette importante position de la manière suivante : le 1er zouaves rétrograde dans la septième parallèle ; le 7e de ligne s'établit le long de la face ouest, et garnit en partie les deuxièmes traverses ; il est relevé, à la gorge et sur la face nord, par les tirailleurs algériens, et se relie à ceux-ci, sur la face ouest, par le 3e zouaves et le 50e de ligne. Ces deux derniers régiments détachent des réserves en arrière des petites traverses placées en face de la gorge, que défendent directement deux compagnies des zouaves de la garde, dont le régiment est rangé à la droite du 7e de ligne, derrière les deuxièmes traverses ; enfin les 20e, 27e de ligne (dont le colonel, le bras encore en écharpe, fut tué dans cette journée), et le bataillon de voltigeurs de la garde sont disposés à la droite de la gorge, et vont jusqu'aux zouaves de la garde, ayant devant eux quatre compagnies du 1er chasseurs à pied, postés à l'angle nord-est dans le fossé. Quant à la tour Malakof, elle est enveloppée par un détachement du 2e grenadiers de la garde, avec le lieutenant-colonel de Bretville, et du 100e de ligne.

Ces intelligentes dispositions étaient à peine prises, que les Russes, appuyés de leurs réserves, tentèrent un dernier effort pour reprendre la redoute ; mais l'ordre portait qu'il fallait la conserver à tout prix, et il fut complétement exécuté par ceux qui avaient su si vaillamment la conquérir. Deux colonnes ennemies se présentèrent à la gorge, qui avait été fermée à la suite de l'assaut du 18 juin ; elles y furent reçues de telle façon par les tirailleurs algériens, les deux compagnies de zouaves de la garde et les deux régiments de la brigade Vinoy, que, après une lutte acharnée, elles se retirèrent dans le plus grand désordre ; une troisième colonne ennemie se portait en même temps sur la batterie Gervais ; fusillée de front par les quatre compagnies de chasseurs à pied qui l'occupaient, de flanc par le 7ᵉ de ligne, qui garnissait la face ouest de la redoute, elle fit demi-tour à mi-chemin, et rentra précipitamment dans le faubourg.

Il était quatre heures, lorsque le combat cessa dans le réduit de Malakof ; nous avions engagé de ce côté environ 4,700 hommes, et, sur ce nombre, 2,934 tués ou blessés, dans ce seul ouvrage, témoignaient assez combien cette prise nous avait coûté d'efforts. S'il fallait citer tous ceux qui firent bravement leur devoir sur ce point important, il faudrait citer tout le monde ; nous ne pouvons cependant, après avoir nommé les régiments d'infanterie qui prirent part à l'assaut de la redoute Malakof, et les chefs qui les commandaient, passer sous silence les commandants Ragon et Frigola : l'un, avec ses sapeurs du génie, et l'autre, avec ses canonniers, apportèrent à l'action un énergique et intelligent concours.

Nous avons vu que l'assaut devait être donné sur *cinq* points différents ; et sur l'un d'eux, sur Malakof, il fallait absolument réussir, ou renoncer à la prise de Sébastopol ; nous eûmes le bonheur d'y obtenir un succès complet ; c'est un honneur pour tous ceux, officiers et soldats, qui y contribuèrent, et pour le général habile qui leur donna l'exemple de la résolution la plus inébranlable et du courage le plus calme. Sur les quatre autres points, ni l'habileté ni la vaillance ne firent défaut : mais, pour diverses raisons, les quatre assauts échouèrent.

Au Petit Redan, la lutte se prolongea jusqu'à la nuit, sans que nous pussions nous rendre maîtres de l'ouvrage ; elle avait été interrompue, vers quatre heures, par l'explosion du magasin à poudre de la courtine, qui avait englouti sous ses débris une partie du 91ᵉ, l'aigle de ce régiment et quelques voltigeurs de la garde ; le drapeau, profondément enterré, ne put être retrouvé que le lendemain avec l'officier, qui était mort en le tenant serré dans ses mains. Le général de la Motte Rouge, qui avait déjà rendu d'éminents services au vieux siège, fut atteint à la tête par un éclat d'obus, et mis hors de combat ; un mouvement de véritable panique se produisit alors dans sa division, qui se rejeta en arrière ; toutefois, elle revint bientôt à la charge et prit position dans le fossé.

Sur la courtine, nous demeurions en possession de la partie voisine de Malakof, où, heureusement, nous n'étions pas exposés aux coups du Redan, occupé par les Russes ; mais nous n'avions pu les débusquer de la ligne des batteries Noires, d'où ils canonnaient, assez faiblement d'ailleurs, la première enceinte, que le génie s'efforçait de retourner contre eux.

Au signal donné par le général Pélissier, les Anglais, de leur côté, s'étaient jetés *sur le Grand Redan* ; ils avaient même pénétré dans l'angle saillant ; mais là, ils avaient rencontré devant eux un grand espace vide que balayaient les balles des Russes, et ils avaient été ramenés, avec de grandes pertes, jusque dans leurs tranchées. Le général Simpson, reconnaissant que les parallèles anglaises étaient trop encombrées pour permettre de tenter un nouvel effort avec les highlanders, soutenus de la troisième division, avait décidé que l'attaque ne serait renouvelée que le lendemain.

Devant *le bastion Central*, enfin, le signal n'ayant été aperçu qu'à deux heures, à cause de la fumée, les brigades Couston et Trochu s'étaient précipitées sur les ouvrages qu'elles devaient enlever; l'une de ces colonnes avait dépassé la gorge de la lunette de gauche; l'autre avait pénétré dans le bastion Central, et l'artillerie était même parvenue à y enclouer quinze pièces; mais l'ennemi, sur ses gardes depuis que l'attaque était commencée devant le faubourg, était prêt à nous recevoir au vieux siège; il démasqua aussitôt des batteries, fit jouer quelques fourneaux de mine, et lança sur nous des réserves, qui nous rejetèrent dans les tranchées. Les deux généraux de brigade furent blessés, le général Trochu[1] grièvement, au moment où il ralliait sa brigade pour la ramener en avant; deux fois, le général Levaillant lança sa division sur le bastion Central, deux fois il fut repoussé par des feux violents d'artillerie, de mousqueterie, et par l'explosion de plusieurs fourneaux de mine. Le général de Salles fit alors avancer la division d'Autemarre pour relever la

---

1. Son aide de camp, le lieutenant Capitan, fut également atteint de deux blessures légères, à la tête et à la jambe. Officier d'un mérite incontesté « pour qui, d'après le beau témoignage d'un de ses chefs, tout était devoir, et à qui tout devoir était facile », il devait se faire remarquer encore en Afrique, à Solférino et, en dernier lieu, au Mexique, où il fut attaché à l'amiral Jurien de la Gravière, et rendit de grands services. Il venait d'en être récompensé par le grade de chef d'escadron, et paraissait destiné au plus brillant avenir, lorsqu'il fut frappé à mort dans les rues de Puebla, en cherchant à préserver du danger le soldat qui l'accompagnait dans une reconnaissance.

division d'attaque, et c'est dans ce mouvement, dont l'exécution était difficile, à cause de l'encombrement des tranchées, que les généraux Rivet et Breton furent frappés à mort. Après ces cruelles pertes, le général Pélissier, jugeant que de nouveaux efforts étaient superflus, puisque tenant Malakof, nous tenions la clef de la ville, fit donner l'ordre de cesser les attaques.

La victoire nous demeurait, mais au prix de quels sacrifices ! Sur les 56,580 hommes concentrés le 8 septembre pour l'assaut de Sébastopol, les alliés avaient perdu 2,136 tués, 6,399 blessés, et 1,420 disparus, au total 9,955 hommes, dont 2,271 Anglais et 7,684 Français. Parmi ces derniers, 5,566 appartenaient aux corps engagés du côté de Malakof. Les pertes des Russes étaient également considérables ; elles s'élevaient, d'après Todleben, à 12,913 hommes hors de combat, dont 2,900 tués.

LES RUSSES ÉVACUENT SÉBASTOPOL.

Les premières heures de la nuit se passèrent sous les armes, car on pouvait craindre à tout moment un retour désespéré des Russes; il ne fut point tenté; ils avaient, en effet, définitivement renoncé à nous disputer une position dont ils appréciaient toute l'importance, et ils savaient bien qu'ils ne pouvaient plus tenir, ni dans la ville, ni dans le faubourg, que dominait également le canon de Malakof. Ils se décidèrent, en conséquence, à évacuer toute la partie sud de la rade; déjà, dans la soirée, nous avions pressenti cette détermination, le général en chef ayant été avisé par le commandant de la frégate de grand'garde à l'entrée du port, et par le général d'Aurelle, qui avait surveillé l'ennemi pendant toute la journée, des hauteurs d'Inkermann, avec la première brigade de sa division, que l'on voyait passer sur le pont beaucoup de monde remontant vers le nord.

En effet, « vers sept heures du soir, dit Todleben, nos troupes commencèrent à évacuer le côté sud de Sébastopol, et ce mouvement, effectué avec le plus grand ordre, dura toute la nuit. Des volontaires furent laissés dans les fortifications pour continuer le feu, et masquer le mouvement de retraite de nos troupes, tandis que les détachements de marins et de sapeurs recevaient l'ordre d'enclouer les pièces d'artillerie et de mettre le feu aux magasins à poudre, à un signal donné par des fusées lancées du petit boulevard.

« Quand la nuit arriva, et lorsque le gros des troupes eut évacué la place Nicolas et le cap Paul, au signal convenu, les volontaires commencèrent à se replier sur les points d'embarquement ; mais avant de s'éloigner, ils avaient placé dans les magasins à poudre des mèches allumées de différentes longueurs, de façon que les explosions pussent se produire l'une après l'autre, et à des intervalles de temps considérables. C'est ainsi que, au fur et à mesure que notre arrière-garde se retirait, près de trente-cinq magasins à poudre sautèrent graduellement, et la ville entière fut livrée aux flammes. »

A minuit, alors que nous étions tous dans l'attente des événements du lendemain, et que l'on armait la redoute conquise, de façon à pouvoir mieux repousser un retour offensif de l'ennemi, on entendit de nombreuses explosions dans Sébastopol, et l'on vit sauter successivement les batteries de la Pointe, la Maison en Croix, le Petit Redan, le Grand Redan des Anglais, le bastion du Mât, le bastion Central, le bastion de la Quarantaine, tous les bastions enfin, excepté Malakof, qu'une circonstance providentielle, nous l'avons vu, avait garanti contre cette destruction. Ainsi notre insuccès du 8 septembre sur quatre des points d'attaque avait eu son côté heureux, car, sur ces points, nos hommes avaient été rejetés dans les parallèles, tandis que, vainqueurs, ils eussent occupé les divers ouvrages que je viens d'énumérer, et eussent sauté avec eux. Au Petit Redan seul, un certain nombre de nos soldats, postés dans le fossé, et quelques malheureux blessés pendant la journée précédente, furent presque ensevelis sous les terres soulevées par l'explosion des mines. Au signal de cette explosion, le feu s'alluma dans toute la ville et dévora tout ce qui restait intact après onze mois de siège presque ininterrompu ; poudrières, magasins, forts, tout sauta avec fracas ; et, aux lueurs rougeâtres de l'incendie, ce moyen de défense dont les Russes ont l'habitude, nous pûmes voir les vaisseaux ennemis s'abîmer dans les flots, coulés par la main des vaincus eux-mêmes. Pendant toute la nuit, les défenseurs repassèrent de l'autre côté de la rade, à l'aide de leur pont de bateaux, qui fut replié sur la rive nord dans la matinée du jour suivant ; enfin, neuf de leurs bateaux à vapeur qui avaient été conservés et serrés le plus possible contre la côte, furent coulés le 12, dans la crainte de notre feu : « Ainsi fut consommée la ruine totale de la marine russe de la mer Noire, qui, au début de la guerre, comprenait dix-neuf vaisseaux, dix-huit navires de rang inférieur, douze bâtiments à vapeur et soixante chaloupes canonnières [1]. »

Le lendemain, au point du jour, quelques détachements entrèrent avec prudence dans la ville, et en occupèrent les principales positions, pour empêcher les maraudeurs d'y pénétrer, et pour prévenir ou conjurer de nouveaux accidents : en effet, les magasins de la Quarantaine sautèrent dans la journée du 9, et, le lendemain, dans la matinée, le fort Paul fut également détruit par les Russes ; mais, faute de temps, ils laissèrent le

---

1. Maréchal Niel.

fort Nicolas debout, et nous obligèrent ainsi à le ruiner nous-mêmes dans le courant de l'hiver, avec les docks, les casernes du faubourg et le fort Alexandre, imparfaitement détruit par eux.

Le 10 septembre, le général Bazaine fut nommé commandant supérieur de la place, avec une brigade d'infanterie, et il fut convenu que les Français occuperaient la Ville, les Anglais le Faubourg ; un pont de bateaux devait relier ces deux parties de Sébastopol. Mais cette occupation devint bientôt difficile, à cause de nombreuses batteries que l'ennemi établit immédiatement sur toute la rive nord de la rade ; nous dûmes, pour y répondre et pour détruire les magasins ennemis, dresser nous-mêmes des batteries sur la rive sud, avec des cheminements pour gagner ces ouvrages à couvert ; et le second hiver se passa ainsi dans un échange continuel de bombes et de boulets, qui, heureusement, ne produisirent pas grand effet.

Ainsi se termina ce siège, un des plus mémorables dans l'histoire par sa durée, par le nombre et l'excellence des troupes en présence, l'énergie des efforts déployés des deux côtés, l'étendue des travaux d'attaque et de défense, la quantité effrayante d'artillerie mise en jeu par les adversaires, toutes choses hors de proportion avec les règles ordinaires des sièges ; enfin par l'importance des batailles livrées à l'armée d'observation, et des assauts donnés au corps de la place et aux ouvrages avancés.

Il est certain qu'à la suite de cette lutte, les idées acquises en matière de sièges ont été déconcertées ; on a même voulu se servir de l'exemple de Sébastopol défendu par des ouvrages en terre pour prouver l'inutilité des fortifications permanentes. Cette question, comme d'autres toutes spéciales qui s'y rattachent, n'est pas de ma compétence ; des hommes plus autorisés les ont traitées et les traiteront encore à fond ; je citerai seulement la note savante du maréchal Niel [1] qui se résume en cette phrase : « Si l'enceinte eût été pourvue de bonnes escarpes revêtues, s'il avait fallu y faire brèche pour pénétrer par des passages difficiles, en arrière desquels nos têtes de colonne auraient rencontré une armée, Sébastopol eût été une forteresse inexpugnable. » J'ajouterai que, dans les discussions sur ce sujet, il est bon de ne pas perdre de vue cette vérité, qui est devenue banale tant elle a été redite, c'est que nous n'avons pas fait ce siège dans les conditions ordinaires ; en effet, avec une armée et un parc d'artillerie relativement faibles, nous arrivions devant une ville qui n'avait pas d'habitants inutiles, qui n'avait que des défenseurs en nombre au moins égal aux assaillants, qui comptait en outre d'excellents canonniers pris dans sa marine, et un matériel presque illimité. On en peut juger par ces chiffres : les Russes eurent, durant tout le siège, de 1,200 à 1,500 pièces en batterie contre nous, sans compter celles de la rive nord et des bateaux à vapeur ; de plus, nous trouvâmes dans la place 4,000 pièces d'artillerie environ, plus de 500,000 projectiles, de 262,000 kilos de poudre, et ce n'était que le reste des explosions et de l'incendie. Toutefois, malgré de si puissantes ressources pour la défense, si Sébastopol avait pu être investi, si sa garnison et ses approvisionnements de toute nature n'avaient pas pu se renouveler sans cesse et sans la moindre diffi-

1. Page 443 de son ouvrage.

culté, il eût été certainement possible de prévoir, comme dans un siège ordinaire, l'instant précis où, les défenseurs étant décimés et les vivres consommés, les assaillants auraient contraint la place à se rendre, ou l'auraient emportée d'assaut. Mais, dans ce cas extraordinaire, rien de semblable : l'assiégé demeure libre de communiquer par toute la partie nord avec le reste de l'empire, et il conserve sa base d'opérations, se trouvant ainsi en mesure de nous livrer une bataille de onze mois, au lieu de subir les dures et habituelles nécessités d'un siège. Encore, cette bataille, a-t-il l'avantage de nous l'offrir à l'abri de levées de terre considérables, savamment construites, formidablement armées, et il nous faut les attaquer sans cesse de front, sans jamais pouvoir les tourner, c'est-à-dire dans les conditions les plus désavantageuses. Cette longue et glorieuse résistance nous contraignit à proportionner peu à peu nos moyens à ceux de nos adversaires ; c'est ainsi que notre armée dut être triplée ; c'est ainsi qu'au moment de l'assaut, la place se trouvait entourée de cheminements présentant quatre-vingts kilomètres de développement total[1], et qu'elle dut essuyer le feu de huit cents pièces d'artillerie[2] qui lancèrent sur elle, durant le siège, près d'un million et demi de projectiles de toute nature[3]. Enfin, lorsque l'ennemi

1. Savoir : Pour les Français, aux attaques de la ville, 37 kilomètres de tranchées, du Faubourg, 30, et pour les Anglais, 13.

2. Les Français avaient, au jour de l'assaut, 601 bouches à feu en batterie, au lieu de 53 lors de l'ouverture du 17 octobre, et les Anglais, 194, au lieu de 73.

3. L'artillerie française lança 1,100,000 projectiles ; on peut estimer le tir des Anglais à 400,000. (Voir dans les ouvrages de l'artillerie et du génie le détail du matériel des deux armes.) — L'ou-

dut se retirer devant nos victorieux efforts, il passait presque intact sur l'autre rive, nous abandonnant, il est vrai, de nobles trophées de guerre, mais dans un amas de ruines et de décombres.

Tant de fatigues supportées de notre côté, tant de sang généreux répandu[1], tant de science et d'héroïsme nous donnèrent heureusement plus que la stérile possession d'une ville détruite par le canon et par l'incendie ; les conséquences de notre victoire furent considérables et proportionnées à l'étendue de nos sacrifices, car elle amena forcément, quelques mois plus tard, nos adversaires à demander la paix. En effet, la Russie s'était épuisée dans cette longue lutte, à laquelle elle avait attaché l'honneur de son drapeau ; pendant un rigoureux hiver, des derniers confins de son immense empire, elle avait acheminé vers la Crimée des hommes qui avaient semé la route de leurs cadavres ; le feu des assiégeants avait ajouté ses ravages à ceux que les fatigues, les souffrances, les privations de

vrage de l'artillerie estime à 3 millions le nombre de coups de canon tirés par les Russes.

1. Nous eûmes, de notre côté, 44,497 hommes hors de combat, du 9 octobre 1854 au 9 septembre 1855, pendant toute la durée du siège, en y comprenant les pertes éprouvées à Inkermann et à Traktir contre l'armée de secours. La totalité des tués, morts de blessures ou de maladie, ou disparus pendant toute la guerre d'Orient, s'élève au chiffre effrayant de 74,603 hommes, dont un *tiers seulement par le feu*. Le nombre d'hommes envoyés de France en Orient peut être évalué au triple du chiffre des morts, chiffre qui représente à peu près celui des blessés ayant survécu à leurs blessures, et par conséquent aussi celui des Français qui rentrèrent sains et saufs dans la patrie, après cette campagne de plus de deux ans. On porte à 200,000 le nombre des morts parmi les Russes.

toute sorte avaient produits au milieu des armées russes, tant dans les principautés danubiennes que dans les marches forcées vers Sébastopol. Outre ces pertes considérables en hommes, la Russie s'était épuisée en ressources de toute espèce, pour défendre à outrance son arsenal de la mer Noire ; et il est parfaitement avéré, si étrange que cela puisse paraître, que cette longue résistance des assiégés, en les mettant dans l'impossibilité de continuer la lutte après un échec décisif, a été pour nous une circonstance heureuse. En effet, la Russie, nous ne le savons que trop, n'est vulnérable que sur fort peu de points ; par terre, on ne peut la joindre qu'avec l'alliance de la Prusse ou de l'Autriche, et ce n'était pas notre cas ; ou bien, il faut s'engager par la Valachie et la Moldavie, théâtres de guerre qui avaient été épuisés dès le commencement de la campagne ; l'expédition entreprise de ce côté n'aboutit d'ailleurs à aucun objectif assez important pour que sa possession par nos armées eût nécessairement amené notre ennemi à composition. Dans la Baltique, une entreprise par mer avait été essayée et conduite à bonne fin ; mais il est naturel de penser que nous eussions rencontré d'insurmontables difficultés en descendant sur le continent russe de cette mer. Que serait-il advenu, après la conquête de Sébastopol, si cette ville eût été enlevée par un coup de main, comme on le désirait au début ? L'armée russe, intacte, se serait retirée dans ses steppes sans fin, où elle nous aurait attendus et où nous n'aurions pu la joindre que difficilement ; nous aurions eu, il est vrai, un gage puissant en notre pouvoir, mais le coup décisif qui devait forcer notre adversaire à la paix, de quel côté le porter ? Il faut donc croire qu'en acceptant un champ de bataille sous notre main, et un siège où elle s'est épuisée en vaillants mais inutiles efforts, la Russie a préparé elle-même une solution plus prompte de la guerre d'Orient.

Rien ne peut rendre le soulagement physique et moral que nous éprouvâmes dans les premiers jours qui suivirent la prise de Sébastopol ; à part quelques coups de canon, échangés d'une rive à l'autre de la rade, le calme le plus complet, un calme que nous ne connaissions plus depuis près d'un an, avait succédé aux vives canonnades et aux préoccupations constantes du siège. Dès le 9, nous employions nos loisirs à parcourir avec avidité les travaux de nos divers sièges, maintenant vides de défenseurs, à étudier chaque jour avec soin ces ouvrages ennemis qui nous avaient tenus si longtemps en échec ; dans chaque bastion, nous admirions ces gigantesque levées de terre, ces triples lignes de défense, ces abris blindés, construits avec des arbres entiers et si habilement établis ; ces portières d'embrasure en gros cordage, enfin, cet armement formidable. Mais, de tous côtés, quels bouleversements ! et, dans cette ville, qui cependant n'avait pas subi les horreurs de l'assaut, que de ruines, que de tristesses ! Dans une de ces visites, faite le 11, nous arrivâmes à des magasins placés entre les bassins et le fort Paul, et qui avaient été utilisés comme hôpitaux ; là, nous attendait le spectacle le plus affreux, le plus navrant ; des blessés russes et français étaient entassés les uns à côté des autres ; des malheureux qui respiraient encore étaient là, depuis le 8, sans secours, mourant de faim et environnés de cadavres déjà en putréfaction ; l'odeur qui s'exhalait de ce charnier humain ne permettait pas de s'y arrêter longtemps; aussi, après les premiers soins donnés à nos hommes, nous nous empressâmes de faire connaître ces misères aux Russes, qui envoyèrent un bateau à vapeur, le jour même, pour prendre leurs blessés, puis nous rendîmes les derniers devoirs aux morts.

SECOND HIVER. — KANGHIL ; KINBOURN.
PAIX DE PARIS.

A part le combat de Kanghil et la prise de Kinbourn, le second hiver se passa sans événements assez notables pour mériter d'être rapportés, surtout à côté de ceux dont on vient de lire le récit. Après quelques jours de repos, vers le milieu de septembre, les troupes quittèrent leurs diverses positions et s'établirent de la manière suivante : le deuxième corps, sous le commandement provisoire du général Camou, occupa les monts Fédioukine ; le corps de réserve, désormais sous les ordres du général de Mac-Mahon, garnit en deuxième ligne les redoutes turques ; enfin, le premier corps, moins la deuxième division, restée à Sébastopol pour assurer le service de la place, se rendit à Baïdar, où il manœuvra jusqu'à la fin d'octobre contre les positions occupées par l'aile gauche des Russes, depuis le défilé de Koralès jusqu'aux villages de Iéni-Sala et Fotz-Sala.

Tout en donnant ainsi des inquiétudes à nos ennemis sur la haute Belbek, les généraux alliés résolurent de les menacer également sur leur flanc droit et sur leurs communications avec Pérécop, en renforçant les troupes ottomanes, qui tenaient garnison à Eupatorie[1], sous le

---

1. Il y avait alors à Eupatorie une division turque et une égyptienne.

commandement du muchir Ahmed Pacha. A cet effet, le général d'Allonville fut embarqué le 20 septembre avec trois régiments de sa division[1], présentant un effectif de 3,000 hommes et de 2,500 chevaux, et vint prendre le commandement supérieur de cette place.

Après avoir, dans une première reconnaissance, refoulé devant lui 3,000 cavaliers russes et brûlé quelques approvisionnements, le général d'Allonville sortit le 29 d'Eupatorie, et se dirigea vers le nord du lac Sasik, avec le contingent turc, la division de cavalerie française et la 3ᵉ batterie du 15ᵉ régiment à cheval ; par une manœuvre habile, il parvint à joindre à Kanghil la division de cavalerie russe du général de Korff, qu'il fit aborder immédiatement par le 4ᵉ hussards. Ce régiment conduit par le général Walsin-Esterhazy, dont l'aide de camp, le capitaine Pujade, fut grièvement blessé, et l'officier d'ordonnance, le lieutenant Sibert, du 6ᵉ dragons, fut tué, chargea avec audace une batterie ennemie, qui s'était démasquée à son approche, et lui enleva deux pièces ; après un combat opiniâtre, l'ennemi tourna bride, et fut poursuivi jusqu'à une lieue et demie par le 6ᵉ dragons, qui lui enleva encore quatre pièces ; cette poursuite fut vigoureusement appuyée par le 7ᵉ dragons. Ce succès, qui faisait le plus grand honneur au général d'Allonville et à notre cavalerie, engagea les généraux en chef à renforcer le corps d'Eupatorie, et, vers le milieu d'octobre, la division française de Failly (ancienne Dulac), 850 de nos chevaux, et la cavalerie légère anglaise, sous les ordres de lord Paget, furent embarqués pour cette desti-

---

1. C'étaient les 4ᵉ hussards, 6ᵉ et 7ᵉ dragons.

nation ; mais nos alliés revinrent à leurs positions du plateau vers le 20 novembre, après avoir tenté vainement, comme nous, à plusieurs reprises, d'attirer les Russes au combat.

Le jour du brillant combat de Kanghil, le maréchal Pélissier (il avait été élevé au maréchalat immédiatement après la prise de la ville) avait convoqué à son quartier général le commandant en chef de l'armée anglaise, ainsi que les amiraux Lyons et Bruat (ce dernier nommé amiral depuis deux jours). Il avait été décidé dans ce conseil que les alliés enlèveraient le fort de Kinbourn, à l'entrée du liman du Dniéper, pour couper les communications de l'armée russe avec Nicolaïef et menacer Kherson, tandis que les positions de Taman et Fanagoria, établies sur la rive orientale du détroit de Kertch, étaient détruites par un corps envoyé de cette dernière ville. Le général de division Bazaine fut choisi pour commander le corps expéditionnaire de Kinbourn, composé d'une brigade française de 4,000 hommes (général de Wimpffen)[1], et de 4,200 Anglais, sous les ordres du général Spencer. Nos troupes quittèrent Kamiesh le 7 octobre, sur seize bâtiments dirigés par l'amiral Bruat lui-même, tandis que la flotte anglaise appareillait le même jour avec l'amiral Lyons. L'expédition se dirigea d'abord vers Odessa, qu'elle parut menacer, tandis qu'on reconnaissait les passes au long de la presqu'île de Kinbourn ; et, après y avoir été retenue plusieurs jours à cause de la brume, elle

---

1. Cette brigade était formée par le 14ᵉ bataillon de chasseurs à pied, les tirailleurs algériens et le 95ᵉ de ligne. Le chef d'escadron Faure y remplissait les fonctions de chef d'état-major.

put enfin venir mouiller, le 14, devant la forteresse qu'elle devait attaquer. Les bâtiments ayant alors opéré l'investissement par mer, les troupes de débarquement descendirent à terre et s'y établirent solidement ; puis, le 17 octobre, vers neuf heures du matin, la tranchée ayant été ouverte sous les ordres du colonel Danner, les batteries flottantes, les bombardes et les chaloupes canonnières commencèrent un feu très vif contre le fort, dont les pièces furent bientôt réduites au silence. Enfin, à midi, des vaisseaux vinrent prendre part à l'action, et, au bout de deux heures, contraignirent la garnison à se rendre prisonnière de guerre. Le général Kokanowitch, qui commandait le fort, mit bas les armes, avec 1,376 hommes, nous laissant, de plus, entre les mains cent soixante-seize bouches à feu, dont soixante-dix-huit de bon service, des munitions assez considérables et neuf cents fusils d'infanterie. Le lendemain, les Russes évacuèrent et firent sauter le fort d'Otchakof, situé en face de Kinbourn, sur la rive droite du Dniéper ; ce fort était garni de 22 canons.

Au commencement de novembre, l'armée prit ses quartiers d'hiver. Le 95ᵉ resta seul à Kinbourn, avec une partie des bâtiments à vapeur pour garder la place ; les tirailleurs algériens qui avaient concouru à la prise, furent alors rembarqués pour l'Algérie, tandis que la garde impériale et quelques régiments de ligne[1] étaient successi-

1. C'étaient les 20ᵉ, 50ᵉ, 97ᵉ, 39ᵉ régiments d'infanterie de ligne, et le 3ᵉ bataillon de chasseurs à pied. — Ces corps faisaient tous partie de la première armée d'Orient. Le 97ᵉ était l'ancien 22ᵉ léger, un décret, rendu pendant la guerre, ayant supprimé les 25 régiments

vement rapatriés, mais immédiatement remplacés par d'autres corps qui maintinrent l'effectif de l'armée française au total de 140,000 hommes.

Par suite d'un nouveau remaniement, les trois corps de l'armée d'Orient se composèrent désormais chacun de quatre divisions d'infanterie et d'une de cavalerie[1]. Le troisième corps, qui était le corps de réserve, avait été formé de ses deux anciennes divisions (1re et 2e, Herbillon et d'Aurelle), de la division de Failly (ancienne Dulac, du deuxième corps) et de la division[2] de Chasseloup-Laubat, arrivée en Crimée à la fin d'octobre. Son chef, le général de Mac-Mahon, prit le commandement des troupes de la Tchernaya, à l'entrée de l'hiver, et s'établit sur les monts Fédioukine. Il avait en première ligne sur ces monts : au centre, les première et deuxième divisions du deuxième corps (Vinoy et Camou), placées devant la quatrième division du corps de réserve (de Chasseloup-Laubat) ; à leur droite, à Tchorgoun, les Sardes, ayant les Écossais en réserve à Kamara ; à leur gauche, la troisième division du deuxième corps (Espinasse) sur le plateau, depuis le Télégraphe jusqu'à la redoute Canrobert, et la quatrième du deuxième corps (ancienne cinquième du même corps, général de la Motte Rouge), à Inkermann. En deuxième ligne : les première et deuxième

---

d'infanterie légère, et leur ayant fait prendre les nos 76 à 100 à la suite des régiments de ligne.

1. Le 3e corps n'avait toutefois qu'une brigade de cavalerie, les cuirassiers du général de Forton.

2. C'était la 12e division d'infanterie de ligne envoyée en Orient, sans compter les brigades Sol et Bousquet. Elle comprenait les 16e chasseurs à pied, 69e, 81e, 33e et 44e régiments d'infanterie de ligne.

divisions du corps de réserve, garnissant les redoutes turques [1]; les Anglais, à Balaclava et au centre du plateau, avec une seule sentinelle devant l'ennemi, au fort Paul, dans le faubourg de Karabelnaya. A l'extrême droite des positions alliées, la première division du premier corps (général d'Autemarre) s'était établie, dès le 11 septembre, dans la vallée de Baïdar, et elle gardait seule cette position importante, avec un régiment de chasseurs d'Afrique relevé tous les mois; des autres divisions de ce corps, la deuxième (ancienne Levaillant, bientôt Bazaine) et la troisième (Paté) avaient repris leur emplacement dans l'ancien corps du siège, et la quatrième division (Bouat) était campée près du quartier général de l'armée française. La division de chasseurs d'Afrique s'était rapprochée de Kamiesh, et la brigade de cuirassiers avait repris son camp près du monastère de Saint-Georges; enfin le 94ᵉ de ligne à Kamiesh, et le 4ᵉ d'infanterie de marine à Kertch formaient à eux deux la brigade non endivisionnée du général Sol, qui commandait notre plage de débarquement, tandis que la brigade Bousquet (1ᵉʳ et 84ᵉ de ligne) occupait Constantinople.

Le 18 octobre, nous avions conduit le général Bosquet à bord du *Christophe-Colomb*, qui le ramenait en France, ainsi que les généraux Mellinet et Trochu. Notre hiver se passa plus agréablement que le précédent, grâce à notre installation meilleure, car, à l'état-major général de l'armée d'Orient, où j'avais été placé, sur ma demande,

---

[1]. La troisième division du corps de réserve (général de Failly) occupa Eupatorie, pendant tout l'hiver, avec le général d'Allonville.

jusqu'au retour du général Bosquet, nous étions établis dans des baraques aussi confortables que possible ; quelques-unes étaient tapissées de numéros du *Charivari*, autant pour égayer notre petite chambre que pour en boucher plus hermétiquement tous les joints. Après la paix, les officiers russes affluèrent dans nos camps, où nous étions empressés à les bien recevoir, et, de leur côté, ils paraissaient se plaire à lire sur nos murailles, bien que naturellement ils y fussent assez maltraités, toute la guerre de Crimée écrite à la façon du *Charivari* ; au moins avaient-ils le bon goût d'en rire les premiers.

La saison d'automne avait été belle comme la précédente, mais elle changea brusquement, à la suite d'une tempête qui éclata du 6 au 8 décembre, et nous amena beaucoup de pluies, suivies bientôt d'un froid rigoureux. Cette température, à la fois humide et glaciale, modifia tristement l'état sanitaire de l'armée, qui, depuis la disparition du choléra, au mois de juin 1855, était satisfaisant. Nous eûmes de nombreux cas de congélation ; puis au scorbut, qui se déclara avec une terrible intensité[1], succéda le typhus, qui régna principalement dans les ambulances depuis le mois de février jusqu'au mois d'avril 1856, et fit de nombreuses victimes parmi nos soldats. Les officiers de santé déployèrent dans le traitement de ces maladies leur dévouement ordinaire, et plusieurs même le payèrent de leur vie.

Les opérations militaires paraissaient terminées comme d'un commun accord ; à Baïdar seulement, les avant-

1. Le chiffre des hommes atteints par cette maladie s'éleva de 5 à 10 pour cent de l'effectif.

postes se livraient de fréquentes escarmouches ; c'est ainsi que, le 8 décembre, après avoir enlevé, par une nuit noire, deux de nos petits postes, composés d'une quinzaine d'hommes, les Russes avaient attaqué, avec quatre bataillons et un régiment de cosaques, les villages de Baga et d'Ourkousta, occupés par nos grand'-gardes. Mais le lieutenant-colonel de Lacretelle les avait mis en fuite, avec perte de cent cinquante tués ou prisonniers, dont trois officiers. De notre côté, vers la fin de décembre, nos volontaires détruisirent un poste de douze hommes, près de Aïtodor, et surprirent, une autre fois, une grand'garde de quatre-vingts fantassins et vingt cavaliers, en avant du col de Cardone Bell ; dix-huit Russes, dont un capitaine, furent tués à la baïonnette, et quatorze fantassins seulement furent pris, le reste ayant réussi à prendre la fuite. Tels furent les derniers incidents militaires de cette longue et glorieuse campagne.

L'armée française s'était toujours renforcée de nouveaux envois ; car, si l'on négociait pour la paix, on ne s'en préparait pas moins activement à faire la guerre. Nous comptions en effet, au 1er février, 143,000 hommes et 37,000 chevaux, dont 6,500 de cavalerie ; mais notre tâche en Orient était à la veille de finir. Déjà, le 22 janvier, nous avions appris par une dépêche du général Larchey [1], commandant de nos troupes à Constantinople, que les préliminaires de paix avaient été acceptés le 16 par le czar Alexandre, et, dans une première entrevue au pont de Traktir, les chefs d'état-major des armées

---

1. Le câble de la mer Noire, entre Varna et Sébastopol, était rompu depuis le mois d'octobre.

alliées et russe avaient réglé les bases d'une suspension d'armes qui devait durer tout le mois de mars ; les limites hors desquelles il était interdit aux armées en présence de se mouvoir furent indiquées pour tous les théâtres de la guerre, mais le blocus maritime fut maintenu comme il devait l'être.

Enfin, le 2 avril, à la pointe du jour, le canon qui avait si souvent retenti sur le plateau, comme moyen de destruction, nous apporta le message de paix ; elle était signée depuis le 30 mars 1856. Nous profitâmes alors de la fin des hostilités pour faire, pendant plusieurs jours, des courses pleines d'intérêt sur le plateau du nord ; nous parcourions ainsi les défilés de Mackenzie et de Koralès, que nous aurions dû forcer, si nous avions marché directement en avant, mais qui, nous le reconnûmes, présentaient de sérieuses difficultés. Nous examinions avec attention toutes les batteries qui nous avaient menacés si longtemps de l'autre rive ; nous allâmes même jusqu'à Batché-Seraï, ville tartare assez malpropre et sans grand intérêt lorsqu'on a déjà vu l'Orient, et nos revînmes tour à tour par la haute Belbek et par Baïdar, ou bien par la route que nous avions parcourue, avec l'armée, depuis l'Alma. Toutes ces positions nous parurent d'une approche aussi difficile que nous l'avions pensé durant le siège, et c'était pour nous un travail bien utile, bien instructif, que de visiter tous ces ouvrages dont nous n'avions pu que préjuger la force, et qu'aujourd'hui nous touchions du doigt. Un jour, en revenant de notre ancien camp de la Belbek à Mackenzie (au bivouac de la Soif), nous cherchions en vain cette forêt qui, pendant des heures, avait retardé notre marche, le 25 septembre 1854 ; il n'en restait pas trace : les armées sont comme les nuées de sauterelles, elles dévastent tout là où elles passent ; les Russes aux environs de Mackenzie, comme nous sur le plateau, avaient tout épuisé. L'installation des bivouacs de nos ci-devant ennemis nous paraissait laisser beaucoup à désirer ; ils ne se composaient le plus souvent que de huttes en terre, on le conçoit, assez peu confortables. Quelques jours plus tard, nous eûmes le plaisir d'assister à une revue de 10,000 Russes que nous présentait, sur le plateau de Mackenzie, le général Luders, alors commandant en chef de l'armée russe ; ce général était venu, à cet effet, trouver les généraux en chef des armées alliées, le dimanche 13, au pont de Traktir, et les avait conduits sur la hauteur, où, après la revue, il leur offrit un grand banquet.

Pour répondre à cet acte de courtoisie, le maréchal Pélissier et le général Codrington, nouveau commandant en chef de l'armée anglaise, invitèrent à leur tour le général Luders à assister à une brillante revue des troupes qui n'avaient pas encore quitté le sol de la Crimée. C'était le 17 avril, par un temps magnifique. Cent bataillons d'infanterie, par bataillon en masse, trente escadrons de cavalerie et 198 bouches à feu, au total 55,000 soldats français, couronnaient, sur un espace de six kilomètres, la crête du plateau, la droite appuyée aux redoutes turques du col de Balaclava, la gauche vers le monastère de Saint-Georges. Le maréchal Pélissier, accompagné des généraux alliés, fit au général Luders les honneurs de ces magnifiques troupes qui avaient si vaillamment combattu, et qui, avec leurs vêtements usés et rapiécés, étaient cependant aussi présentables qu'un jour de parade en garnison. Derrière les généraux en chef, galopait un groupe considérable d'officiers de toutes les armées, offrant le spectacle le plus pittoresque. La revue terminée, le défilé commença, et c'est avec une émotion que comprendront sans peine tous ceux qui ont assisté au retour des troupes à Paris, que nous vîmes passer ces fiers bataillons au son des musiques militaires. Les drapeaux français, noircis par la poudre, déchirés par les projectiles russes, s'inclinaient successivement devant le général, naguère notre ennemi, aujourd'hui les saluant avec respect et applaudissant ceux qui n'avaient arraché au combat que la hampe et quelques lambeaux[1].

Ce fut notre dernière prise d'armes : à partir de ce jour, les embarquements se continuèrent avec activité, l'évacuation devant être consommée au bout de trois mois, aux termes des conventions. Enfin, au mois de juin, nous touchions le sol de la France, avec ce battement de cœur que donne la vue de la patrie. Certes, nous avions souffert; mais ces souffrances n'étaient pas stériles, car nous avions cicatrisé en partie les blessures de nos pères, et replacé la France au rang que de si grands revers, après de si grandes victoires, lui avaient ôté pour un jour.

1. Après le défilé, l'armée anglaise, forte de 30,000 hommes, d'une admirable tenue, fut présentée à son tour par le général Codrington au général en chef de l'armée russe.

FIN.

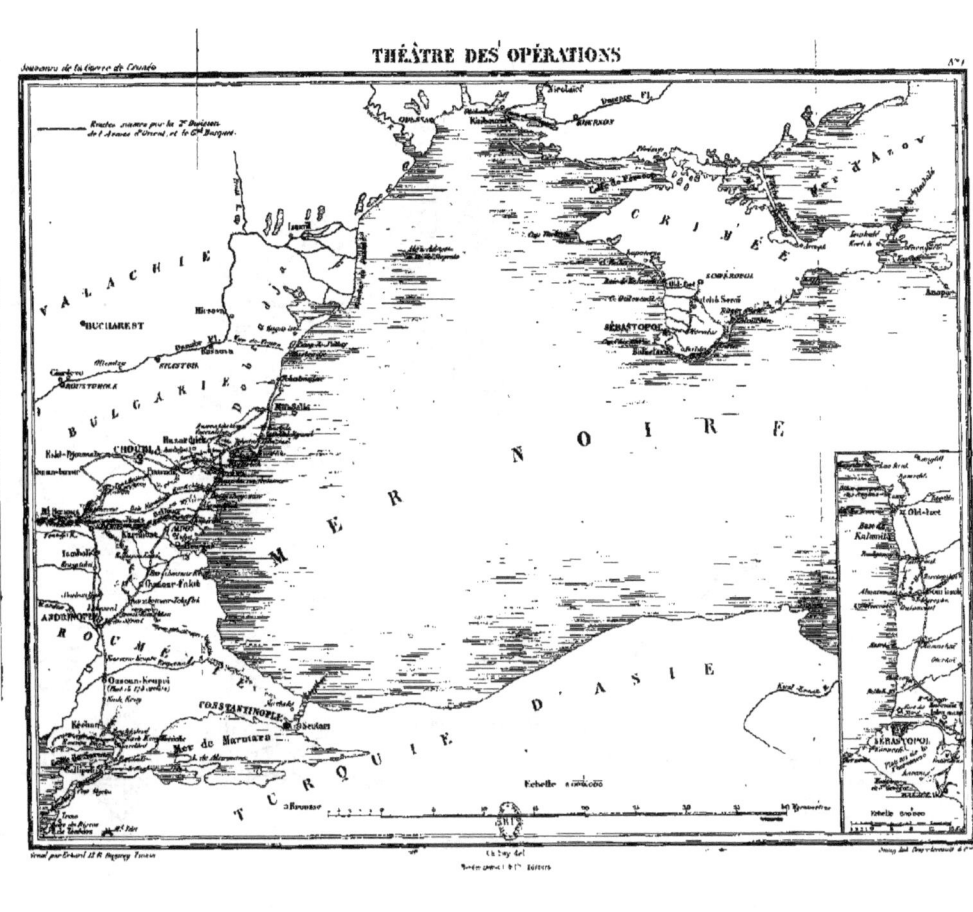

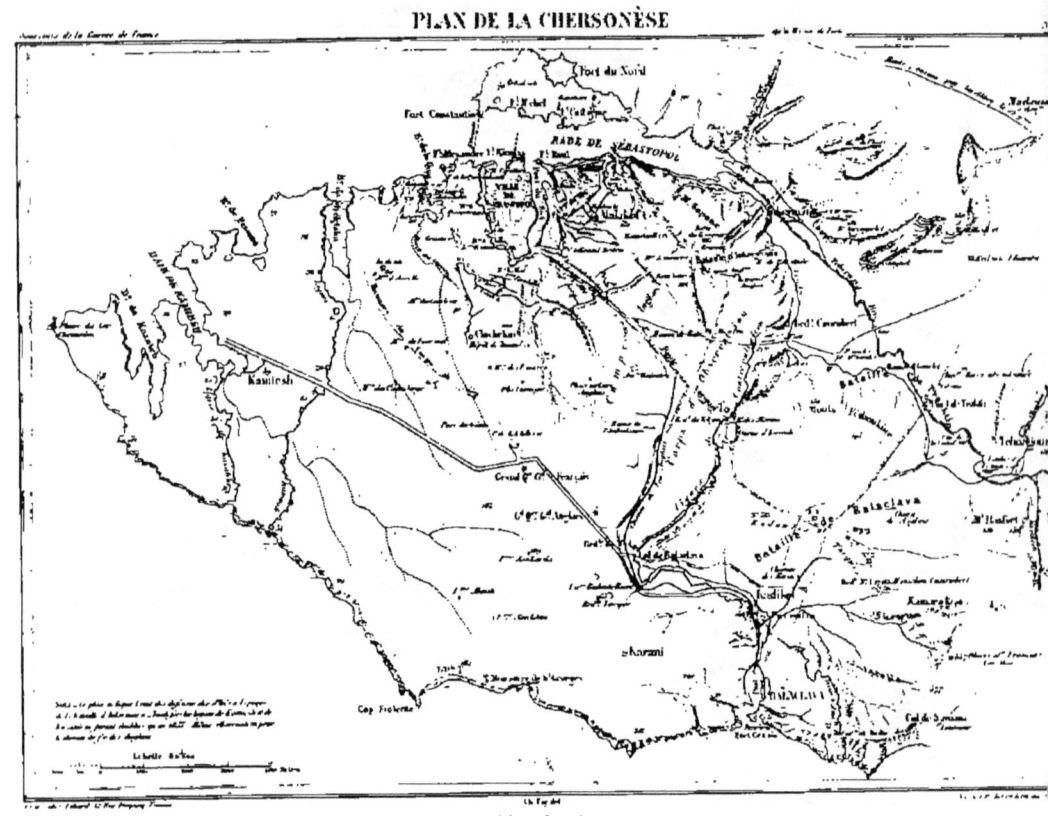

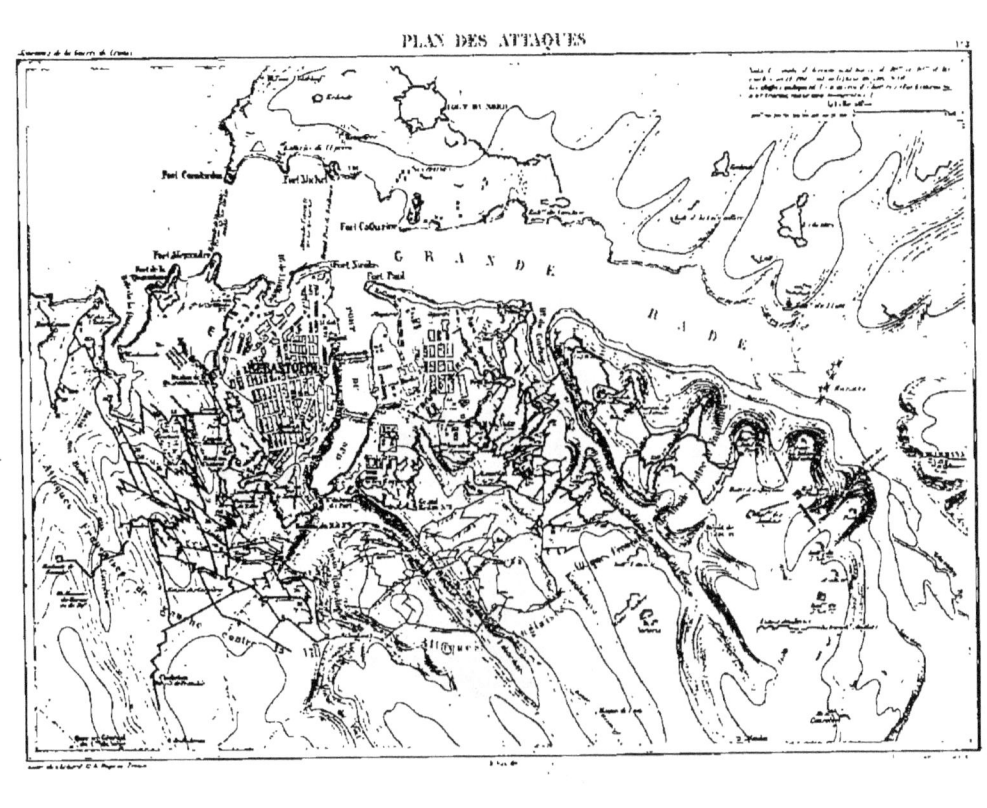

APPENDICE

TABLEAU N° 1.

Composition de l'armée d'Orient au 8 septembre 1855.

PÉLISSIER, général de division, commandant en chef.

Aides de camp.	*Officiers d'ordonnance.*
De Waubert de Genlis, lieutenant-colonel d'état-major. Reille, id. Cassaigne, id. Duval, capitaine d'état-major.	Pélissier, lieutenant-colonel d'artillerie de marine, chef d'attaque aux batteries du Carénage. Dupont, capitaine au 97e régiment de ligne. De Montauban, lieutenant au 2e chasseurs d'Afrique.

ÉTAT-MAJOR GÉNÉRAL.

DE MARTIMPREY, général de division, chef d'état-major général.

JARRAS, colonel, sous-chef d'état-major général.

Renson, lieutenant-colonel.
Lallemand, chef d'escadron.
De Beaumont, id.
Hartung, id.
Louede, capitaine.
Schmitz, id.
De la Hitte, id.
De Bouillé, id.
D'Orléans, id.
Rolin, id. } Attachés à l'état-major général.

Desaint, colonel, chef de la section topographique.
Beaudouin, chef d'escadron.
Berthaut, id.
Valette, capitaine.
Mircher, id.
Davenet, id.
Saget, id.
Perrotin, id. } Attachés à la section topographique.

Chaulan, capitaine au 26e régiment de ligne, commandant du grand quartier général.
De Susbeau de Malroy, lieutenant-colonel d'état-major, commissaire près de l'armée anglaise.
De Talleyrand-Périgord, duc de Dino, capitaine, commissaire près de l'armée sarde.

THIRY, général de division, commandant l'artillerie de l'armée.

Lagroy de Croutte de Saint-Martin, chef d'escadron.
De Vassart, capitaine. } Aides de camp.

AUGER, colonel, chef d'état-major de l'artillerie.
MAZURE, général de brigade, directeur général des parcs.

NIEL, général de division, commandant le génie de l'armée.

PETIT, chef de bataillon. } Aides de camp.
PARMENTIER, capitaine.

COFFINIÈRES, colonel, chef d'état-major du génie.
CADART, chef de bataillon, directeur du parc.

BLANCHOT, intendant général de l'armée.

LÉVY, sous-intendant militaire, chef du cabinet.

ROBERT, sous-intendant militaire de 1re classe..............	Service des subsistances.
LE CREURER, id.............	Service de la solde.
DE SÉGANVILLE, sous-intendant militaire de 2e classe.........	Service des ambulances de l'armée.
LAGÉ, id.................	Service des vivres à Kamiesh et Kazatch.
BAILLOD, id...............	Service des transports.
DE LAVALLETTE, id..........	Service du campement.
JALLIBERT, id..............	Adjoint au service des transports.
DE PRÉVAL, id.............	Tous les services de Kamiesh.

DAMIGUET DE VERNON, colonel de gendarmerie, grand-prévôt.

SCRIVE, médecin en chef de l'armée.

L'abbé PARABÈRE, aumônier supérieur.

1er CORPS.

DE SALLES, général de division, commandant.

BOUDET, capitaine, aide de camp.
DUHAMEL-GRANDPREY, capitaine au 79e régiment de ligne, officier d'ordonnance.

RIVET, général de brigade, chef d'état-major.

MANÈQUE, chef d'escadron, sous-chef.	RAOULT, lieutenant-colonel d'état-major, major de tranchée.
DE LA SOUJEOLE, capitaine.	FAURE, chef d'escadron, aide-major de tranchée.
CAMPENON, id.	
DE BEURNONVILLE, id.	TORDEUX, lieutenant d'état-major, id.
PETIT, id.	DURDILLY, capitaine au 1er chasseurs d'Afrique, id.
	DE LIGNIVILLE, lieutenant au 14e de ligne, id.
	DICQUEMARE, lieutenant au 1er hussards, id.

LEBŒUF, général de brigade, commandant l'artillerie.

MOULIN, capitaine, aide de camp.
MALHERBE, lieutenant-colonel, chef d'état-major.

DALESME, général de division, commandant le génie.

ANSOUS, capitaine, aide de camp.
DUBOST, lieutenant-colonel, chef d'état-major.

BONDURAND, intendant militaire.

APPENDICE. 341

1re DIVISION D'INFANTERIE.

D'AUTEMARRE, général de division.

DE LOVERDO, chef d'escadron, aide de camp.
ROURT, lieutenant au 3e régiment de zouaves, officier d'ordonnance.

N. . . ., chef d'état-major . . . { COLSON, chef d'escadron.
GALLOT, capitaine.
TAFFIN, id. }

DE TRYON, chef d'escadron, commandant l'artillerie ; N..., commandant le génie.
GEOFFROY, sous-intendant militaire.

1re brigade.	2e brigade.
NIOL, général de brigade.	BRETON, général de brigade.
N. . . ., aide de camp.	PIQUEMAL, capitaine, aide de camp.
DE MUXON DE CHAMPSAUR, lieutenant au 2e régiment de la 1re légion étrangère, officier d'ordonnance.	THÉVENIN, sous-lieutenant au 79e de ligne, officier d'ordonnance.
PARENT, lieutenant au 26e régiment de ligne, id.	
5e bataillon de chasseurs à pied : GARNIER, commandant.	
19e régiment de ligne : GUIGNARD, colonel.	39e régiment de ligne : COMIGNAN, colonel.
26e régiment de ligne : DE SORBIERS, colonel.	74e régiment de ligne, GUYOT DE LESPART, colonel.
4e batterie du 8e d'artillerie.	15e batterie du 8e d'artillerie.

2e DIVISION D'INFANTERIE.

LEVAILLANT, général de division.

N. . . ., aide de camp.
PITTIÉ, lieutenant au 21e régiment de ligne, officier d'ordonnance.
LABRÉ, sous-lieutenant au 98e régiment de ligne, id.

LETELLIER-VALAZÉ, lieutenant-colonel, chef d'état-major. . . . . { RÉGNIER, capitaine.
HUBERT-CASTEX, id.
MIOT, id. }

SIBILLE, chef d'escadron, commandant l'artillerie ; MARTIN, chef de bataillon, commandant le génie.
DE MERCIER, sous-intendant militaire.

1re brigade.	2e brigade.
TROCHU, général de brigade.	COUSTON, général de brigade.
CAPITAN, lieutenant, aide de camp.	N. . . ., aide de camp.
DE MUSSY, sous-lieutenant au 6e régiment de dragons, officier d'ordonnance.	ROLLET, capitaine au 46e régiment de ligne, officier d'ordonnance.
	COUSTON, lieutenant au 80e régiment de ligne, id.
9e bataillon de chasseurs à pied : ROGIER, commandant.	
21e régiment de ligne : LEFÈVRE, colonel.	46e régiment de ligne : GAULT, colonel.
42e régiment de ligne : MONTAUDON, colonel.	80e régiment de ligne : LATERRADE, colonel.
2e batterie du 13e d'artillerie.	3e batterie du 13e d'artillerie.

3ᵉ DIVISION D'INFANTERIE.

PATÉ, général de division.

GAILLARD, capitaine, aide de camp.

BOREL DE BRÉTIZEL, colonel, chef d'état-major . . . .
{ WENGER, chef d'escadron.
JUMEL, capitaine.
PAGÈS, id.

MOULARD, chef d'escadron, commandant l'artillerie; N. . . . . ., commandant le génie.

MARTIN, sous-intendant militaire.

1ʳᵉ brigade.	2ᵉ brigade.
BEURET, général de brigade.	BAZAINE, général de brigade.
N. . . . ., aide de camp.	N. . . . ., aide de camp.
VIALAY, lieutenant au 98ᵉ régiment de ligne, officier d'ordonnance.	
6ᵉ bataillon de chasseurs à pied : FERMIER DE LA PROVOTAIS, commandant.	
28ᵉ régiment de ligne : LARTIGUE, colonel.	1ᵉʳ régiment de la 1ʳᵉ légion étrangère : N. . . . ., colonel.
98ᵉ régiment de ligne : CONSEIL-DU-MESNIL, colonel.	2ᵉ régiment de la 1ʳᵉ légion étrangère : DE CHABRIÈRE, colonel.
7ᵉ batterie du 8ᵉ d'artillerie.	8ᵉ batterie du 8ᵉ d'artillerie.

4ᵉ DIVISION D'INFANTERIE.

BOUAT, général de division.

CLEMBUR, capitaine, aide de camp.

LEFÈVRE, lieutenant au 18ᵉ régiment de ligne, officier d'ordonnance.

DE PUIBUSQUE, colonel, chef d'état-major. . . . .
{ FOURCHAULT, capitaine.
D'ORNANT, id.
LUCAS, id.

PARISET, chef d'escadron, commandant l'artillerie ; N. . . . ., commandant le génie.

HEINA, sous-intendant militaire.

1ʳᵉ brigade.	2ᵉ brigade.
LEFEBVRE, général de brigade.	DUPRAT DE LA ROQUETTE, général de brigade.
N. . . . ., aide de camp.	N. . . . ., aide de camp.
D'ESPAGNET, lieutenant au 18ᵉ régiment de ligne, officier d'ordonnance.	RICHARD, lieutenant au 14ᵉ régiment de ligne, officier d'ordonnance.
10ᵉ bataillon de chasseurs à pied : GUIOMAR, commandant.	
18ᵉ régiment de ligne : DANTIN, colonel.	14ᵉ régiment de ligne : DE NÉGRIER, colonel.
79ᵉ régiment de ligne : GRENIER, colonel.	43ᵉ régiment de ligne : BROUTTA, colonel.
13ᵉ batterie du 12ᵉ d'artillerie.	14ᵉ batterie du 12ᵉ d'artillerie.

DIVISION DE CAVALERIE.

MORRIS, général de division.

Folloppe, Gervais, capitaines, aides de camp.

Thornton, capitaine de cavalerie hors cadre, officier d'ordonnance.

Bonaparte, lieutenant au 7ᵉ régiment de dragons, id.

PAJOL, colonel, chef d'état-major . . { Hecquard, chef d'escadron.
De Montigny, capitaine.

Liégeard, chef d'escadron, commandant l'artillerie.

Laporte, sous-intendant militaire.

1ʳᵉ *brigade*.	2ᵉ *brigade*.
CASSAIGNOLLES, général de brigade.	FÉRAY, général de brigade.
N. . . . ., aide de camp.	Tissier, capitaine, aide de camp.
Normand, capitaine au 7ᵉ régiment de dragons, officier d'ordonnance.	Mufl, capitaine au 1ᵉʳ régiment de carabiniers, officier d'ordonnance.
1ᵉʳ régiment de chasseurs d'Afrique : DE FERRABOUC, colonel.	2ᵉ régiment de chasseurs d'Afrique : DE JOURDAN, colonel.
3ᵉ régiment de chasseurs d'Afrique : DE MÉZANGE DE SAINT-ANDRÉ, colonel.	4ᵉ régiment de chasseurs d'Afrique : DE CAUVIGNY, colonel.

4ᵉ batterie du 17ᵉ d'artillerie.

2ᵉ CORPS.

BOSQUET, général de division, commandant.

Balland, chef d'escadron, aide de camp.

Fay, capitaine, aide de camp.

De Dampierre, capitaine au 1ᵉʳ spahis, officier d'ordonnance ; Thomas, capitaine au 4ᵉ régiment de chasseurs d'Afrique, id. ; Bocher, capitaine au 5ᵉ bataillon de chasseurs à pied, id.

DE CISSEY, général de brigade, chef d'état-major.

Henry, chef d'escadron, sous-chef.	BESSON, lieutenant-colonel, major de tranchée.
Lefebvre de Rumford, chef d'escadron.	Dantin, capitaine d'état-major, aide-major de tranchée.
Clappier, capitaine.	Minot, capitaine au 100ᵉ régiment de ligne, id.
De Jouffroy d'Abbans, id.	Brocard, lieutenant au 80ᵉ régiment de ligne, id.
Wachter, id.	

BEURET, général de brigade, commandant l'artillerie.

Jomard, capitaine, aide de camp.

DU LIGONDÈS, lieutenant-colonel, chef d'état-major.

FROSSARD, général de brigade, commandant le génie.

Segrétain, capitaine, aide de camp.

FOY, lieutenant-colonel, chef d'état-major.

LE CAUCHOIS FÉRAUD, sous-intendant militaire de 1ʳᵉ classe.

1re DIVISION D'INFANTERIE.

DE MAC MAHON, général de division.

Borel, capitaine, aide de camp.

D'Harcourt, sous-lieutenant au 18e bataillon de chasseurs à pied, officier d'ordonnance.

LEBRUN, colonel, chef d'état-major. . { Broye, capitaine. Bresson, id. Beau, id.

Wartelle, chef d'escadron, commandant l'artillerie; N. . . . ., commandant le génie.

Sanson, sous-intendant militaire.

1re brigade.	2e brigade.
N. . . . ., général de brigade.	VINOY, général de brigade.
N. . . . ., aide de camp.	Loisel, capitaine, aide de camp.
1er bataillon de chasseurs à pied : GAMBIER, commandant.	
7e régiment de ligne : DECAEN, colonel.	20e régiment de ligne : ORIANNE, colonel.
1er régiment de zouaves : COLLINEAU, colonel.	27e régiment de ligne : ADAM, colonel.
3e batterie du 8e d'artillerie.	1re batterie du 9e d'artillerie.

2e DIVISION D'INFANTERIE.

CAMOU, général de division.

Granger du Rouet, capitaine, aide de camp.

Monasson, capitaine au régiment de tirailleurs algériens, officier d'ordonnance.

N. . . . ., chef d'état-major . . . . { De Bar, chef d'escadron. Leroy, capitaine. Samuel, id.

Lenglier, chef d'escadron, commandant l'artillerie; N. . . . ., commandant le génie.

Pironneau, sous-intendant militaire.

1re brigade.	2e brigade.
DE WIMPFFEN, général de brigade.	VERGÉ, général de brigade.
N. . . . ., aide de camp.	Leperche, lieutenant, aide de camp.
Prouvost, lieutenant au 1er bataillon de chasseurs à pied, officier d'ordonnance.	Obry, lieutenant au 82e régiment de ligne, officier d'ordonnance.
De Lammerz, lieutenant au régiment de tirailleurs algériens, id.	
50e régiment de ligne : GRANCHETTE, colonel.	3e bataillon de chasseurs à pied : GENNEAU, commandant.
3e régiment de zouaves : DE POLHÈS, colonel.	82e régiment de ligne : DE CASTAGNY, colonel.
Tirailleurs algériens : ROSE, colonel.	6e régiment de ligne : GOZE, colonel.
2e batterie du 12e d'artillerie.	4e batterie du 13e d'artillerie.

3ᵉ DIVISION D'INFANTERIE.

ESPINASSE, général de division.

N....., aide de camp.

MOCQUARD, sous-lieutenant au 7ᵉ régiment de dragons, officier d'ordonnance.

DUPIN, chef d'escadron, faisant fonctions de chef d'état-major. . . . .
{ MANCEL, chef d'escadron.
RÉGNIER, capitaine.
DECKER, id. }

BEAUDOIN, chef d'escadron, commandant l'artillerie ; N. . . . .., commandant le génie.

VIGUIER, sous-intendant militaire.

1ʳᵉ brigade.	2ᵉ brigade.
MANÈQUE, général de brigade. GROSJEAN, capitaine, aide de camp. GAVENNE, lieutenant au 19ᵉ bataillon de chasseurs à pied, officier d'ordonnance.	DE TOURNEMINE, général de brigade. RUBINO DE BARAZIA, lieutenant, aide de camp. SÉGUONNE, lieutenant au 9ᵉ régiment de ligne, officier d'ordonnance.
19ᵉ bataillon de chasseurs à pied : GODINE, commandant. 2ᵉ régiment de zouaves : SAURIN, colonel. 4ᵉ régiment d'infanterie de marine : N. . . . ., colonel.	95ᵉ régiment de ligne : DANNER, colonel. 87ᵉ régiment de ligne : PAULZE D'IVOY, colonel.
6ᵉ batterie du 7ᵉ d'artillerie.	6ᵉ batterie du 13ᵉ d'artillerie.

2ᵉ batterie du 14ᵉ d'artillerie.

4ᵉ DIVISION D'INFANTERIE.

DULAC, général de division.

DE CABRIÈRES, capitaine, aide de camp.

MAGNAN, lieutenant-colonel, chef d'état-major. . . . .
{ GRUIZARD, capitaine.
WARNET, id.
FOUQUE, id. }

JOLY-FRIGOLA, chef d'escadron, commandant l'artillerie ; N. . . . ., commandant le génie.

PARMENTIER, sous-intendant militaire.

1ʳᵉ brigade.	2ᵉ brigade.
DE SAINT-POL, général de brigade. D'ANDLAU, capitaine, aide de camp.	BISSON, général de brigade. THIÉRY, capitaine, aide de camp.
17ᵉ bataillon de chasseurs à pied : DE FÉRUSSAC, commandant. 57ᵉ régiment de ligne : DUPUIS, colonel. 85ᵉ régiment de ligne : JAVEL, colonel.	10ᵉ régiment de ligne : DE LA SERRE, colonel. 61ᵉ régiment de ligne : DE TAXIS, colonel.
1ʳᵉ batterie du 7ᵉ d'artillerie.	2ᵉ batterie du 11ᵉ d'artillerie.

5ᵉ DIVISION D'INFANTERIE.

DE LA MOTTE ROUGE, général de division.

De Laboissière, capitaine, aide de camp.
De Ménorval, lieutenant au 82ᵉ régiment de ligne, officier d'ordonnance.

DELAVILLE, lieutenant-colonel, chef d'état-major . . . .
{ Royer, capitaine.
Conigliano, id.
Loizillon, id. }

De Lainsecq, chef d'escadron, commandant l'artillerie ; N. . . ., commandant le génie.

Rossy, sous-intendant militaire.

1ʳᵉ brigade.	2ᵉ brigade.
BOURBAKI, général de brigade.	N. . . ., général de brigade.
Boquet, capitaine, aide de camp.	N. . . ., aide de camp.
De Kerhué, lieutenant au 4ᵉ régiment de hussards, officier d'ordonnance.	
4ᵉ bataillon de chasseurs à pied : CLINCHANT, commandant.	
86ᵉ régiment de ligne : DE BERTIER, colonel.	91ᵉ régiment de ligne : PICARD, colonel.
100ᵉ régiment de ligne : MATHIEU, colonel.	49ᵉ régiment de ligne : DE KERGUERN, colonel.
6ᵉ batterie du 10ᵉ d'artillerie.	9ᵉ batterie du 10ᵉ d'artillerie.

DIVISION DE CAVALERIE.

D'ALLONVILLE, général de division.

Marigues, capitaine, aide de camp.
De la Jaille, capitaine au 5ᵉ régiment de hussards, officier d'ordonnance.

JOINVILLE, lieutenant-colonel, chef d'état-major . . . .
{ Gondallier de Tugny, chef d'escadron.
Lespinas, capitaine. }

Bagès, sous-intendant militaire.

1ʳᵉ brigade.	2ᵉ brigade.
WALSIN-ESTERHAZY, général de brigade.	COSTE DE CHAMPÉRON, général de brigade.
Pujade, capitaine, aide de camp.	Gatine, capitaine, aide de camp.
De Sibeut-Cornillon, sous-lieutenant au 6ᵉ régiment de dragons, officier d'ordonnance.	Serrières, lieutenant au 4ᵉ régiment de chasseurs d'Afrique, officier d'ordonnance.
1ᵉʳ hussards : LION, colonel.	6ᵉ régiment de dragons : RESSAYRE, colonel.
4ᵉ hussards : SIMON DE LA MORTIÈRE, colonel.	7ᵉ régiment de dragons : DUHESME, colonel.

3ᵉ batterie du 15ᵉ d'artillerie.

APPENDICE. 347

CORPS DE RÉSERVE.

HERBILLON, général de division, commandant provisoire.

De Sachy de Fourdrinoy, capitaine, aide de camp.
Herbillon, lieutenant au 62ᵉ régiment de ligne, officier d'ordonnance.

DE VAUDRIMEY-DAVOUT, colonel, chef d'état-major.

Chautan De Vercly, lieutenant-colonel, sous-chef d'état-major.
Sumpt, capitaine.
Devanlay, capitaine.
Gilly, capitaine.

SOLEILLE, général de brigade, commandant l'artillerie.

De Narp, capitaine, aide de camp.
D'OUVRIER DE VILLEGLY, lieutenant-colonel, chef d'état-major.

DE BÉVILLE, général de brigade, commandant le génie.

Lanty, capitaine, aide de camp.

PARIS DE BOLLARDIÈRE, intendant militaire.

DIVISION DE LA GARDE IMPÉRIALE.

MELLINET, général de division.

Lacroix, Kieffer, capitaines, aides de camp.
De Brian, lieutenant au 2ᵉ voltigeurs de la Garde impériale, officier d'ordonnance.

DE LOVERDO, colonel, chef d'état-major . . . .
{ De Beurmann, capitaine.
Andrieu, id.
Déaddé, id. }

Ferri-Pisani-Jourdan, chef d'escadron, commandant l'artillerie.
De Brévans, chef de bataillon, commandant le génie.
Bouché, sous-intendant militaire.

1ʳᵉ *brigade.*	2ᵉ *brigade.*
DE FAILLY, général de brigade.	DE PONTEVÈS, général de brigade.
De Villermont, capitaine, aide de camp.	Lamy, capitaine, aide de camp.
De Conchy, sous-lieutenant au 20ᵉ régiment de ligne, officier d'ordonnance.	
Régiment de zouaves : JANNIN, colonel.	Bataillon de chasseurs à pied : DE CORNULIER DE LUCINIÈRE, commandant.
1ᵉʳ régiment de voltigeurs : MONTERA, colonel.	1ᵉʳ régiment de grenadiers : BLANCHARD, colonel.
2ᵉ régiment de voltigeurs : DOUAY, colonel.	2ᵉ régiment de grenadiers : D'ALTON, colonel.

1ʳᵉ et 2ᵉ batteries du régiment d'artillerie de la garde.
Compagnie du génie de la garde.

1ʳᵉ DIVISION D'INFANTERIE.

HERBILLON, général de division.

De Sachy, capitaine, aide de camp.

Herbillon, lieutenant au 62ᵉ régiment de ligne, officier d'ordonnance.

DE VILLIERS, colonel, chef d'état-major. . . . .
- Martenot de Cordoux, chef d'escad.
- Lesieur, capitaine.
- Feney, id.

Barth, chef d'escadron commandant l'artillerie; Roullier, chef de bataillon, commandant le génie.

Croiset, sous-intendant militaire.

1ʳᵉ *brigade*.	2ᵉ *brigade*.
SENCIER, général de brigade.	CLER, général de brigade.
N. . . . ., aide de camp.	Caffarel, capitaine, aide de camp.
Pierre, lieutenant au 52ᵉ régiment de ligne, officier d'ordonnance.	Raymond, lieutenant au 62ᵉ régiment de ligne, officier d'ordonnance.
14ᵉ bataillon de chasseurs à pied : BORDAS, commandant.	
47ᵉ régiment de ligne : LAMAIRE, colonel.	62ᵉ régiment de ligne : DE PÉRUSSIS, colonel.
52ᵉ régiment de ligne : DE LOSTANGES, colonel.	73ᵉ régiment de ligne : DUBOS, colonel.
3ᵉ batterie du 10ᵉ d'artillerie.	3ᵉ batterie du 12ᵉ d'artillerie.

6ᵉ compagnie du 1ᵉʳ bataillon du 2ᵉ régiment du génie.

2ᵉ DIVISION D'INFANTERIE.

D'AURELLE DE PALADINES, général de division.

Carnet, capitaine, aide de camp.

Desbarbieux, lieutenant au 39ᵉ régiment de ligne, officier d'ordonnance.

DIEU, colonel, chef d'état-major. . .
- Marel, chef d'escadron.
- Granthil, capitaine.
- De Mecquenem, id.

Roche, chef d'escadron, commandant l'artillerie; Abinal, chef de bataillon, commandant le génie.

Santini, sous-intendant militaire.

1ʳᵉ *brigade*.	2ᵉ *brigade*.
MONTENARD, général de brigade.	DE MAROLLES, général de brigade.
Lafouge, capitaine, aide de camp.	N. . . . ., aide de camp.
Bérenger, lieutenant au 32ᵉ régiment de ligne, officier d'ordonnance.	
7ᵉ bataillon de chasseurs à pied : MAURICE, commandant.	
9ᵉ régiment de ligne : BESSIÈRES, colonel.	15ᵉ régiment de ligne : GUÉRIN, colonel.
32ᵉ régiment de ligne : CAVAROZ, colonel.	96ᵉ régiment de ligne : DE MALHERBE, colonel.
2ᵉ batterie du 8ᵉ d'artillerie.	14ᵉ batterie du 13ᵉ d'artillerie.

1ʳᵉ compagnie du 2ᵉ bataillon du 3ᵉ régiment de génie.

BRIGADE DE CAVALERIE.

DE FORTON, général de brigade.
N. . . . ., aide de camp.
6e régiment de cuirassiers : CRESPIN, colonel.
9e régiment de cuirassiers : DE LA MARTINIÈRE, colonel.

BRIGADE NON ENDIVISIONNÉE.

SOL, général de brigade.
HAUSRATH, capitaine, aide de camp.
COLLASSE, lieutenant au 35e régiment de ligne, officier d'ordonnance.
30e régiment de ligne : ROUBÉ, colonel.
35e régiment de ligne : DUMONT, colonel.

PARCS DE RÉSERVES.

(Le détail en est donné dans l'*Atlas historique et topographique de la guerre d'Orient*, p. 8.)

CORPS DES MARINS DÉBARQUÉS.

RIGAULT DE GENOUILLY, contre-amiral, commandant.
GINOUX DE LA COCHE, capitaine de frégate, aide de camp.

D'HEUREUX, capitaine de frégate.
OHIER, id.
POTHUAU, id.
BERTIER, id.
TRICAULT, id.

DELACOUX - MARIVAULT, capitaine de frégate.
DU ROUSSEAU DE FAYOLLES, id.
ARTILLERIE DE MARINE.
BRAULT, chef de bataillon.

EFFECTIFS.

Présents sous les armes.	Officiers	Troupes.
Grand quartier général	245	4,460
1er corps.	1,150	23,201
2e corps.	1,261	29,353
Corps de réserve	892	18,493
Brigade SOL	113	2,298
Parcs et réserves	309	10,386
	3,970	88,191

Total des présents sous les armes. . . 92,161
L'effectif général était de : 120,321.

TABLEAU N° 2.

Régiments et corps qui ont été envoyés en Orient [1].

INFANTERIE.

INFANTERIE DE LIGNE.

Régiment.	Brigade.	Division.	Corps d'armée.	Chefs de corps.
1er	Brigade Bousquet			O'Farrel.
6e	2e	2e	2e	Granchette.
7e	1re	1re	2e	De Maussion.
9e	1re	2e	Réserve.	Bessières.
10e	2e	3e	Réserve.	De la Serre.
11e	2e	1re	1er	Gelly de Moncla.
14e	2e	4e	1er	De Nogrier.
15e	2e	2e	Réserve.	Guérin.
18e	1re	4e	1er	Dantin.
19e	1re	1re	1er	Guignard.
20e	{Rentré en France, remplacé par le 64e.}			Orianne.
21e	1re	2e	1er	Lefèvre.
26e	1re	1re	1er	De Sorbiers.
27e	2e	1re	2e	Neigre.
28e	1re	3e	1er	Lartigue.
30e	1re	3e	2e	Roubé.
31e	1re	2e	2e	De Maudhuy.
32e	1re	2e	Réserve.	Teulat.
33e	2e	4e	Réserve.	De Fayet de Chabanes.
35e	2e	3e	2e	Metman.
39e	{Rentré en France, remplacé par le 11e.}			Comignan.
42e	1re	2e	1er	De Bras-de-Fer.
43e	2e	4e	1er	Broutta.
44e	2e	4e	Réserve.	Pierson.
46e	2e	2e	1er	Gault.
47e	1re	1re	Réserve.	Lamaire.
49e	2e	4e	2e	De Mallet.
50e	{Rentré en France, remplacé par le 31e.}			Nicolas-Nicolas.
52e	1re	1re	Réserve.	De Capriol de Péchassaut.
57e	1re	3e	Réserve.	Huc.
61e	2e	3e	Réserve.	De Taxis.
62e	2e	1re	Réserve.	De Pérussis.
64e	2e	1re	2e	D'Esgrigny.
69e	1re	4e	Réserve.	Domon.
73e	2e	1re	Réserve.	Dubos.
74e	2e	1re	1er	Guyot de Lespart.
79e	1re	4e	1er	Grenier.
80e	2e	2e	1er	Chardon de Chaumont.

1. Ce tableau a été établi au grand quartier général, à la fin de la guerre; il donne les corps d'armée et divisions d'après l'organisation indiquée page 330.

APPENDICE.

INFANTERIE DE LIGNE (suite).

Régiment.	Brigade.	Division.	Corps d'armée.	Chefs de corps.
81e	1re	4e	Réserve.	Sutton de Clonart.
82e	2e	2e	2e	De Castagny.
84e	Brigade Bousquet.			De Piétrequin.
85e	1re	3e	Réserve.	Véron *dit* Bellecourt.
86e	1re	4e	2e	De Bertier.
91e	2e	4e	2e	Méric de Bellefonds.
94e	Brigade Sol.			Ollivier.
95e	2e	3e	2e	Danner.
96e	2e	2e	Réserve.	Adam.
97e	{Rentré en France, remplacé par le 35e.}			Paulze d'Ivoy.
98e	1re	3e	1er	Conseil-Dumesnil.
100e	1re	4e	2e	Mathieu.

CHASSEURS A PIED.

Bataillon.				
1er	1re	1re	2e	Gambier.
3e	{Rentré en France, non remplacé.}			Gonneau.
4e	1re	4e	2e	Clinchant.
5e	1re	1re	1er	Thouvenin.
6e	1re	3e	1er	Fermier de la Provotais.
7e	1re	2e	Réserve.	Maurice.
9e	1re	2e	1er	Rogier.
10e	1re	4e	1er	Guiomar.
14e	1re	1re	Réserve.	Séverin.
16e	1re	4e	Réserve.	Esmieu.
17e	1re	3e	Réserve.	De Férussac.
19e	1re	3e	2e	Le Tourneur.

ZOUAVES.

Régiment.				
1er	1re	1re	2e	Collineau.
2e	1re	3e	2e	Saurin.
3e	1re	2e	2e	De Chabron.

LÉGION ÉTRANGÈRE.

1er	2e	3e	1er	Martenot de Cordoue.
2e	2e	3e	1er	De Chabrière.

TIRAILLEURS ALGÉRIENS.

Le régiment.	{Rentré en Algérie, non remplacé; était à la 1re 2e 2e}			Rose.

INFANTERIE DE MARINE.

4e	Brigade Sol.			Brunot.

NOTA. Ce régiment était à l'origine à la 1re brigade, 3e division, 2e corps (ancienne division du Prince Napoléon); il est passé à Kamiesh à la brigade Sol, et a été à Kertch. Le 30e l'a remplacé à la 3e division du 2e corps.

DIVISION DE LA GARDE IMPÉRIALE.

(Rentrée en France à la fin de 1855.)

Chasseurs à pied de la Garde

Le bataillon.	2ᵉ brigade (Garde)......	Garnier.

Zouaves.

Le régiment.	1ʳᵉ brigade (Garde)......	De Bonnet Maurelhan-Polhès.

Grenadiers.

1ᵉʳ	2ᵉ brigade (Garde)......	Le Normand de Bretteville.
2ᵉ	Idem................	D'Alton.

Voltigeurs.

1ᵉʳ	1ʳᵉ brigade (Garde).....	Mongin.
2ᵒ	Idem................	Douay.

Gendarmerie.

Le régiment.	A Constantinople et à Kamiesh.	De Prémonville.

CAVALERIE [1].

1ʳᵉ division de cavalerie (1ᵉʳ corps).

Chasseurs d'Afrique.

1ᵉʳ	1ʳᵉ brigade...........	De Salignac-Fénelon.
2ᵉ	2ᵉ brigade...........	De Brémont d'Ars.
3ᵉ	1ʳᵉ brigade...........	De Mésange Saint-André.
4ᵉ	2ᵉ brigade...........	De Cauvigny.

2ᵉ division de cavalerie (2ᵉ corps).

Hussards.

1ᵉʳ	1ʳᵉ brigade...........	Moucheton de Gerbrois.
4ᵉ	Idem...............	Simon de la Mortière.

Dragons.

6ᵉ	2ᵉ brigade...........	Ressayre.
7ᵉ	Idem...............	Guiot.

Brigade de cavalerie de réserve (corps de réserve).

Cuirassiers.

6ᵉ	»	Crespin.
9ᵉ	»	De la Martinière.

---

[1]. Il y avait, au commencement de la guerre, un détachement du 1ᵉʳ spahis à l'armée d'Orient.

APPENDICE. 353

ARTILLERIE (1).

Garde impériale.

1re et 2e batteries à cheval, Réserve générale (2).

RÉGIMENTS A PIED.

1er *régiment*.

5e batt. — 1re subd., 2e div., Rés. gén.
7e id. — Parc de siège.
8e id. — Id.
13e pr. — Id.
13e *bis*. — 1re subd., 2e div., Rés. gén.
14e pr. — Parc de siège.
14e *bis*. — Id.
15e pr. — Id.
15e *bis*. — Id.

2e *régiment*.

3e batt. — Parc de siège.
4e id. — Constantinople.
9e id. — Parc de siège.
12e id. — Id.
13e pr. — Id.
13e *bis*. — Id.
14e pr. — Id.
17e pr. — Id.
17e *bis*. — Id.

3e *régiment*.

1re batt. — Parc de siège.
7e id. — Id.
8e id. — Id.
11e id. — Id.
13e pr. — Id.
13e *bis*. — Id.
14e pr. — Id.
14e *bis*. — Id.
15e pr. — Id.

4e *régiment*.

2e batt. — 1re subd., 2e div., Rés. gén.
5e id. — Parc de siège.
8e id. — Id.
13e *bis*. — 1re subd., 2e div., Rés. gén.
14e pr. — Parc de siège.
14e *bis*. — Id.
15e *bis*. — Id.

5e *régiment*.

1re batt. — Parc de siège.
3e id. — Id.
7e id. — Id.
10e id. — Id.
13e pr. — Id.
13e *bis*. — Id.
14e pr. — Id.
15e pr. — Id.
15e *bis*. — Id.

6e *régiment* (pontonniers).

3e comp. — A Kinburn.
12e id. — A Sébastopol.

RÉGIMENTS MONTÉS.

7e *régiment*.

1re batt. — 3e div., Corps de réserve.
6e id. — 3e div., 2e corps.

8e *régiment*.

1re batt. — { Réserve, 1re subd. 1re div.
{ 1er corps. Réserve gén.
{ Batt. de mont. à Baïdar.
2e id. — 2e div., Corps de rés.
3e id. — 1re div., 2e corps.
4e id. — 1re div., 1er corps.
7e id. — 3e div., 1er corps.
8e id. — 3e div., 1er corps.
15e id. — 1re div., 1er corps.

9e *régiment*.

1re batt. — 1re div. 2e corps.
12e id. — 2e subd., 2e div., Rés. gén.

10e *régiment*.

3e batt. — 1re div., Corps de réserve.
6e id. — 4e div., 2e corps.
9e id. — 4e div., 2e corps.

---

1. La division de Chasseloup-Laubat n'avait ni batterie d'artillerie, ni compagnie du génie; on comptait donc, outre les réserves et parcs, 22 batteries montées pour les 11 divisions d'infanterie, et 2 batteries à cheval pour les deux divisions de cavalerie. La batterie française a six pièces.

2. Il y avait, en outre, en Crimée, pendant le siège : 1o Du régiment à pied de la Garde, les batteries 1, 2, 7 bis et 8 bis ; 2o Du régiment à cheval, les batteries 3 et 4. Elles étaient rentrées en France avec la Garde impériale lorsque ce tableau a été établi.

ARTILLERIE (suite).

11ᵉ régiment.

2ᵉ batt. — 3ᵉ div., Corps de réserve.
9ᵉ id. — 2ᵉ subd., 2ᵉ div., Rés. gén.
10ᵉ id. — Rés. 1ᵉʳ corps { 1ʳᵉ subdiv., 1ʳᵉ div., R. gén.

12ᵉ régiment.

2ᵉ batt. — 2ᵉ div., 2ᵉ corps.
3ᵉ id. — 1ʳᵉ div., Corps de réserve
4ᵉ b. fus. — 1ʳᵉ subd., 1ʳᵉ div., Rés. g.
13ᵉ id. — 4ᵉ div., 1ᵉʳ corps.
14ᵉ id. — 4ᵉ div., 1ᵉʳ corps.

13ᵉ régiment.

2ᵉ batt. — 2ᵉ div., 1ᵉʳ corps.
3ᵉ id. — 2ᵉ div., 1ᵉʳ corps.
4ᵉ id. — 2ᵉ div., 2ᵉ corps.
6ᵉ id. — 3ᵉ div., 2ᵉ corps.
14ᵉ id. — 2ᵉ div., Corps de réserve.

RÉGIMENTS A CHEVAL.

14ᵉ régiment.

2ᵉ b. — Rés. 1ᵉʳ corps { 1ʳᵉ subd., 1ʳᵉ d. Réserve gén.

15ᵉ régiment.

3ᵉ batt. — 2ᵉ div. de cavalerie.
4ᵉ id. — Rés. C. de rés. { 3ᵉ subdiv., 1ʳᵉ div. Rés. gén.

16ᵉ régiment.

2ᵉ batt. — Rés. C. de rés. { 3ᵉ subdiv., 1ʳᵉ div., Rés. gén.
4ᵉ id. — Rés. 2ᵉ corps { 2ᵉ subdiv., 1ʳᵉ div., R. gén. (1).

17ᵉ régiment.

1ʳᵉ batt. — Rés. 2ᵉ corps { 2ᵉ subdiv., 1ʳᵉ div., Rés. gén.
4ᵉ id. — 1ʳᵉ divis. de cavalerie.

OUVRIERS D'ARTILLERIE.

5ᵉ compagnie.
9ᵉ id.
Détachement de la 2ᵉ compagnie d'armuriers.

ARTILLERIE DE MARINE.

3ᵉ compagnie.
6ᵉ id.
12ᵉ id.
13ᵉ id.
14ᵉ id.

Corps des marins débarqués sous les ordres de l'amiral Rigault de Genouilly.

Marins de la flotte (2).

GÉNIE.

1ʳᵉ comp. du génie de la Garde (rentrée en France).

1ᵉʳ régiment.

1ᵉʳ bat., 7ᵉ comp. — Réserv., 1ᵉʳ corps.
2ᵉ id. mineurs. — Réserve générale
2ᵉ id. 5ᵉ comp. — Réserve, 2ᵉ corps.
2ᵉ id. 7ᵉ comp. — 2ᵉ div., 2ᵉ corps.

2ᵉ régiment.

1ᵉʳ bat., 5ᵉ comp. — 2ᵉ div., 1ᵉʳ corps.
1ᵉʳ id. 9ᵉ comp. — 1ʳᵉ div., C. de rés.
1ᵉʳ id. 7ᵉ comp. — 3ᵉ div., 1ᵉʳ corps.
2ᵉ id. 5ᵉ comp. — 4ᵉ div., 2ᵉ corps.

2ᵉ bat., 6ᵉ comp. — 1ʳᵉ div., 2ᵉ corps.
2ᵉ id. 7ᵉ comp. — Réserve générale.

3ᵉ régiment.

1ᵉʳ bat., 3ᵉ comp. — 3ᵉ div., C. de rés.
1ᵉʳ id. 4ᵉ comp. — 1ʳᵉ div., 1ᵉʳ corps.
1ᵉʳ id. 6ᵉ comp. — Réserve générale.
2ᵉ id. mineurs. — Id.
2ᵉ id. 1ʳᵉ comp. — 2ᵉ div., C. de rés.
2ᵉ id. 4ᵉ comp. — 3ᵉ div., 2ᵉ corps.
2ᵉ id. 6ᵉ comp. — 4ᵉ div., 1ᵉʳ corps.

Sapeurs-conducteurs du 3ᵉ régim. Rés.

2ᵉ *Compagnie d'ouvriers du génie.*
(Détachement.)

---

1. Le général Forgeot commandait la réserve générale d'artillerie, dont les deux divisions étaient sous les ordres : la première du lieutenant-colonel Vernhet de Laumière, et la seconde du lieutenant-colonel Bertrand.

2. En février 1856, les cadres de quinze batteries avaient été embarqués pour la France. Ces batteries, qui ne figurent pas dans le tableau précédent fait à la fin de la guerre, étaient les :

1ʳᵉ, 3ᵉ, 4ᵉ batteries du 1ᵉʳ régiment.   4ᵉ, 11ᵉ, 12ᵉ batteries du 4ᵉ régiment.
2ᵉ, 10ᵉ   —   2ᵉ   —   2ᵉ, 6ᵉ, 12ᵉ   —   5ᵉ   —
3ᵉ, 6ᵉ, 12ᵉ   —   3ᵉ   —   et 11ᵉ   —   6ᵉ   —

TRAIN.

1er escadron.

1re légère. — 1re bis.
2e id. — 2e id
3e id. — 3e id.
4e compagnie.

3e escadron.

1re légère. — 1re bis.
2e id. — 2e id.
3e comp. — 3e id.
4e compagnie.

4e escadron.

1re active. — 1re bis.
2e id.
3e id.

5e escadron.

1re montée. — 1re bis.
2e id. — 2e id.
3e id. — 3e id.
4e compagnie.

6e escadron.

8e compagnie bis.
En outre 1 compagnie auxiliaire.

3e comp. d'ouvriers constructeurs.

Ouvriers d'administration.

1re, 4e, 8e, 9e et 10e sections.

TABLE DES MATIÈRES

	Pages.
Avant-propos	v

GALLIPOLI. — ANDRINOPLE. — VARNA.

Préliminaires de la guerre d'Orient. Déclaration de guerre à la Russie, 27 *mars* 1854. — Composition de l'armée d'Orient. — Débarquement à Gallipoli. — Mission du général Bosquet à Choumla, *fin d'avril*. — Position de Choumla et situation de l'armée turque. — Les bachibouzougs. — Siège de Silistrie, 11 *mai*. Marche en avant des alliés. — Séjour à Andrinople. — Le siège de Silistrie est levé, 18 *juin* 1

EXPÉDITION DE LA DOBRUDJA.

Ordre de départ pour la Dobrudja, 22 *juillet*. — Combat de Kagarlick, 29 *juillet*. — Le bruit se répand que l'expédition de Crimée est résolue. — Retour de la deuxième division à Iénikeuy, 9 *août*. — Incendie de Varna, 10 *août*. — Ordre annonçant l'expédition de Crimée, 25 *août* 21

EXPÉDITION DE CRIMÉE. — OLD-FORT.

Composition de l'armée expéditionnaire. — Embarquement des troupes, 31 *août*. — Traversée de Baltchick à Old-fort, *du 5 au 14 septembre*. — Débarquement à Old-fort, 14 *septembre*. — Camp d'Old-fort. — Marche d'Old-fort à la Boulganag, 19 *septembre*. — L'armée russe nous apparaît sur les hauteurs de l'Alma 32

BATAILLE DE L'ALMA.
20 SEPTEMBRE.

Plan de la bataille. — Le général Bosquet commence son mouvement. — Position de l'armée russe. — La division Bosquet escalade les hauteurs. — Le gros de l'armée française les aborde à son tour. — Enlèvement du Télégraphe ; retraite des Russes. — Pertes éprouvées des deux côtés . . . 49.

MARCHE SUR SÉBASTOPOL.

Marche sur la Katcha, 23 *septembre*. — Marche sur la Belbek, 24 *septembre*. — Marche sur Mackenzie ; camp de la Soif, 25 *septembre*. — Marche sur la Tchernaya, 26 *septembre*. — Le maréchal de Saint Arnaud cède le commandement au général Canrobert. — Mort du maréchal, 29 *septembre*. — Reconnaissance de Sébastopol, 27 *septembre*. — Camp de Balaclava, 28 *septembre* 61

COMMENCEMENT DU SIÈGE.

Investissement de la place, 29 *septembre*. — Première reconnaissance vers Inkermann, 2 *octobre*. — Projets des alliés pour le siège. — Ouverture de la tranchée, 9 *octobre*. — Première ouverture du feu, 17 *octobre*. — On songeait à une attaque de vive force. — Réparation des travaux et reprise du feu, 19 *octobre* 75

BATAILLE DE BALACLAVA.

25 OCTOBRE.

La division Liprandi enlève les redoutes turques. — Charge de la cavalerie russe. — Lord Raglan envoie à lord Lucan l'ordre de poursuivre les Russes. — Charge de la cavalerie légère anglaise. — Combat d'Inkermann, 26 *octobre*. . . . 87

BATAILLE D'INKERMANN.

5 novembre.

Ire PARTIE (ENTRE LES RUSSES ET LES ANGLAIS).

État du siège au 5 novembre. — Forces et emplacements des troupes alliées. — Forces françaises disponibles en cas d'attaque vers Inkermann. — Forces anglaises disponibles. — Dispositions de défense des alliés sur le plateau. — Le général Menchikof se décide à attaquer les alliés. — Forces de l'armée russe. — Composition et plan de l'attaque principale. — Ordre de marche des divisions Soïmonof et Pawlof. — Sécurité des Anglais. — Les Russes prennent position sur le mont Sapone. — Marche du général Bosquet sur Inkermann aux premiers coups de canon. — Attaque des avant-postes anglais par les têtes de colonne de Soïmonof. — La deuxième division anglaise soutient le premier choc, et, aidée de la cinquième, parvient à repousser l'avant-garde de Soïmonof. — Les Anglais déclinent le concours du général Bosquet, qui se porte au Télégraphe. — La première colonne de Pawlof fait rétrograder les Anglais. — La brigade des gardes s'avance et rejette du champ de bataille la colonne de Pawlof. — Le général Bosquet attend au Télégraphe l'appel des Anglais. — Entrée en ligne de la deuxième colonne de Pawlof. Okhotsk enlève la batterie des Sacs à terre. — Retour offensif des gardes, à l'arrivée de la division Cathcart. Ils prennent et perdent la batterie . . 97

BATAILLE D'INKERMANN.

2º PARTIE (ARRIVÉE DES FRANÇAIS).

Lord Raglan demande le secours des Français. — Le général Bourbaki se précipite sur Inkermann avec deux bataillons. — Revenus de leur étonnement, les Russes le ramènent en arrière. — Ils sont contenus par les batteries de la Boussinière. — Le général Bosquet arrive sur le champ de bataille. — Il lance le général Bourbaki en avant à l'arrivée du 3e chasseurs. Première charge des zouaves et des Algériens. — Les Anglais n'ayant pas soutenu notre gauche, les régiments de Pawlof font reculer nos troupes. — Danger couru par le général Bosquet. — Les Russes continuent leur mouvement. Charges qui les repoussent définitivement. — Ils cessent leurs attaques et battent en retraite. — Une batterie d'artillerie se porte en avant de la butte des Cosaques. — Sortie du général Timoféïef contre les tranchées françaises. — Pertes des deux armées. — Comparaison des effectifs. — Causes de l'insuccès des Russes 126

TEMPÊTE DU 14 NOVEMBRE.

(FIN DE L'ANNÉE 1854.)

Pages.

Résultats de la bataille d'Inkermann. — L'assaut est ajourné jusqu'à l'arrivée des renforts. — Ouvrages construits sur le champ de bataille d'Inkermann. — Le général Todleben. — Tempête du 14 novembre. — Installation dans les camps. — Francs-tireurs, 15 *octobre*, et éclaireurs volontaires, 18 *décembre*. — Précautions contre l'hiver. — Arrivée des premiers renforts. Troupes de garde à la tranchée. — Reconnaissances à l'extérieur. Premières récompenses données aux troupes, 31 *décembre*. — Le général Osten-Sacken dirige la défense de Sébastopol............ 146

ATTAQUE DEVANT MALAKOF.

(ANNÉE 1855.)

Sorties de l'assiégé. Affaiblissement des Anglais. — Ils ne peuvent pas conserver la garde devant Malakof. — On se décide à attaquer Malakof, 2 *février*. — Nouvelle organisation de l'armée, 9 *février*. — Travaux préparatoires à l'ouverture du siège devant Malakof. Attaque d'Eupatorie par les Russes, 17 *février*. — Projet d'une diversion au dehors, 19 *février*. — Commencement des attaques de Malakof. — Beau rôle de la défense à cette époque........... 167

OUVRAGES BLANCS ET MAMELON VERT.

Les Russes construisent la redoute de Séléghinsk, *nuit du 21 au 22 février*. — Attaque de cet ouvrage, *le 23 février au soir*. — Les Russes construisent la redoute de Volhynie, *nuit du 27 au 28 février*. — Ils couronnent le Mamelon Vert par la lunette dite du Kamtschatka, *nuit du 10 au 11 mars*. — Mort de l'empereur Nicolas, 6 *mars*. Embuscades devant la parallèle Victoria, *du 14 au 17 mars*. — Importante sortie des Russes contre le général d'Autemarre, *nuit du 22 au 23 mars*. — Armistice pour enterrer les morts, 24 *mars*. — Guetteurs dans les batteries de mortiers. — Dispositions de défense prises par le général Bosquet :... 183

NOUVELLE OUVERTURE DU FEU.

L'ASSAUT EST ENCORE AJOURNÉ.

Nouvelle ouverture du feu, 9 *avril*. — Mauvais temps le jour de cette ouverture. — Les Anglais ne servent pas la batterie du fond du Port. — Attaque d'embuscades au vieux siège. — Mort du général Bizot, 11 *avril*. — Cimetières de Crimée. — L'assaut est encore ajourné à l'annonce de l'arrivée de la réserve. — Guerre souterraine. — Premiers projets d'une expédition à Kertch, 3 *mai*. — Résumé des travaux offensifs des Russes jusqu'en mai. — Ils étaient bien servis par leurs espions 202

OFFENSIVE DES ALLIÉS.

LE GÉNÉRAL PÉLISSIER.

Attaque de l'ouvrage du 2 Mai au vieux siège, 2 *mai*. — Nos pertes depuis le commencement du siège. — Le général Canrobert remet le commandement de l'armée au général Pélissier, 19 *mai*. — Nouvelle organisation de l'armée. — Construction des lignes de Kamiesh. — Le général Pélissier. Sa dépêche au général Bosquet, 20 *mai*. — Attaque de la gabionnade russe du cimetière, 23 *et* 24 *mai*. — L'expédition de Kertch est mise à exécution, 22 *mai*. — Le général Canrobert descend sur la Tchernaya, 25 *mai* 219

PRISE DU MAMELON VERT ET DES OUVRAGES BLANCS.

7 JUIN.

Le général Bosquet. — Ses préparatifs pour l'assaut du 7 juin. — L'assaut aura lieu en plein jour. — Dispositions de combat. — Enlèvement des Ouvrages blancs. — Attaque du Mamelon Vert. — Résultats de la journée du 7 juin. — Pertes des deux côtés. — Les Anglais ont enlevé l'ouvrage des Carrières. — Théâtre du Moulin du 2ᵉ de zouaves. — Sortie des Russes. 234

ASSAUT DU 18 JUIN.

On décide l'assaut du corps de place. — Le général Bosquet est envoyé sur la Tchernaya, 16 *juin*. — Ouverture du feu. Dispositions d'attaque. — Le général Mayran lance sa division avant le signal convenu; elle est ramenée. — La division Brunet échoue contre la courtine. — Pertes des deux armées alliées. — Le général Bosquet prend de nouveau la direction des attaques devant Malakof. — Mort de lord Raglan. — Travaux du siège pendant le mois de juillet. — Sorties de la place. — Travaux pendant le mois d'août . . 255

BATAILLE DE LA TCHERNAYA,
OU DE TRAKTIR.
16 AOUT 1855.

Positions et forces des alliés sur la Tchernaya. — Le général Liprandi attaque notre droite, en face des Piémontais. — Le général Read franchit la Tchernaya; il est repoussé. — Le général Gorchakof fait renouveler l'attaque du pont. — Pertes des deux armées. — Cinquième ouverture du feu. — Derniers travaux devant Malakof et le Petit Redan; sorties de la place. Explosion d'un magasin à poudre dans le Mamelon Vert 273

ASSAUT DU 8 SEPTEMBRE 1855.

L'assaut est résolu pour le 8 septembre. — Effectif de notre armée : dispositions générales pour l'assaut. — Dispositions proposées par le général Bosquet pour l'enlèvement des fronts Malakof. — Il communique son plan aux généraux placés sous ses ordres. — Ordre du jour du général Bosquet. — Entrée de nos troupes dans les parallèles. — A midi, nos troupes livrent l'assaut. — Attaque du Petit Redan. — Attaque de la courtine Malakof. — Le général Bosquet est blessé. — Attaque de la redoute Malakof. — Dispositions du général de Mac-Mahon pour conserver la redoute. Les Russes essaient de la reprendre. — L'attaque de Malakof a seule réussi. — Pertes des armées en présence 290

LES RUSSES ÉVACUENT SÉBASTOPOL.

Les Russes mettent le feu à la place. — Nous prenons possession de Sébastopol. — Considérations sur la prise de Sébastopol. — Conséquences de cette prise. — Visite des ouvrages de la place 316

SECOND HIVER. — KANGHIL, KINBOURN. PAIX DE PARIS.

Combat de Kanghil, 29 *septembre*; expédition de Kinbourn, prise de ce fort, 17 *octobre*. — Quartiers d'hiver. — Le général Bosquet est rentré en France, 18 *octobre*. — Derniers engagements à Baïdar, *décembre* 1855. — Traité de paix, 30 *mars* 1856. — Revue de l'armée alliée, par le général Luders, 17 *avril*. — Retour en France, *juin* 1856 326

CARTES OU PLANS.

N° 1. Théâtre des opérations . . . . Après
N° 2. Plan de la Chersonèse. . . . . la
N° 3. Plan des attaques . . . . page 336

Fac-simile du programme du théâtre du Moulin, pour le 11 juin 1855. 252

APPENDICE.

Tableau n° 1. Composition de l'armée d'Orient au 8 septembre 1855. 339
Tableau n° 2. Régiments et corps qui ont été envoyés en Orient 350

FIN DU VOLUME.